# 旅游学概论

## 第 2 版

郭剑英　主编

中国林业出版社
China Forestry Publishing House

**图书在版编目（CIP）数据**

旅游学概论 / 郭剑英主编. --2 版. --北京：中国林业出版社，2023.9
ISBN 978-7-5219-2006-2

Ⅰ.①旅…　Ⅱ.①郭…　Ⅲ.①旅游学-概论　Ⅳ.①F590

中国版本图书馆 CIP 数据核字（2022）第 240069 号

**编委会**

主　编　郭剑英

副主编　沈苏彦　杨财根

参　编　亓秀芸　沈　倩　刘佳雪

**课程信息**

**中国林业出版社**

策划编辑：吴卉　张佳

责任编辑：张佳　曹曦文

电　　话：010-83143561

邮　　箱：books@theways.cn

小途教育：http://edu.cfph.net

出版发行：中国林业出版社有限公司

邮　　编：100009

地　　址：北京市西城区德内大街刘海胡同 7 号

印　　刷：北京中科印刷有限公司

版　　次：2016 年 9 月第 1 版
　　　　　2023 年 9 月第 2 版

印　　次：2023 年 9 月第 1 次印刷

开　　本：787mm×1092mm　1/16

字　　数：198 千字

印　　张：14

定　　价：48.00 元

# 前言

旅游，旅行游览的简称，在中国古代早已出现。大禹为了疏通九江十八河饱览山河壮丽；春秋战国时期诸子百家周游列国旅行；之后张骞出使西域，玄奘取经印度，郑和七下西洋，还有著名的旅行家徐霞客游历名山大川，这些历史名人行迹见证了中国古代旅游的发展。如今，旅游已经成为现代人重要的生活方式，为旅游者提供产品和服务的旅游业也成为朝阳产业、民生产业和幸福产业，是中国正在培育的国民经济战略性支柱产业和人民群众不可或缺的现代服务业。

随着工业化、城市化、信息化、国际化加快推进，旅游发展呈现满足现实需求、引发潜在需求和创造新需求的综合体现。为了适应行业发展的新需求，本书修订中，我们力求在内容选取、数字资源融合、创新思维训练等方面推出"全""新""动"的新版教材。第一，在内容选取上，力求全面体现旅游学科的"全貌"，从经济学、管理学、历史学、心理学、地理学、生态学、建筑学、规划学等多角度全面剖析旅游学科，使学生可以了解旅游学科全貌。第二，尝试将纸质教材与多种形态的数字化资源相融合，根据旅游学科和旅游产业发展最新动态，对案例导读、旅游文献、数据、相关政策文件、图片进行更新，将一些旅游业面临的新问题、新挑战和产生的新理论、新方法进行引导性阐述，以适应当前教师与学生的教学需求。第三，遵循以学生为主体的原则，提高知识的趣味性和启发性，在每个章节的"案例导读""知识窗""课后阅读"等环节介绍中华优秀传统文化，并设计 2~3 个形式多样的"互动"环节，引导学生积极参与课堂讨论，加强对学生创新性思维的训练。本书既可以作为普通高等教育旅游管理、酒店管理和会展服务专业的通用教材，还可以作为旅游行业从业者的参考书。

本书由郭剑英主编，沈苏彦、杨财根为副主编，郭剑英负责设计修改大纲、审稿和最后定稿。本书各部分具体分工如下：第 1、5 章由杨财根负责编写；第 2、3 章由亓秀芸负责编写；第 4 章由沈倩负责编写；第 6 章由郭剑英负责编写；第 7 章由沈苏彦负责编写，第 8 章由刘佳雪负责编写。在本书的编写过程中，我们参考了学术界大量的论著，查阅了众多的报刊杂志，采用了不少学者的观点，在此一并表示感谢。

编者

2023 年 5 月

# 目录

# 第1章
# 旅游概念

## 【学习目标】

| 知识目标 | 技能目标 |
|---|---|
| 1. 了解旅游产生的过程 <br> 2. 理解旅游的概念 <br> 3. 掌握旅游活动的类型 <br> 4. 明确旅游的基本属性 <br> 5. 掌握旅游的特点 | 1. 知晓旅游产生的过程 <br> 2. 领悟旅游的涵义 <br> 3. 正确辨识各类旅游活动 |

## 【导入案例】

### 谢灵运——温州第一导游

请一位1600多年前的名人当"导游"当然是笑谈。可是，要借历史文化装点温州旅游，让温州山水与谢太守的诗"云日相辉映，空水共澄鲜"（谢灵运《登江心孤屿》）相应和，定会产生最大的名人效应。

我国山水诗的鼻祖谢灵运，不仅做过永嘉太守，同时也是温州山水的发现者，他对温州山水的赞颂比徐霞客探幽雁荡早了整整1200年。他的名望能让温州增辉，因为他是晋宋之际的著名诗人，江南大族出身，十八岁袭封康乐公，与颜延之、鲍照并称"元嘉三大家"；他的山水诗让温州景区增色，因为他对温州山水景物描写细致入微："俪采百字之偶，争价一句之奇。情必极貌以写物，辞必穷力而追新。"如果聘请谢灵运为温州旅游的形象大使，他将会永远照应温州山水。

在古代，温州山水因谢灵运的发现和宣扬而名扬天下，而谢灵运又因温州山水孕育的诗情，奠定了他山水诗鼻祖的地位。在谢灵运之后，陶弘景、徐陵、张又新、孟浩然、王维、陆游、朱彝尊等著名诗人相继来温，正是由于谢灵运的山水诗有广告效应，引得这些文化名人接踵而至，留下了更多的不朽诗篇。在温州，历代人民是那么地钟爱谢灵运，谢池巷、康乐坊、池上楼、谢公岭、落屐亭等地名也因为谢公之名而闻名。一代词宗夏承焘也将自己的号称作"谢邻"，意为与谢灵运作邻的荣光。

现在的温州，要从旅游资源大市向旅游经济强市跨越，要成为时尚之都、水韵之城、风情之港。请谢灵运作温州的"导游"意义深远。让人们读着山水诗鼻祖的诗去体验温州风光；让游客听着谢灵运传奇的故事去景区游览；让年轻人踏着谢公的屐痕去探幽，那将是温州旅游业最大的资源，是温州山水风光叫得响的品牌。

## 1.1 旅游的产生与发展

旅游是一个历史范畴，是社会生产力发展到一定程度、人类社会发展到一定阶段的必然产物，并随着社会生产力的发展、人类社会历史的演进而不断地发展变化。那么旅游是何时产生的？如何产生的？产生以后又是怎样发展的？这是旅游研究中首先要探讨的问题，也是本节着重阐述的内容。

### 1.1.1 古代旅游的产生和发展（1841年以前）

旅游作为一种人类有意识的自觉活动，究竟产生于何时，一直有着争议，现在比较得到认可的观点有两种：一种是自有人类就有旅游。如罗伯特·朗卡尔在《旅游及旅行社会学》中所说："自有人类就有旅行"。这种观点在国内比较流行。另外一种观点是旅游产生于近代。西方新社会文化的代表人物之一安东尼·马克扎克在其所著的《旅行社会史》中说："直到19世纪中叶（1845年）托马斯·库克创办世界上第一家旅行社，真正意义上的人类旅行活动才开始。"这种观点在国外比较出名。

就汉语字面意思来看，旅游作为旅行游览的缩写词，顾名思义，含有旅行和游览两层意思，也就是旅行与游览的统一体。有关这方面的研究已表明：旅游是从旅行中分离且与游览活动相结合的产物。在旅游研究中，无论是在中国还是外国，目前人们普遍形成的一个共识便是：现今意义上的旅游活动是从人类早期的旅行活动发展而来的。因此，要考证旅游的产生，就必须探讨旅行的产生和游览活动的出现，也就是说，只要弄明白了旅行产生的具体时间和游览活动出现的确切时间，旅游产生的源头问题就迎刃而解了。

#### 1.1.1.1　原始社会的人类迁徙活动

众所周知，在原始社会的早期，由于劳动工具极其简陋，生产力水平非常低下，人们只能借助狩猎和采集以维持生存。但由于生产工具和生产能力低下，劳动所获甚少，人们的生计尚处于无法保障的状态。先民们为自然环境所迫，慑于大自然中风雨雷电和地震等的威力，为躲避猛兽、凶禽和毒虫的侵害，也为了寻找新的采集和狩猎的地方而居无定所，过着"迁往来无常处"的生活。到了新石器时代，由于以磨制石器为代表的生产工具的改进，生产效率得以提高，才开始出现了原始的饲养业和原始农业，并最终导致了人类历史上第一次社会化分工——农业和畜牧业开始分工。但是这并没能有效地改变当时人类社会的落后面貌，劳动所获除供自己使用之外，几乎没有剩余物，人类还未产生有意识的自愿外出旅行的需要，人类的社会活动基本上也只限于自己的氏族部落范围内进行。虽然在这一时期人类也有从一个地方到另一个地方的活动，但完全都是因为某种自然因素（如天灾）或特定的人为因素（如战争）而被迫进行的，都是出于生存的需要。换句话说，这些活动都是属于不得已而为之的求生活动。所以，可以断言，由于经济条件所限，这一时期的人类客观上既无开展旅游的物质基础，主观上也没有外出旅行的愿望。在现实意义上来说，当时人类迁徙活动都不属于真正的旅行和旅游。不过这一时期的人类迫于生计的迁徙活动可以说是人类早期旅行活动的萌芽。

#### 1.1.1.2　人类最早旅行活动的产生

新石器时代晚期，金属工具开始问世。生产工具和生产技术的进步导致了生产效率的提高和劳动剩余物的出现。随着金属工具的推广和改良，农业和畜牧业有了较快的发展，手工业也逐渐发展起来。原始社会末期，手工纺织技术已经发展到了使用简单的织机。与此同时，冶金、建筑、运输和工具制造等方面都已经开始发展。社会生产力的加速发展，促使手工业成为专门性的行业，并从家庭生产中分离出来，从而出现了人类历史上的第二次社会化大分工——手工业成为专门性的行业。它使劳动生产率进一步提高，使商品经济得到发展，并加速了私有制的形成。

其实，第一次社会化大分工促进了畜牧业和原始农业的形成以及手工作坊的产生，劳动剩余物开始出现，为人类的交换活动奠定了基础。第二次社会化大分工使手工业从农业和畜牧业中分离出来，生产工具的进步大幅提高了劳动生产力水平，剩余产品的数量因此不断地增多。到了原始社会末期出现的第三次社会化大分工使商业从农、牧、手工业中分离出来，造就了专门从事商品交换的商人阶级，以远途和异地为特征的商品交换活动越来越频繁，交通工具和食宿设施应运而生，商品贸易当然成了当时社会的重要职能。

而这三次社会分工，使得不同产品交换的地域范围不断扩大。正是因为这一发展，商人们为了获利而辗转南北、贩货天下的现象变得相当普遍。人们为了了解其他地区的生产和需求情况，需要到当地去交换自己的产品和货物，因此人类的旅行通道从此被彻底打开，以贸易经商为目的的旅行活动迅速扩展开来。著名的丝绸之路（图1-1）、琥珀之路、香料之路、茶叶之路和食盐之路也就慢慢成了历史遗留下来的古老的经商旅行线路。可以说，人类最初的外出旅行实际上并非消闲和度假活动，而是人们出于现实主义和产品交换或经商的需要而促发产生的一种经济活动。正如联合国以及世界旅游组织在很多研究报告中都曾指出的那样，在最初的年代中，主要是商人开创了旅行的通道。

图1-1　丝绸之路

### 1.1.1.3　奴隶制社会的旅行发展

在人类社会发展史上，奴隶制社会虽然是一个非常残酷的社会，但也是人类社会发展的一个巨大进步。正如马克思所说："在当时的条件下，采取奴隶制是一个巨大的进步。"因为它实现了社会生产在各行业之间，体力劳动和脑力劳动之间更深入更细致的分工，提高了生产力的水平，促进了商业交换的扩大，促使艺术和科学的进一步发展，客观上来说，也为旅行的发展提供了一定的物质基础。

关于奴隶制社会中旅行的发展，最典型的是古罗马帝国时期，这是西方奴隶制社会旅行发展的鼎盛时期。这一时期，古罗马帝国的对外扩张已宣告结束，疆域面积空前扩大，社会秩序相对稳定，社会经济有了较快的发展。尤其是修筑了规模庞大的道路网络，使得陆路和水路交通空前便利。随着旅行者数量的增多，官方又开始在沿路开办专门接待平民旅客的商业性旅店，而且此时，更多的私人旅店也因此而发展起来。而所有这些便利设施的提供，反过来也推动了旅行人数的增加。再加上货币的统一，都给旅行带来了极大的方便，大大促进了旅行的快速持续发展。

在中国奴隶制社会时期，旅行的出现和发展与西方大体相同，但是中国奴隶制的形成要早于西方国家。在中国奴隶制社会鼎盛时期的商代，由于生产工具和生产技术的进步，社会分工的细化，使得劳动生产率大大提高，从而使商朝成为我国历史上奴隶制社会经济发展比较繁荣的一个时期。剩余劳动产品的增加和以交换为目的的生产规模的扩大，加之商人阶级对生产和流通的促进，使得以贸易经商为主要目的的旅行活动有了很大的发展。

这一时期的旅行基本上都是在国境内进行的，而且大多数都是经商性质的旅行。不过这个时候也有少量跨国界的远程旅行。这些跨国界的旅行基本上都是经商旅行，如贩运粮食、酒、油、铅、锡和陶器等基本的生活物资。西行的商队所贩运的货物有皮毛、陶器、香料、药材、桃、杏，甚至还有大黄；东行的商队所贩运的货物则是贵重金属、宝石、象牙、玻璃制品、香水、染料纺织品、葡萄、紫花苜蓿、韭菜、胡荽、芝麻、黄瓜、无花果以及红花。我国当时的丝绸就是通过著名的"丝绸之路"远销罗马帝国各地的。

当然，在这一时期，无论中外，以消遣为目的的旅行活动在奴隶制社会都有存在。这些以消遣为目的的旅行主要表现为奴隶主阶级的享乐游行。如包括"天子"在内的奴隶主阶层的外出巡视和游历，无疑就是以消遣为目的的旅行活动。我国《易经》上曾记载的"关国光"等，就是反映的这种享乐旅行。

总而言之，人类有意识和自愿的外出旅行始于原始社会末期，并在奴隶制社会时期得到了迅速发展。但是人类最初的外出旅行并非消遣和度假活动，而是由产品交换和贸易经商促发的一种经济活动，是生产力和社会分工的发展推动了产品交换，从而促发了人们对旅行外出的需要。

### 1.1.1.4　封建社会的旅行发展

进入中世纪，人类由奴隶社会跨入了封建社会。无论在东方还是西方，都出现了一大批中央集权统治的封建王国，采取了一系列推动社会发展的政策和措施，包括统一货币、制定法规、建造驿站驿道等，这些举措有力地促进了商品经济与旅行活动的发展。封建社会的经济特点是以封建庄园或一家一户为单位，农业和家庭手工业相结合，男耕女织，自给自足的自然经济占主要地位。

中国的封建社会经历了 2000 多年的历史，其间除了分裂和战乱的年代之外，每个统一朝代的社会政治都相对稳定，生产技术和社会经济都有了很大的发展。无论在农业生产技术、水利工程技术方面，还是在手工业、冶炼、纺织、造纸、瓷器生产等方面，都曾领先于当时的西方世界，这些都为当时社会旅行提供了物质基础和社会条件。从我国的历史典籍和相关文学作品中所描述的"商旅"一词的广泛使用情况来看，这一时期以经商为目的的旅行活动仍然占据主导地位。

旅行活动的发展自然离不开交通运输。水路交通早在春秋时代就开始出现，汉朝时推出了漕运政策，从而水路交通运输一直是中国封建社会时期重要的交通方式。虽然说封建社会时期水路交通的发展是由国家发展漕运所致，但客观上也便利了人们利用水路往来旅行。

同时，陆路交通也在发展。秦代之后，道路建设也不断有新的发展。这一点可以从历代驿站制度的发展中得到反映。驿站是历代政府沿陆路和水路所设立的馆舍机构，其目的在于传送官方文书和国家物资，以及供往来差旅的公务人员停歇，为其供应宿舍、车马、船轿等。随着之后朝代疆域的扩大、道路的通达、范围的扩展，到了清朝时，驿站的地域范围已经扩大到现在的蒙古国和我国的新疆、西藏地区。

当然，这一时期除了以经济为目的的旅行之外，宗教旅行和专门的考察旅行也比较盛行。比如西汉历史学家和文学家司马迁的游历活动和张骞的出使西域，久负盛名的晋代法显，唐代玄奘、鉴真的宗教旅行，明代医学家李时珍的药物考察和地理学家徐霞客的地理考察，以及著名的"郑和下西洋"等，都是这类考察活动的典型。

而同一时期的欧洲，却处在一个非常落后和残酷的状态，旅行活动在这一时期呈现出一种萎缩的趋势。造成这一情况的原因主要是同欧洲当时的社会经济状况有关。另外，当时欧洲社会人口基本都是农奴，同奴隶不同的是，他们有自己独立的经济，有一小块归他们使用的土地和简单农具。但他们既无人身自由，又无外出活动的自由。再者，加上自然经济的性质比较突出，一个村子就是一个闭塞的经济单位，与外界几乎隔绝，交换活动很少。

尽管从 11 世纪到 14 世纪，欧洲经济有了较大的发展，但是由于其间无休止的战乱，旅行活动的规模始终难以达到古罗马帝国时期的水平。直到 16 世纪之后，欧洲的旅行活动才开始有了一些起色，其中最突出的现象就是温泉的出现。这是因为在 1562 年，一位英国医生发表研究成果，指出天然温泉对人们的体痛病症具有疗效，使"温泉行"在欧洲各地风行起来。除了温泉行之外，这一时期以教育和考察为目的旅行活动也开始出现并有了较快的发展。例如，在青年人中出现了游历欧洲的交易旅行热潮，并形成了欧洲历史上著名的"大游学"（the grand tour）现象。

综上所述，古代旅行的发展是不平衡的。但其中也会表现出一些规律性的特点：

（1）旅行活动的发展同国家的政治环境和社会经济状况有着直接的关系，如在政治安定、生产力发展、经济繁荣的统一时期，旅行活动就会较快发展；反之，就停滞甚至倒退。

（2）古代旅游活动的规模和范围较小，旅行（尤其是商务和宗教旅行）仍占据支配地位，而且外出旅行的方式是以个体为单位的活动形式。

（3）非经济目的的旅行活动虽然有了新的发展和扩大，但参加者人数不多，况且绝大部分是统治阶级及其附庸阶层人士，不具有普遍的社会意义。

（4）为旅行服务的相关行业开始出现。古代旅行活动的不断发展以及游客途中的所需，推动了旅游服务的相关行业的出现。

## 1.1.2　近代旅游的发展（1841—1946 年）

从整个人类旅游发展史来看，旅行活动很大程度上开始具有今天意义上的旅游活动，起始于 19 世纪初期。在近代旅游活动产生并有所发展的基础上，到 19 世纪中叶，为旅游活动提供服务的企业开始逐渐形成一个独立的行业，并作为一个独立的经济部门得以存在和发展。这些情况的发生与当时的社会经济发展状况是分不开的。

### 1.1.2.1　工业革命对近代旅游的影响

17 世纪，英国爆发资产阶级革命，推翻了封建制度，扫除了资本主义发展的障碍。资本主义生产关系的确立为工业革命创造了有利条件。18 世纪 60 年代，以资本主义机器大工业代替工厂手工业的产业革命首先发生在当时资本主义最发达的英国，从纺织产业逐步扩展到采掘、冶金、机器制造、运输等工业部门，19 世纪 30 年代末，英国完成产业革命，到 19 世纪下半叶，美、德、法、日等相继完成。

工业革命不仅极大地推动了生产技术和生产关系的巨大变革，而且极大地促进了资本主义生产力的迅速发展，提高了生产的社会化程度，促使资本主义制度最终战胜封建制度。国际上许多旅游研究专家认为，近代旅游的出现和发展与工业革命所产生的影响密切相关，这种影响主要体现在以下几个

方面:

首先,工业革命促进了交通条件和设施的巨大变化,推动了较大范围和较远距离的旅游活动的开展。众所周知,蒸汽机的发明是工业革命的重要标志,而蒸汽机的改进和应用很好地解决了交通运输的动力问题,促使了新的交通运输方式的产生。尤其是1825年世界上第一条铁路的出现,开创了现代化陆路运输的新纪元,并成为近代旅游发展的一个重要标志。到了1850年,世界上共有15个国家修建了铁路。蒸汽轮船、蒸汽火车(图1-2)已经成为重要的交通运输工具,并表现出速度快、成本低、运量大等特点。

图1-2 蒸汽火车

其次,工业革命极大地推动了城市化进程,促进了人们生活观念和生活方式的重大变化,使很多人的工作和生活地点从农村转移到了工业城市,从而也促进了旅游的发展。由于工业化和城市化的发展形成了繁忙的工作氛围和紧张的工作节奏,使得越来越多的人需要通过外出休息来调节生活节奏,缓释身心压力。因此,工作和生活地点方面的这种变化对工业革命后旅游活动的发展是一项重要的刺激。

再次,工业革命带来了阶级关系的重大变化,客观上来说,促进了旅游规模的扩大。在工业革命之前,往往只有地主阶级和封建贵族才有金钱和时间从事非经济目的的消遣性旅游。然而,工业革命造就了工业资产阶级,并使之成为新的统治阶级,从而使社会财富不再只是流向封建贵族和地主阶级,而是越来越多地流向新兴的资产阶级,扩大了有财力参与外出旅游的人数。

最后,工业革命在造就工业资产阶级的同时,也造就了大批出卖自己劳动力的工人。随着生产力的发展和剩余机制的增多,加上工人阶级为争取自己的权益而进行不懈抗争,使得资本家在增加工人工资和包括传统节日带薪休假在内的权益保障方面不得不做出更多的让步。所有这些都在客观上促进了休闲度假等旅游活动的开展。

### 1.1.2.2 交通运输条件的发展

1769 年，瓦特改良蒸汽机。

1807 年，美国人罗伯特·高尔顿把蒸汽机应用于内河船"克莱蒙特"号，这是世界上出现的第一种现代水上交通工具；1838 年，英国汽船"西留斯"号首次横渡大西洋成功，大大缩短了欧洲与美洲之间的旅行距离，节省了旅行时间。

1814 年，享有"铁路之父"之称的英国工程师乔治·史蒂芬森发明蒸汽火车；1825 年，乔治·史蒂文森在英国建造的斯托克顿至达林顿的铁路正式投入运营，开创了现代铁路交通的新纪元。此后，美、德等国相继修建铁路，到 1850 年，世界上共有 19 个国家建成铁路并投入营业。1851 年，全英铁路运输年旅客周转量达到了 7900 万人次，1860 年达到了 1.6 亿人次，到 1875 年超过 6 亿人次，1880 年达到了 8.17 亿人次，1914 年达到了 14.55 亿人次。而此前的主要运输工具——公共马车，已经渐渐失去了竞争力。

相对于公共马车，铁路运输的优点在于：

①旅行费用低廉。以乘火车为例，当时平均价格为每英里[1] 一个便士[2]，远远低于公共马车的运输价格。同时，乘客在乘坐时，不需要像坐公共马车那样还需要交纳路税。这样一来，更多的人有能力支付旅游费用，从而有助于扩大外出旅游的人数。

②运载能力提高。一辆公共马车每次只能乘坐仅有的几个人，而一列火车至少能够乘坐数百人，从而铁路运输在技术上使大规模的外出旅游成为可能。

③运行速度加快。当时公共马车的走行速度一般为每小时 7 英里，而火车的运行速度大约为每小时 28~29 英里，相当于公共马车的 4 倍。这样一来，有效缩短了旅游所需要的时间，从而为人们抽出时间外出旅游提供了可能。

④旅行距离增大。随着铁路网的不断增大，加上火车的运行速度，使人们旅行外出的地域范围得以扩大。加上工业革命所带来的社会经济繁荣，不仅使商务旅行的数量大大增加，更重要的是为以消遣为目的的旅游活动创造了便利的条件。

---

[1] 英里：英制的长度单位，1 英里 ≈ 1.6 千米。

[2] 便士：英国货币辅币单位，现 1 英磅 = 100 新便士。

### 1.1.2.3 托马斯·库克的活动与近代旅游的产生

1841年7月5日，英国人托马斯·库克包租一列火车，从莱斯特运送570名旅客到拉夫巴罗去参加禁酒大会，这次团体活动，标志着近代旅游及旅游业的开端。正如国外学者所评价那样："托马斯·库克独一无二的贡献，在于他组织了旅游的全过程——运输、住宿和活动，或是在一个想要去的新目的地所获得的'满意感觉'，这就是真正的旅游产品。他创造了一种基本的服务——包价旅游或散客旅游。世界各地都开始仿效他的创新。这一做法使得托马斯·库克比任何其他的企业家都更多地改变了人们的旅游观念。旅游……变成了一种休闲和娱乐，一种新的观念——度假。"但是严格地讲，这次活动并非世界上首例以包租火车形式组织的团体旅游活动。在此之前，报纸上曾有过利用包租火车来开展团体旅游的报道。托马斯·库克本人当时在自己的日记中也写到，他是受这些先例的启发而想到利用包租火车组织这次活动的。人们之所以把托马斯·库克的这次活动认为是近代旅游业的开端，主要是因为此次活动有着一些与众不同的特点：

①此次活动具有较为广泛的公众性。活动的参与者来自各个行业，甚至包括很多家庭妇女和儿童，他们为了活动而聚集在一起，活动结束之后四散离去。

②托马斯·库克不仅发起、筹备和组织这一活动，而且在整个旅程活动中从始至终全程陪同照顾。这一点可以说是现代旅行社全程陪同的最早体现。

③此次活动参与者规模大，成员结构复杂，可以说是空前绝后的。

④此次活动为以后托马斯·库克旅行社的正式创立打下了基础并提供了经验。

之后，托马斯·库克几乎每年都要策划和组织相关的旅游活动，甚至连英国王室也邀请他帮助安排旅游度假计划。在成功组织团体旅游活动的基础上，又经过三四年的实践和准备，托马斯·库克在家乡莱斯特创办了世界上第一家旅行社——托马斯·库克旅行社（即现在的通济隆旅行社的前身），开辟了旅行业务代理的先河，标志着近代旅游业的诞生。1845年夏天，托马斯·库克首次组织团体消遣旅游，从莱斯特出发到利物浦，全程为期一周，参加人数为350人。相比于1841年那次团体旅游，此次团体旅游活动具有一些与之相比有所不同的地方：第一，此次活动的组织不再是单单的"业余行为"，而是出于纯商业性的盈利目的。因为此刻的托马斯·库克已经意识到人们要求参与旅游活动的积极性之高，并且认为旅游需求已经发展到了一定的阶段，有了一定的规模，如果借助这一市场开展商业活动，将是一个很好的契机。第二个特点是此前托马斯·库克所组织的团体旅游都是所谓的"一日游"，即在当日就返回，而此次则是连续数天在外过夜的长途旅游。而且之前的旅行主要是为了参加禁酒示威游行活动，此次则完全是为了休闲消遣。第三，在筹备这次活动期间，托马斯·库克进行了很多实地考察，以便更好地确定全程的各个停留点和游览内容。而且托马斯·库克还编写了世界上最早的旅行杂志《利物浦之行手册》，杂志中介绍了这次活动的相关内容，包括出发时间、集合方式、沿途停留的地点、参观和游览的项目、住宿设施安排等其他活动须知。另外，除了托马斯·库克全程陪同之外，他还聘用了地方导游，据说这也是旅行社最早用地方导游的先例。可以说这一次团体旅游全面体现了当今旅行社的基本业务，开创了旅行社业务的基本模式。

到了 1939 年，通济隆旅行社已经在世界各地设立了 350 多处分社。还先后创办了最早的旅行支票，可在世界各大城市通行，旅行者持此支票即可在同与托马斯·库克旅行社有合同关系的交通运输公司和旅游接待企业中代替现金用于支付，并可在指定的银行兑取现金。

到了 19 世纪下半叶，许多与托马斯·库克旅行社类似的旅游组织或企业相继出现。1850 年，美国运通公司开始经营旅行代理业务；1857 年，英国成立了"登山俱乐部"，1885 年，又成立了"帐篷俱乐部"；法国、德国也在1890 年成立了"观光俱乐部"；1893 年，日本设立了专门接待外宾的"喜宾会"，并于 1912 年改建为"国际观光局"，开始招揽外国游客和代办旅游业务，到了 1926 年，该组织正式定名为"东亚交通公社"，等等。总体上看来，20 世纪初，托马斯·库克旅行社、美国运通公司、比利时铁路卧车公司已经成为世界旅行代理业的三大公司。

托马斯·库克对旅游业的贡献可以大致概括为两点：一是开创了旅游业；二是使旅游向大众化发展。而托马斯·库克的名字也几乎成了旅游的代名词，托马斯·库克创办旅行社的活动标志着近代旅游业的产生。从此，旅游业开始真正成为独立的经济活动并逐渐发展成为国民经济中的一个新兴产业。

托马斯·库克的百年旅行史

#### 1.1.2.4　近代旅游的特征

近代旅游的产生与发展以及旅游业的诞生，是人类旅游史上的一个里程碑。纵观近代旅游的产生与发展，具有以下明显的特征：

（1）旅游者来源更加广泛

工业革命所带来的社会生产率的提高和社会财富的增加，旅行游览的人数上涨，旅游者来源更广泛，扩大了旅行和旅游的人员构成：一是正在成长的中产阶层；二是拥有金钱和时间的中上层人物；三是伴随着对外殖民侵略和扩张而到国外经商、传教、探险等阶层的人。

（2）消遣性旅游活动开始盛行

旅游动机中的消遣娱乐成分增多，出于消遣目的而外出旅游度假的人数大量增加，在规模上已经开始超过了精英阶层占主体地位的商务旅行，从而改变了古代旅游往往是享乐与具体功利、事务相结合的传统，非功利性的纯享乐群体性团体旅游开始盛行。

（3）旅游服务体系逐渐形成

随着旅游活动的发展，整个社会的旅游需要不断提升，参加人数的不断增加，旅游者活动空间的不断拓展，旅游中介服务体系开始产生，旅游供给保障制度也开始全面推进，如旅行社和其他旅游组织的产生，商业性客运经营活动的发展，旅游资源和旅游设施的开发与建设，等等。

（4）旅游活动条件得到较大改善

18世纪下半叶，世界上出现了铁路、海路联运，火车和轮船的设备条件也越来越完善，从而为近代旅游的发展提供了较好的交通条件。同时，随着旅游活动的发展，在铁路、公路与船运码头附近建立了许多较为舒适的旅馆，在住宿条件改善的同时带动了餐饮业的较大发展，特别是以中产阶级为主要服务对象的舒适又经济的食宿条件得到改善。

### 1.1.3 现代旅游的发展（第二次世界大战后至今）

现代旅游是旅游发展进程中的阶段概念，特指第二次世界大战之后，特别是20世纪60年代以来迅速普及于世界各地的社会化大众旅游。从旅游的发展历程来看，旅游业虽然于19世纪中叶已经产生，但是因为条件所限，发展非常缓慢，构成也颇为简单。直到第二次世界大战之后，世界回归和平，随着各国战争创伤的恢复和社会经济的发展，各国经济呈现稳定发展的趋势，各国之间努力协调关系，旅游才取得了巨大的进步，其规模之大、发展之快、普及之广都是前所未有的。

根据世界旅游理事会发表的年度报告，自1992年起，旅游业已经成为世界规模最大的产业，不论从它的收入、就业、增值、投资和纳税等方面，旅游业的发展为世界和各国经济的发展带来了巨大的贡献。

### 1.1.3.1　二战后世界旅游的发展概况

第二次世界大战后，随着国际局势趋于缓和，各国都开始致力于本国的经济建设。尤其是科技革命的持续深入和发展，有力地推动了世界经济的持续增长，从而使得全球财富和可自由支配的收入急剧增长，为旅游活动的深入发展产生了强大的推动作用。旅游活动的规模空前增大。1950 年，全世界国际旅游规模仅为 2528 万人次，但是到了 1960 年已经上升到 6930 万次，比 1950 年增长了 174%。另外，国际旅游消费也增长许多。全球国际旅游消费总额从 1950 年的 21 亿美元增长至 1960 年的近 69 亿美元。在不考虑通货膨胀的情况下，1960 年比 1950 年增长了 229%。一直到 1970 年全世界国际旅游活动的人次和消费额已经分别达到了 1.6 亿人次和 179 亿美元。另外，在此阶段，汽车也开始大量普及，1970 年全世界汽车大约为 1 亿辆，到 1987 年已经增长到了 3.94 亿辆，仅欧洲汽车注册量也从原来的 6800 万辆增加到 1.59 亿辆。航空旅行增长的速度也非常快，特别是不定期的航空旅行包机服务增长很快，20 世纪 80 年代约占所有航空总量的 18%，但欧洲航线上占据了旅行总量的 50%。20 世纪 90 年代以来，世界旅游的发展出现了一些新的特点，如客流方向发生变化，远距离旅游的增长快于近距离旅游的增长，商务旅游、会展旅游、文化旅游和教育旅游发展变快。欧洲依然是最受欢迎的国际旅游目的地，2018 年共接待了 7.13 亿入境游客，同比增长 6%，2017 年增长率为 8%。亚太地区的入境游客数量为 3.43 亿，同比增长了 6%，与 2017 年同期的增长率持平。

### 1.1.3.2　第二次世界大战后旅游快速发展的原因分析

第二次世界大战的爆发曾经使旅游活动的发展陷于停顿的状态。而战后旅游活动的开展不仅重新恢复，而且还出现了前所未有的快速发展。究其原因，主要有以下几点：

（1）战后世界经济迅速发展

几乎所有的国家国民经济增长都大大超过第二次世界大战之前。世界发达国家国民收入按人均计，1960 年为 520 美元，1979 年增长到 2690 美元，增长了近 5.3 倍。经济的发展使得众多国家的人均收入或者说是使得众多国家居民的家庭平均收入迅速增加，尤其是在那些经济基础原先就比较雄厚的西方国家更是如此。到了 20 世纪 60 年代，这些国家开始形成所谓的"富裕国家"。人们收入的增加和支付能力的提高对旅游的迅速发展和普及起到了极其重要的刺激作用。

（2）战后世界人口迅速增长

第二次世界大战之后，世界人口约为 25 亿人，20 世纪 60 年代增加到 36 亿人，到了 20 世纪 90 年代突破了 50 亿人，现在已经超过 75 亿人。无疑，世界人口的不断增长已经成为战后大众旅游发展的基础。据世界旅游组织的统计，到 2018 年，全球的国际旅游人数已经从 1960 年的 6900 万人次增长到了 14.01 亿人次，增长了 20 倍多。

（3）先进交通工具不断普及

第二次世界大战之后，汽车在发达国家不断普及，人均拥有车的比率也不断上升。汽车成为人们中短途旅游的主要交通工具。其自由、方便、灵活等特点缩短了人们旅行路程中的时间。同时，航空业的发展也很迅速，使人们有机会在较短的时间内做长距离旅行。航空旅行成为人们最重要的远距离旅行方式。现代化交通运输不断出现，即便是普通人也能享用的快速、安全、廉价的工具，使得旅游活动的时间在全人类和全世界范围内迅速缩短，这成为使旅游活动趋向大众性的基本物质条件。

（4）城市化进程加快发展

第二次世界大战之后，许多国家政治稳定与经济快速发展，城市化进程加快，农村人口随之下降。1950 年，世界城市人口所占比重为 28.6%，而到 1999 年已超过 50%，在经济发达国家已达到 80%。20 世纪 70 年代，美国的农村人口已不足全国人口的 1%。在美国全国劳动力人口中，只有大约 5% 从事农业生产。城市化带来环境的污染，城市人口的增加与工作压力的加大进一步促进了度假旅游需求的发展。可以说，第二次世界大战之后，旅游的快速发展与城市化进程的快速发展是分不开的。

（5）带薪假期广泛普及

第二次世界大战之后，随着科技的不断进步和生产过程自动化不断提高，产业的生产效率大大提高，单位产品的生产时间大大缩短，各国纷纷实施员工带薪休假制度，从而使员工带薪休假也越来越普及。这种变化使得人们有相对充足的时间外出休闲游览，使得参加外出旅游的人数迅速增加，直接推动了旅游的快速发展。

（6）教育水平普遍提高

第二次世界大战后世界各国教育事业的发展不仅提高了人们的知识层次

和结构，而且促进了人们对现代工作生活质量的追求。另外，加上信息技术进步的影响，越来越多的人对自己本土和本国以外的其他地区的事物增加了解产生了兴趣，感受自然、体验社会等已经成为他们生活的重要组成部分。这种情况对战后旅游的兴起和发展也起到了极其重要的影响。

除了上述的因素以外，还有其他的一些因素，比如旅游市场的细分化、政府政策和行业组织的革新等，都对战后旅游业的迅速发展起到了一定的推动作用。

### 1.1.3.3 中国现代旅游与现代旅游业的产生和发展

中国旅游业的产生是在近代，而前文所提及的古代社会的各种旅行活动，包括帝王巡游、官吏宦游、经商旅行、文人漫游、宗教和节事游行等，都不属于现今意义上的旅游。

（1）中国旅游业的产生和初期发展

由于需求规模的限制，旅游业在中国出现的比较晚。帝国主义列强出于侵略和扩张的目的，在中国修建铁路，强制开放通商口岸。随着现代化交通设施的建立和发展，以及国内和国际交往的日益频繁，便产生了中国近代旅游业。

近代中国的上海交通便利、经济发达，同时也是与外部世界联系和交往最多的城市。鸦片战争后，随着中外人员往来的增多和外国旅游企业的纷纷进入，上海等地的旅游市场也纷纷被外国旅游企业瓜分，中国人出国旅行游览都需要通过外国人的旅行社办理。当时上海商业储蓄银行的民族银行家陈光甫先生面对这种现实，决定在该银行的经营范围内增设一个旅行部。这个旅行部于1923年8月经当时的北洋政府批准之后正式宣布成立。1924年，该旅行部首次组织国内观光团赴杭州之后又组织了秋季赴浙江海宁的观潮旅行。1927年，旅行部出版了《旅行杂志》，专门宣传中国的风景名胜和自然风光。这本杂志一直出版发行到1954年。1927年6月更名为"中国旅行社"，并确定了其业务宗旨"导客以应办之事，助人以必需之便。如舟车舱之代订，旅社铺位之预定，团体旅行之计划，调查研究之入手，以致轮船进出日期，火车来往时间，均在旅客所急需者"。后来随着业务范围的不断扩大，其内部结构也逐步健全，发展到七部一处，不仅在全国各大城市都设立了办事机构，而且在新加坡、马尼拉、加尔各答、仰光等外国城市也设有办事机构。1947年，伦敦举办的首届世界旅游博览会上，中国旅行社以巨幅"中国名胜图"参展。

在这一时期，除了成立于上海的中国旅行社，还出现过一些地方性的旅行社和类似组织，但其规模和影响不大。同时，在这一时期，类似今天的旅游资源的开发和营销工作也有了一定的进展，如在庐山、北戴河等地建设了避暑山庄，在上海举办了国货博览会，在杭州举办了西湖博览会。但是旅游业的规模和影响在整个社会生活中还比较弱小，没有形成具有重要产业地位的经济部门。

（2）新中国成立至改革开放之前旅游业的发展

这一时期是属于一种摸索发展时期。中国的经济还比较落后，生产力水平低下，人民群众的生活水平较低。这些客观因素都制约了旅游需求的发育，限制了旅游发展的基本市场条件的形成。另外，加上国际政治环境的影响，旅游工作只能服从服务于外交工作和接待工作的需要，从根本上来说，还不可能具备产业的经济性质。

新中国成立之后，1949年11月，第一家国营旅行社——华侨服务社在厦门市正式设立，其任务就是接待海外侨胞归国探亲和观光旅游。在后来的几年发展中，除了厦门以外，在其他一些重要城市也陆续成立了华侨旅行社。1952年以后，"亚洲及太平洋区域和平会议"在我国召开，由于接待工作的需要，经中央人民政府政务院批准，"中国国际旅行社总社"在1954年4月15日正式成立。并在全国14个城市设立了分社。这一旅行社属于国有，而非私营，其真正的目的在于搞好政治关系而不是盈利。

到了20世纪50年代后期，自费来华的人数增多，最初是苏联和东欧的社会主义国家的客人，后来由于中苏关系恶化，这类客人减少，与此同时，西方国家来华访问者增多。到了60年代中期，欧美成为我国旅游业的主要客源市场。在周恩来总理出访亚非14国之后，第三世界国家访问者增多。1964年，"中国旅行和游览事业管理局"作为国务院的直属机构成立，主要是为了加强对这方面接待服务工作的职能管理。而1966年开始的"文化大革命"，10年之间使得我国的旅游业几乎处于全面瘫痪的状态。迫于这种形势，周恩来总理在1971年召开了全国旅游工作会议，提出了"宣传自己，了解别人"的方针，此会议之后，中国旅游业出现了转机。1973年，中国华侨旅行社总社恢复成立，1974年更名为中国旅行社总社。

总结来说，这一时期我国旅游业的基本任务是服务外交工作的需要，"宣传自己，了解别人"。而产业的结构还不完整，且总体规模很小。

　　（3）改革开放之后至今旅游业的发展

　　十一届三中全会之后，我国按照改革开放的方针使旅游业逐步纳入国民经济的轨道，形成了以观光为主的旅游经济产业，为国家创汇是其主要任务，逐步完成了性质的转变。同时，旅游的职能也有所改变，旅游业从单一的以观光为主要目的向集观光、会议、商务、体育、医疗保健、娱乐、休闲度假为一体的综合性多功能转变。并向以入境旅游为主，以发展国内旅游为辅，适当发展出境旅游比较完善的市场结构进行转变。从 20 世纪 70 年代末期到 20 世纪 80 年代中期主要以入境旅游为主，20 世纪 80 年代中期到 1997 年主要是入境旅游和国内旅游并行的阶段。而到了 1997 年之后，就进入了入境旅游、国内旅游和出境旅游全面发展的阶段。

　　在实行改革开放的 40 多年中，中国旅游业不断发展，产业规模不断壮大，旅游影响力不断增大。2008 年北京奥运会以及 2010 年上海世博会的成功举办，中国在世界旅游业的地位更加显著，2013—2019 年间中国旅游总收入均排名全球前 2 位，旅游产业对国民经济的贡献日益突出。从 1985—2019 年这 35 年的数据表明，我国入境旅游、国内旅游和出境旅游均保持了稳步增长，实现了从旅游资源大国向旅游大国的历史性跨越。2019 年，全年国内旅游人数 60.06 亿人次，比上年同期增长 8.4%；入境旅游人数 14531 万人次，比上年同期增长 2.9%；出境旅游人数 15463 万人次，比上年同期增长 3.3%；全年实现旅游总收入 6.63 万亿元，同比增长 11.1%。

中国旅游业的百年进化史　　　　　　　　改革开放后中国旅游业发展成就

## 1.2　旅游的概念

　　什么是旅游？这个问题看似简单，却难以获得准确而严谨的答案。对这一概念的明确界定和公示不仅是旅游研究的需要，也是旅游研究形成学科的一项必要基础。然而在旅游学术研究中，由于研究旅游的学者和机构站在不同的角度并出于不同的目的，所以出现了诸多对旅游的不同定义。

　　在对旅游的定义做出总结之前，我们有必要先观察和分析一下目前已有的一些旅游定义：

①瑞士学者汉泽克尔和克拉普夫（1942年）对旅游的定义："旅游是非定居者的旅行和暂时居留而引起的现象和关系的总和。这些人不会永久居留，并且不从事赚钱的活动。"这个定义强调旅游的综合性，指出旅游活动中必将产生经济关系和社会关系。由于这个定义在20世纪70年代为"旅游科学专家国际联合会"（Association Internationale d' Expert Scientific Experts in Tourism）所采用，所以又被称为"艾斯特"（AIEST）定义。

②英国学者伯卡特和梅特列克（1974年）对旅游的定义："旅游发生于人们前往和逗留在各种旅游地的活动，是人们离开他平时居住和工作的地方，短期暂时前往一个旅游目的地运动和逗留在该地的各种活动。"该定义强调了旅游的本质特征是暂时性和异地性。

③英国旅游局（BTA）前执行主任里考瑞什认为：旅游"是人的运动，是市场的运动而非一项产业的运动，总之，是流动人口对接待地区及其居民的影响。"该定义强调了旅游的本质特征是异地性。

④我国经济学家于光远（1985年）对旅游的定义："旅游是现代社会中居民的一种短期的特殊生活方式，这种生活方式的特点是：异地性、业余性和享受性。"该定义强调了旅游是一种生活方式，并且指出异地性、业余性和享受性是旅游的主要特点。

⑤联合国的"官方旅行机构国际联合会"（AIGTO）认为，旅游是指到一个国家访问，停留时间超过24小时的短期旅客，其旅游目的属于下列项目之一：悠逸（包括娱乐、度假、保健、研究、宗教或体育运动）、业务、出使、开会等。

⑥世界旅游组织（1995年）对旅游的定义："旅游是人们为了休闲、商务和其他目的，离开他们惯常的环境，到某些地方去以及在那些地方停留的活动，暂时停留时间不超过一年，且访问的主要目的不应是通过所从事的活动从访问地获取报酬。"该定义是世界旅游组织出于统计的目的所制定的5本技术手册之一中对旅游的定义。

⑦我国学者谢彦君（2004年）对旅游的定义："旅游是个人以前往异地寻求愉悦为主要目的而度过的一种具有社会、休闲和消费属性的短暂经历。"该定义强调旅游是一种享受异地愉悦和体验的短暂经历。

观察上述定义，可以发现这些定义基本上可以划分为两类：

第一类是从理论抽象出发而下的定义，即所谓的概念性定义或理论性定义（conceptual definitions），如上述的①、②、③、④、⑦。

第二类是人们出于某些工作例如统计工作的需要而对旅游做出的较具体的定义，即所谓的技术性定义或操作性定义（technical definitions），如上述的⑤、⑥。

立足于以上概念总结，本书认为：旅游是非本地居民（游客）暂时离开自己的住地，出于非营利目的前往旅游目的地并与当地居民发生一定的联系的短暂停留（不超过一年），以"游"为主，集食、住、行、游、购、娱于一体所引起的各种现象和关系的总和。

## 1.3　旅游活动的类型

随着当代社会经济的发展，旅游已经成为人们的一种时尚生活方式或必不可少的生活消费品。旅游范围越来越大，旅游活动的类型也多种多样。因此，无论是在旅游理论研究方面还是在旅游业的经营方面，都需要对人们的旅游活动进行必要的类型划分，以便根据需要去分析和认识不同类型旅游活动的特点，提高旅游管理的科学性和有效性。

### 1.3.1　按是否跨越国界分类

依据旅游者旅游是否跨越国界进行分类，可将旅游分为国际旅游和国内旅游。

#### 1.3.1.1　国际旅游

国际旅游是指游客从自己的定居国和常住国跨越国界到另一个或几个国家的旅游活动。

而国际旅游还可以根据游客的流向区分为两种情况：一种是其他国家或地区的居民前来本国旅游，称之为国际入境旅游，简称入境旅游；另一种情况则是本国居民离开本国到境外其他国家或地区去旅游，称之为出境游或出国旅游。目前，在中国的旅游统计工作中，港澳台居民前来内地开展的旅游活动一直被视为入境旅游。内地居民前往该地区的旅游活动也一直被纳入出境旅游的统计范畴。边境旅游，一般指中国边境地区的居民到相邻国家的边境城市所做的短期旅游活动。具体来说，它是指经批准的旅行社组织和接待我国及毗邻国家的公民，集体从指定的边境口岸出入境，在双方政府商定的区域和期限内进行的旅游活动。也就是说国际旅游包括入境旅游、出境旅游以及边境旅游。

#### 1.3.1.2　国内旅游

国内旅游是指游客在居住国境内开展的旅游活动，通常是一个国家的居民离开自己的常住地到本国境内其他地方去进行的旅游活动。但根据世界旅游组织（UNWTO）的解释，并不属于居民的常住性外国人在所在国境内进行的旅游活动亦属于国内旅游。例如，驻北京的外国使馆人员在我国境内进行的旅游活动对我国而言仍属于国内旅游。

国际旅游与国内旅游的区别见表1-1。

表1-1　国际旅游与国内旅游的区别

| 项目 | 国际旅游 | 国内旅游 |
|------|---------|---------|
| 停留时间 | 较长 | 较短 |
| 消费程度 | 较高 | 较低 |
| 便利程度 | 有语言障碍，必须办理各种旅行手续 | 很少有语言障碍，不需要办理手续 |
| 经济作用 | 国家之间的财富转移 | 地区之间的财富转移 |
| 文化影响 | 影响较大 | 影响较小 |

### 1.3.2　按组织形式分类

依据组织形式可以划分为团体旅游和散客旅游。

#### 1.3.2.1　团体旅游

团体旅游，又称团体包价旅游，是指参加旅行社或其他旅游组织事先计划、统一组织、精心编排旅游项目、提供相关服务并以包价形式一次性收取费用的旅游形式。典型的团体旅游是旅行社组织的团体包价旅游。

参与旅行社组织的团体旅游的优点是：价格便宜，参加旅游团在很多方面能够得到旅游企业的优惠；省时方便，旅游者的交通、食宿、游览项目以及导游工作都是由旅行社负责安排，省去了很多事宜；导游服务，旅行社的旅游有导游讲解，便于旅游者更好地了解旅游地的文化历史等情况；售后服务，由于近年来对旅行社的管理比较严格，一般旅行社都交有质量金，一旦有问题，旅游者可以到相关部门投诉。缺点是：不自由，日程安排比较紧张，旅游者的个人兴趣爱好也不尽相同，可能会出现一些分歧。

#### 1.3.2.2　散客旅游

散客旅游，又称个人旅游，是指相对团体旅游而言的个体、家庭或15人以下自行结伴的旅游活动。与团体旅游相比，散客旅游较为灵活机动、自主独立。有统计数据显示，在目前的旅游行业中，团队游客只占了整个旅游市场的5%，散客占据了95%的旅游市场。对旅游企业来说，这无疑有着非常大的吸引力。而世界旅游组织的一份商务理事会报告也显示：在今后的旅游业发展过程中，世界主要旅游客源地约 1/4 的旅游产品将通过互联网进行订购。另一项调查也表示，目前有大约 1/3 的受访者是通过网站去了解其外出的旅游信息的，而且这个数字还在不断增长。由此可见，旅游业电子商务有着巨大的发展空间。旅游电子商务的发展会让越来越多的旅游企业有着直接面对庞大的散客队伍的机会，同时也能够改变旅游企业的经营环境。

### 1.3.3 按外出旅游的目的分类

依据外出旅游的目的，一般可划分为观光类、休闲度假类、公务事务类、购物类、特色与专项类等不同的类型。也可以划分为休闲和消遣旅游、商务和专业旅游以及持其他目的的旅游。

#### 1.3.3.1 观光类旅游

观光类旅游是指领略异国他乡的自然风光、都市景观和民族风情为主要活动内容的消遣性旅游活动。它是人类最早的旅游形式，也是世界上开展得最为普遍的旅游活动类型。这种旅游类型一般能给游客带来身心的自由和精神上的愉悦感受与体验，满足其最基本的旅游需求。根据有关统计，前来我国旅游的境外海外游客中约有 70% 是以观光游览为目的的。当然，对于一个旅游目的地来说，观光旅游产品往往比较难以吸引游客多次购买或者经常性前往，所以这就需要不断地创新观光旅游产品（包括线路和内容的创新），以便增强并创造吸引力。

#### 1.3.3.2 休闲度假类旅游

休闲度假类旅游是指人们为了调节生活节奏、陶冶情操、休息疗养、提高生活质量，而到环境幽雅、景色优美、设施良好的旅游目的地生活一段时间的旅游活动。休闲度假类旅游的特点是逗留时间较长、消费水平较高、活动悠闲自在，而且游客也会多次去熟悉的旅游目的地。

#### 1.3.3.3 公务事务类旅游

公务事务类旅游是一种不以游览为主要目的，而是在公务事务活动中所产生的旅游行为。公务事务类旅游的主要形式有公务旅游、商务旅游、会议旅游、奖励旅游以及个人和家庭事务旅游等。其中公务旅游是指政府部门、企事业单位的工作人员因公出差而产生的旅游活动，大多数这类活动不仅被纳入旅游统计的范畴，而且活动期间的消费也被列入当地的旅游收入账户。

商务旅游是指以经商为内容往来于各国各地的旅游。会议旅游是指以参加会议旅游的人大多是企业家、专家、学者和教授，餐饮、住宿标准较高，且有充足的购物时间和购买能力。奖励旅游并非一般的员工旅游，而是企业业主提供一定的经费，委托专业旅游业者精心设计的"非比寻常"的旅游活动。个人和家庭事务旅游包括参加亲朋好友婚礼、出席子女的开学典礼或毕业典礼、利用假期外出短期求学，以及探亲访友等事务性活动过程中发生的旅游活动。

### 1.3.3.4　购物类旅游

这是一种以购物为主要目的的旅游。随着社会经济的不断发展，人民生活水平也不断提高，购物旅游已经成为与观光游览相结合的一种具有很大的发展潜力的旅游方式。据有关资料显示，每年进入香港的国际游客中有60%左右的人是以购物为目的，其购物费也占全部旅游费用支出的60%左右，从而使香港这个弹丸之地成为世界的"购物天堂"。

### 1.3.3.5　特色与专项类旅游

这是一种为了满足游客某一方面的特殊需要与兴趣而进行的一种具有某种特色的或专项的旅游活动，所以也称之为特色旅游、专题旅游或专项旅游。这种旅游的主要特征是：旅游的生态环境和文化环境的原始自然性，旅游线路和内容的新奇探险性，旅游活动形式的自主参与性。其形式如某种特色文化游、宗教游、探险游、生态环境游等。

## 【知识窗1】

### 乡村旅游

乡村旅游是指在乡村范围内，利用农村自然环境、田园景观、农林牧渔生产、民俗风情、农村文化、农家生活、村落古镇等旅游资源，通过科学规划和开发设计，满足游客观光、休闲、度假、体验、娱乐、健身等多项需求的旅游活动。乡村旅游以独具特色的乡村民俗文化为灵魂，以农民为经营主体，充分体现"住农家屋、吃农家饭、干农家活、享农家乐"的民俗特色。乡村旅游的目标市场应主要定位为城市居民，满足都市人享受田园风光、回归淳朴民俗的愿望。

（资料来源：贾荣，乡村旅游经营与管理，北京理工大学出版社，2016）

## 【知识窗 2】

### 康养旅游

国家旅游局 2016 年发布《国家康养旅游示范基地》，依据该标准，康养旅游被定义为：通过养颜健体、营养膳食、修心养性、关爱环境等各种手段，使人在身体、心智和精神上都能达到自然和谐的优良状态的各种旅游活动的总和。

康养旅游示范基地应具有与养生资源相应的产品和服务，并达到一定规模。可利用自然资源中的空气、水、磁场、植物或综合生态环境要素等来设计产品，或可利用人文资源，即人类在经验、方法和技能方面的总结来设计产品，以达到康养目的。康养旅游示范基地应拥有主题明确、特色鲜明的康养旅游产品，拥有数量充足、档次合理的康养住宿设施和餐饮设施。宜同时提供标准化和个性化、长中短期相结合的康养服务系列产品，满足不同游客的差异化需求。

乡村旅游"火"起来

## 1.3.4　按计价方式分类

依据计价方式可以分为包价旅游和非包价旅游。

包价旅游是指旅游者在旅游活动开始前即将全部或部分旅游费用预付给旅行社，由旅行社根据同旅游者签订的合同，相应地为旅游者安排旅游途中的食、住、行、游、购、娱等活动。又可分为团体包价旅游、半包价旅游、小包价旅游和零包价旅游。其中半包价旅游是指在全包价旅游的基础上，扣除中晚餐费用的一种包价形式。

包价旅游的预付费用主要包括旅游服务费、房费、城市间交通费及专项附加费 4 个部分。

旅游服务费是指旅行社导游等在整个旅行过程中为游客提供游览向导、景点讲解、就餐、住宿安排以及旅途生活照顾等旅游接待服务而获得的相应的报酬。当前旅游市场竞争激烈，旅行社一般收取的旅游服务费根据旅游行程安排以及旅游工作量等不同来衡量，一般按10~100 元/人，或者按报价5%~15%来收取。

房费：从 1988 年起，房费从旅游服务费中单列，改变了基本房费加上房差的办法。游客可以根据本人意愿，预订高、中、低各档次饭店，旅行社按照与饭店签订的协议价格向游客收费。

城市间交通费：即飞机、火车、轮船、内河及古运河船以及汽车客票价格。交通费折扣价格标准，由中国民航局、国家铁路局、交通运输部会同文化和旅游部规定。

专项附加费：即汽车超公里费、游江游湖费、特殊游览门票费、风味餐费、专业活动费、责任保险费、不可预见费等。

### 1.3.5 按吸引物性质分类

依据旅游吸引物的性质为标准可以划分为海滨旅游、温泉旅游、森林旅游、山川旅游、江河湖泊旅游、冰雪旅游、乡村旅游、都市旅游、民俗风情旅游、美食旅游、主题公园旅游等。总之，有多少类型的旅游吸引物就可以划分出多少旅游的种类。

除了上述6种分类标准以外，还可以根据旅行距离标准、年龄特征标准、性别标准、旅行方式标准、身份地位标准、参与程度标准、消费水平标准等对旅游的类型进行超细分，可以使旅游的专业化程度进一步提高，旅游市场营销的目标更加明确、旅游产品的特色更加突出。

## 1.4 旅游的基本属性与特点

### 1.4.1 旅游的基本属性

从旅游发展的历史演变过程看，旅游是人类社会、经济、文化、科技发展到一定阶段的必然产物，是人类物质文明和精神文明程度的体现。旅游从产生到现在，由于受到多种因素的影响，其活动内容、形式、目的、规模在不同的历史时期有不同的表现，但旅游的基本属性不会改变。总结来看，旅游具有以下几个属性：

#### 1.4.1.1 旅游的经济属性

旅游的经济属性可以从两个方面来考察，即旅游活动形成的经济基础方面和旅游活动过程的经济属性方面。

从旅游活动形成的经济基础来看，旅游的产生、形成和发展都离不开一定的社会经济条件，因为旅游是社会经济发展到一定程度的产物。在还未解决温饱的社会经济条件下，旅游需求的产生与实现是不现实的，旅游活动和旅游业的发展需要具备一定的经济基础。

从旅游活动过程中的表现来看，旅游者在旅游过程中打交道最多的始终是各类旅游产品的经营者以及服务人员。旅游者的食、住、行、游、购、娱都需要依托经营特定的旅游活动过程的企业来完成，其经济属性不言而喻；加之旅游者在进行旅游活动过程中所发生的消费会对客源地和目的地经济产生不同程度的直接或间接的客观影响。因此，旅游的经济属性既包括旅游活动产生的社会经济基础，也包括旅游产品的生产过程和消费过程的统一。

### 1.4.1.2　旅游的社会属性

目前旅游已经成为现代社会的一种独特的生活方式，需要通过旅游者和旅游目的地之间的广泛接触和相互交流展开，并由此而产生和形成了一系列的社会关系和社会现象。旅游是一项涉及各个领域的社会活动。无论是休闲度假或审美体验，还是感受社会或交流思想等，都体现着非常浓厚的社会属性，表现为多样化的社会内涵与社会现象。另外，旅游作为人们之间普遍的社会交往活动，不但促进地区之间、国家之间的友好关系，而且增进人们之间的相互了解和友谊，旅游是社会发展到一定阶段后产生的一种社会现象。

### 1.4.1.3　旅游的文化属性

旅游与文化有着不可分割的关系，旅游本身就是一种大规模的文化交流。中国谚语把"读万卷书"与"行万里路"并提，说明中国人早就知晓旅游的文化内涵。在旅游者所进行的一切活动中，无论是物质性的活动，还是精神性的活动，都是基于一定的社会文化的活动；社会为广大旅游者提供的各种条件和服务，也无不与社会文化相联系。

首先，旅游者是依赖于一定的社会文化背景产生的。一个人要成为旅游者，除了要有足够的可自由支配经济和闲暇时间以外，还必须要有外出旅游的动机，即外出旅游的需求和欲望。前者属于客观条件，后者属于主观条件，它依赖于足以使旅游者产生旅游动机的文化背景。这个文化背景既包括旅游者本人的文化素质，也包括足以吸引旅游者的游览地的社会文化环境。所以一个人旅游需求的产生与文化意识息息相关。

其次，旅游资源是一定社会文化环境的化身。旅游资源是旅游的吸引力因素，是旅游者游览的对象，包括自然、人文和社会旅游资源等类型。旅游目的地的人文和社会旅游资源必然具有国家、民族和地区的文化色彩，而自然旅游资源也必须经过人为的开发改造才具有接待能力。自然环境一经装饰，带上民族色彩，就具有文化内涵。可见，不管是人文与社会旅游资源，还是自然旅游资源，都凝结着人类精神文化，都是一定社会文化环境的化身。

最后，旅游设施和旅游服务也是一定社会文化环境的自我表现形式。就旅游设施建设情况来看，不同国家、民族和地区的旅游设施普遍具有本民族文化的内容，是本地区一定社会文化的综合反映。另外，接待地在向旅游者提供服务时，必然要在内容和形式上展示本地的社会道德风貌和各种文化符号。因此，旅游设施和旅游服务也是一种文化表现形式。

西安文旅融合

### 1.4.1.4 旅游的消费属性

随着社会的不断进步，人们对物质需要和精神需要的层次不断提高，旅游成为现代人物质、文化生活的必需。旅游是人们在满足了对基本生活必需品需要后产生的高层次、高档次的享受性消费。一般而言，它远远高于日常生活的消费水平。从旅游活动的过程来看，现代旅游者大都是以追求休闲和娱乐的美好目的而去参加旅游活动的，旅游者为了实现旅游目的，必然在旅游过程中进行一定的消费，而旅游消费是一种文化含金量很高的精神消费，正好迎合现代旅游者的需求。旅游消费的多样性、综合性、异地性，以及随着社会经济发展、社会文明的不断进步，人们对于旅游消费需求的日益攀升和旅游服务所依赖的物质条件如交通工具、住宿环境、娱乐设施等不断更新，并向高层次发展，都决定了旅游是一项远超过生存需要的高级消费活动。

### 1.4.1.5 旅游的休闲属性

旅游是一种以审美为特征的休闲活动。在发达国家和不少发展中国家，闲暇时间的多少和闲暇活动的质量已经成为衡量一个社会发展水平的重要尺度。旅游的基本属性应该加上休闲属性，这样才能够完整地概括旅游的基本属性。而审美活动是人类生活的基本内容，审美享受是人生中最有价值的财富。而旅游在根本上是一种以追求愉悦为目的的审美过程，是人类社会发展到一定阶段必然产生的一种社会活动。人们之所以喜欢旅游，就是因为旅游能够满足人们对自然美、艺术美、生活美的欣赏和享受。此外，旅游审美活动内容丰富多彩，能够满足旅游者不同层次的各种审美需求。因此，旅游也可以说是一项综合性的审美实践活动。另外，旅游休闲的自由支配时间相对完整，并且表现为借助各种旅游产品所形成的休闲活动形式使旅游者达到某种愉悦和审美的体验，表现着休闲这一属性。

## 1.4.2 旅游的特点

在旅游研究中，由于人们观察问题的角度不同，对旅游活动的特点有着诸多不同的归纳。对旅游的特点进行总结，是为了能够在认识这些总结好的特点的基础上，有效地加深对旅游活动的了解并指导旅游业发展和管理的实践工作。现主要介绍旅游的普及性、地理集中性、规模发展的持续性和季节性。

### 1.4.2.1 普及性

随着科学技术和社会经济的迅速发展，满足人们旅游需要的外部条件日益成熟，旅游消费和需求日益大众化、生活化，使得普及性成为现代旅游的一个重要特点。

关于旅游的普及性特点，可以从以下两个方面来认识：其一，从最直观的旅游者数量角度看，旅游活动的规模化或大众化非常明显，旅游的范围已经扩展到广大的普通劳动者。世界旅游的大众化和普及性趋势已非常明显，旅游已经成为现代生活的重要组成部分。其二，从管理与组织角度看，管理与组织的不断创新有力地推动了大众化旅游的普及速度。这一方面表现在以有组织的团队包价旅游为代表的大规模旅游活动的持续开展已成为旅游活动的重要形式，在不少发展中国家中甚至占支配地位；另一方面的表现是奖励旅游的迅速发展，很多国家的公司企业和组织机构将奖励旅游作为激励员工的手段，这样一来也促进了旅游的普及程度。

### 1.4.2.2 地理集中性

地理集中性是旅游活动在空间分布上的一个重要特点。即现代旅游者的旅游活动不是平均或大致平均地分配在各个地方，而是往往集中到某些国家或地区去开展，甚至集中到某些景点参观游览或从事其他旅游活动。地理集中性说明旅游者的活动并非平均分散于世界各地，对大多数旅游者而言，他们往往是集中到某些地区开展活动。

旅游的地理集中性首先表现在全世界国际旅游活动的地区分布格局上。例如，近年来全世界每年都有约 10 亿多人次的国际旅游，但并非平均分布于世界各地，而是主要集中于欧洲国家和北美洲地区，大约占国际旅游总量的80%（表 1-2）。旅游总收入排名前 10 的国家主要是美国、中国、德国等

（表1-3）。中国、西班牙和美国样本城市接待入境旅游者最多，2018年，中国、西班牙、美国分别接待入境旅游者9676万人次、6368万人次和4489万人次。

表1-2　1960—2018年全世界各地区国际旅游接待量占全球总量的比重　单位：%

| 地区 | 1960 | 1970 | 1980 | 1990 | 2000 | 2010 | 2018 |
|------|------|------|------|------|------|------|------|
| 全世界 | 100 | 100 | 100 | 100 | 100 | 100 | 100 |
| 欧　洲 | 72.5 | 70.5 | 66.0 | 62.6 | 57.7 | 45.0 | 50.7 |
| 美　洲 | 24.1 | 23.0 | 21.3 | 20.4 | 18.5 | 18.0 | 15.4 |
| 东亚太 | 1.0 | 3.0 | 7.3 | 11.4 | 16 | 27.0 | 22.5 |
| 非　洲 | 1.1 | 1.5 | 2.5 | 3.3 | 3.9 | 5.0 | 4.8 |
| 中　东 | 1.0 | 1.4 | 2.1 | 1.6 | 2.9 | 4.0 | 4.3 |
| 南　亚 | 0.3 | 0.6 | 0.8 | 0.7 | 0.9 | 1.0 | 2.3 |

［资料来源：根据世界旅游组织（UNWTO）统计数据整理］

表1-3　2013—2018年全世界旅游总收入排名前10的国家

| 序号 | 2013 | 2014 | 2015 | 2016 | 2017 | 2018 | 2019 |
|------|------|------|------|------|------|------|------|
| 1 | 美国 | 美国 | 美国 | 美国 | 美国 | 美国 | 美国 |
| 2 | 中国 | 中国 | 中国 | 中国 | 中国 | 中国 | 中国 |
| 3 | 德国 | 德国 | 德国 | 德国 | 德国 | 德国 | 德国 |
| 4 | 英国 | 英国 | 英国 | 英国 | 英国 | 英国 | 英国 |
| 5 | 日本 | 日本 | 日本 | 日本 | 日本 | 印度 | 印度 |
| 6 | 法国 | 法国 | 印度 | 印度 | 印度 | 日本 | 日本 |
| 7 | 意大利 | 意大利 | 法国 | 法国 | 意大利 | 意大利 | 意大利 |
| 8 | 印度 | 印度 | 意大利 | 意大利 | 法国 | 法国 | 法国 |
| 9 | 墨西哥 | 墨西哥 | 墨西哥 | 墨西哥 | 墨西哥 | 墨西哥 | 墨西哥 |
| 10 | 西班牙 | 巴西 | 西班牙 | 西班牙 | 西班牙 | 澳大利亚 | 澳大利亚 |

（资料来源：环球旅讯：https：//www.traveldaily.cn/article/135023）

　　另外，旅游的地理集中性不仅表现在全世界国际旅游的地域分布上，而且也表现在一个国家、一个省区或一个小的地区的空间分布上。认识旅游的地理集中性特点，一方面，旅游企业在其选址和开展经营时，可以利用这一特点，尽量使本企业设立在旅游者较集中的地区，并将经营重点放在热点地区和热点路线，从而集中本企业的资源，以获得较高的收益。另一方面，从旅游规划和管理角度来看，认识旅游的地理集中性特点有助于制定旅游目的地建设的总体规划，充分考虑目的地的旅游承载力以及环境容量，建立有效的预警管理机制。

### 1.4.2.3 持续性

自第二次世界大战结束以来，在全世界范围内，旅游活动进入了一个持续、高速的增长阶段（表1-4）以国际旅游为例，1960年，国际旅游人数6930万人次，国际外汇收入68.67亿美元；2000年，国际旅游人数69740万人次，国际外汇收入4758亿美元。50年间国际旅游人数增长近10倍，国际旅游外汇收入增长近70倍。2018年国际旅游人数14.01亿次，国际外汇收入14510亿美元，旅游持续增长趋势明显。尽管在某些时期，如20世纪80年代受国际性能源和经济危机的影响，个别年度的国际旅游人次或者消费额略有波动，但这并不影响旅游活动发展的整体特征。

表1-4 1950—2020年世界范围内国际旅游人数及消费变化情况

| 年份 | 国际旅游人次（百万） | 国际旅游消费（百万美元） |
| --- | --- | --- |
| 1950 | 25.3 | 2100 |
| 1960 | 69.3 | 6867 |
| 1970 | 159.7 | 17900 |
| 1980 | 284.8 | 102368 |
| 1990 | 458.0 | 266210 |
| 2000 | 697.4 | 475800 |
| 2010 | 937.0 | 919000 |
| 2018 | 1401 | 1451000 |

[资料来源：根据世界旅游组织（UNWTO）有关数据整理]

从全世界旅游活动发展的总体来看，现代旅游活动呈现出持续迅猛发展态势。当具体到某一国家或者某一地区的旅游活动发展时，则可能表现出不同的情况。如在"9·11"恐怖袭击事件之后的一段时期，美国旅游业的发展遭到强烈的冲击。20世纪末发生在东南亚地区的金融危机，也给该地区旅游活动的发展造成了巨大的负面效应。而奥运会的召开、世界杯足球赛的举行则使雅典、日本和韩国的旅游活动在短期之内迅猛增长。因为旅游具有较强的关联性，活动的开展需要多方面的支持，其中任何一个环节出错，如经济危机、自然灾害、战争爆发及恐怖活动等的出现，都可能会影响到某一个国家或者地区旅游活动的开展。

但就全世界而言，这种停滞和增长只是局部的和暂时的，随着和平与发展成为时代的主题，旅游活动已经成为全人类普遍存在的共同需求。即使某些国家或地区的旅游活动因某方面的原因而落后，也会伴随着其他国家或地区旅游活动相应地增长。从整体上来看，旅游业有着非常光明的发展前景，旅游业将成为一个永远的"朝阳产业"。

### 1.4.2.4 季节性

旅游的季节性是指旅游活动的开展在时间分布上不均衡的特点，从而使某一地区或某一地域的游客数量在不同季节或不同时段表现出一定程度的波动性。在旅游业经营中，人们把一年中旅游者来访人数（或某地人口中和外出旅游人数）明显较多的时期称为旺季；明显较少的时期称为淡季；其余时期称为平季。旅游旺季时，旅游景区游人如织；旅游淡季时，旅游景区的旅游设施闲置，因为涉及成本和利润，所以企业往往要在旅游淡季为削减开支而裁员。

旅游季节性的形成主要涉及两个方面：一个是旅游目的地；另一个是旅游客源产生地。

首先，从旅游目的地来看，这种季节性表现为该地接待游客的数量会因季节或月份的不同而发生变化，这种不均衡的状态使旅游目的地的游客数量出现了旺季和淡季的差异。在这一轮国家或地区，很多旅游企业都是季节性经营。特别是对于一个旅游目的地的经营者来说，旅游活动的季节性是一个必须正视的重要问题。当然这种季节变动性的影响及其程度与旅游目的地的旅游资源的性质也有直接关系。一般自然资源受季节变化的影响较大，人文资源则一般不会受到季节变化的影响。

另外，从旅游客源地来看，如果一国的出国旅游者以公务、会议及工商贸易为外出目的的事务旅游者占绝大比例，则该国居民出国旅游的季节性特点并不强烈。如果一国的出国旅游者以消遣旅游者为主，那么有以下几种可能性：①如果在这类国家的出国旅游市场中，来自中低收入的人占据大多数的话，那么该国居民出国旅游的季节性很可能表现得非常强烈。因为这些出国旅游者要受其带薪休假时间的约束。②如果在一国出国旅游者中来自高收入的旅游者占大多数的话，那么该国居民出来旅游的季节性特征很小或者没有季节性的表现。③当一个国家的社会经济发展到相当高的阶段，居民家庭收入水平很高时，该国居民外出旅游的季节性便会减弱。职工可以较为灵活地选择自己的带薪假期的放假时间。

在中国，旅游活动的季节性的最主要表现是在黄金周和小长假会出现国内旅游的高峰现象。一方面，这是由于中国经济的持续发展，人民生活水平日益提高；另一方面，"春节""十一"这两个节庆日假期较长，且此时气候条件又好，适合出游，因此造成旅游的高峰现象。

自 2000 年"十一"开始，至 2019 年"春节"，假日旅游从无序走向规范，从"井喷"式的增长进入快速平稳的发展。旅游接待人数和旅游收入持续增长，出游规模不断扩大，经济效益突出；旅游产品更趋多样化，旅游供给能力明显增强，旅游综合带动功能凸显；服务部门的协作配合，管理部门的组织协调工作进一步加强，旅游服务水平和管理水平全面提高。

经文化和旅游部综合测算，2019 年国庆 7 天全国共接待国内游客 7.82 亿人次，同比增长 7.81%；实现国内旅游收入 6497.1 亿元，同比增长 8.47%。

2023 年"五一"假期旅游市场观察

## 【应用实例】

### 黄山的旅游季节性

黄山旅游淡季（12 月 1 日—2 月 28 日）：这段时间天气较冷，游客较少，是饱览黄山冬景的大好时机，所需旅游费用也是全年中最低的。门票 150 元，缆车 65 元，同时山上饭店、房间价格也有所回落，部分饭店关门歇业。

黄山旅游平季（3 月 1 日—11 月 30 日）：冬去春来，黄山迎来一年中最好的旅游时期。门票 230 元，缆车 80 元，饭店陆续开业，房间价格也涨回评级价格。这段时间游客较多，山上饭店价格会出现周末价格和非周末价格的显著差异。

黄山旅游旺季（小长假、十一假期）：这是黄山平季中比较特殊的时期。由于处于法定节假日期间，且假期时间较长，出游人数大大增加，每天都有几万游客上山，人满为患。门票和缆车仍执行平季价格，但因为山上住宿设施数量有限，饭店价格普遍上扬并很难订到。

事实上，4 月到 10 月，黄山游客都很多，在山上应及早投宿或提前预订，否则只能租大衣在饭店大厅或屋檐下过夜。

## 【本章小结】

本章介绍了旅游的定义，分为概念性定义与技术性定义。旅游的分类标准，按照不一样的标准可以将旅游分为不同的类型。另外，旅游具有经济属性、社会属性、文化属性、消费属性以及休闲属性。这些属性在不同层次上诠释了旅游的本质。同时，旅游具有普及性、地理集中性、持续性与季节性的特点。

## 【复习思考题】

一、名词解释

1. 旅游　2. 古代旅游　3. 现代旅游　4. 国内旅游　5. 国际旅游

二、单项选择题

1. （　），托马斯·库克组织的第一次旅行活动拉开了近代旅游的序幕。

A. 1841 年　B. 1845 年　C. 1851 年　D. 1865 年

2. 世界著名的艾斯特定义是由（　）提出的。

A. 世界旅游组织　　　B. 太平洋亚洲旅游协会

C. 国际旅游联盟　　　D. 国际旅游科学专家协会

三、简答题

1. 旅游活动有哪几种基本类型？

2. 旅游的基本属性有哪些？

3. 旅游的特点是什么？如何理解各个特点？

4. 古代旅游的发展有哪些时代特征？

## 【参考文献】

谢彦君，2011. 基础旅游学 [M]. 3 版. 北京：中国旅游出版社.

李天元，2003. 旅游学概论 [M]. 5 版. 天津：南开大学出版社.

克里斯·库伯，约翰·弗莱彻，艾伦·法伊奥，2007. 旅游学 [M]. 3 版. 北京：高等教育出版社.

安应民，2007. 旅游学概论 [M]. 北京：中国旅游出版社.

魏向东，2000. 旅游概论 [M]. 北京：中国林业出版社.

韩燕平，王协斌，2017. 旅游学概论 [M]. 2 版. 北京：北京理工大学出版社.

贾荣，2016. 乡村旅游经营与管理 [M]. 北京：北京理工大学出版社.

## 【课后阅读】

### 世界旅游日

世界旅游日（World Tourism Day），是由世界旅游组织确定的旅游工作者和旅游者的节日。1970 年 9 月 27 日，国际官方旅游联盟（世界旅游组织的前身）在墨西哥城召开的特别代表大会上通过了将要成立世界旅游组织的章程。

1979 年 9 月，世界旅游组织第三次代表大会正式将 9 月 27 日定为世界旅游日。选定这一天为世界旅游日，一是因为世界旅游组织的前身"国际官方旅游联盟"于 1970 年的这一天在墨西哥城的特别代表大会上通过了世界旅游组织的章程。此外，这一天又恰好是北半球的旅游高峰刚过去，南半球的旅游旺季刚到来的相互交接时间。

中国于 1983 年正式成为世界旅游组织成员。自 1985 年起，每年都确定一个省、自治区或直辖市为世界旅游日庆祝活动的主会场。

## 历年世界旅游日的主题口号

1980 年，旅游业的贡献：文化遗产的保护与不同文化之间的相互理解。(Tourism's contribution to the preservation of cultural heritage and to peace and mutual understanding)

1981 年，旅游业与生活质量。(Tourism and the quality of life)

1982 年，旅游业的骄傲：好的客人与好的主人。(Pride in travel: good guests and good hosts)

1983 年，旅游和假日对每个人来说既是权利也是责任。(Travel and holidays are a right but also a responsibility for all)

1984 年，为了国际间的理解、和平与合作的旅游。(Tourism for international understanding, peace and cooperation)

1985 年，年轻的旅游业：文化和历史遗产为了和平与友谊。(Youth tourism: cultural and historical heritage for peace and friendship)

1986 年，旅游：世界和平的重要力量。(Tourism: a vital force for world peace)

1987 年，旅游与发展。(Tourism for development)

1988 年，旅游：教育。(Tourism: education for all)

1989 年，旅行者的自由活动创造了一个共融的世界。(The free movement of tourists creates one world)

1990 年，旅游：一个还未被完全认识的产业，是一个有待开发的服务。[Tourism: an unrecognized industry, a service to be released ("the hague declaration on tourism")]

1991 年，交流、信息与教育：旅游业发展的生命线。(Communication, information and education: power lines of tourism development)

1992年，旅游：社会经济的稳定和人民之间的交流的重要因素。（Tourism：a factor of growing social and economic solidarity and of encounter between people）

1993年，旅游业发展和环境保护：营造持续的和谐与发展。（Tourism development and environmental protection：towards a lasting harmony）

1994年，高质量的服务、高质量的员工、高质量的旅游（Quality service, quality staff, quality tourism）

1995年，UNWTO：为世界旅游业提供了20年的服务。（UNWTO：serving world tourism for twenty years）

1996年，旅游业：宽容与和平的因素（Tourism：a factor of tolerance and peace）

1997年，旅游业：21世纪提供就业机会和倡导环境保护的先导产业。（Tourism：a leading activity of the twenty-first century for job creation and environmental protection）

1998年，政府与企业的伙伴关系：旅游的开发和促销的关键。（Public-private sector partnership：the key to tourism development and promotion）

1999年，旅游：为新千年保护世界遗产。（Tourism：preserving world heritage for the new millennium）

2000年，技术和自然：21世纪旅游业的双重挑战。（Technology and nature：two challenges for tourism at the start of the 21st century）

2001年，旅游业：和平和不同文明之间对话服务的工具。（Tourism：instrument at the service of peace and dialogue between civilizations. ）

2002年，经济旅游：可持续发展的关键。（Ecotourism, the key to sustainable development）

2003年，旅游：消除贫困、创造就业和社会和谐的推动力。（Tourism：a driving force for poverty alleviation, job creation and social harmony）

2004年，旅游拉动就业。（Tourism promotion employment. ）

2005年，旅游与交通——从儒勒·凡尔纳的幻想到21世纪的现实。（Tourism and transportation——From the fantasy of Jules Verne to the reality of the 21st century）

2006年，旅游让世界受益。（Tourism enriches）

2007年，旅游为妇女敞开大门。（Tourism opens doors for women）

2008 年，旅游：应对气候变化挑战。（Tourism：to deal with the climate change）

2009 年，庆祝多样性。（To celebrate diversity）

2010 年，旅游与生物多样性。（Tourism and biodiversity）

2011 年，旅游：消除贫穷，创造就业和社会和谐的推动力。（Tourism：the driver to eliminate poverty, provide employment and promote social harmony）

2012 年，旅游业与可持续能源：为可持续发展提供动力。（Tourism and sustainable energy：provide power for the sustainable development）

2013 年，旅游与水：保护我们共同的未来。（Tourism and water：protect our common future）

2014 年，旅游与社区发展。（Tourism and community development）

2015 年，十亿名游客，十亿个机会。（1 billion tourists 1 billion opportunities）

2016 年，人人旅游——促进全面无障碍旅游。（Tourism for all-promoting universal accessibility）

2017 年，可持续旅游业如何促进发展。（Sustainable Tourism a tool for development）

2018 年，旅游数字化发展。（Sustainabity & digital transformation in tourism）

2019 年，旅游业和工作：人人享有美好未来。（Tourism and jobs：a better future for all）

2020 年，旅游与乡村发展。（Tourism and rural development）

2021 年，旅游促进包容性增长。（Tourism for inclusive growth）

2022 年，重新思考旅游业。（Rethinking tourism）

2023 年，旅游促进绿色发展。（Tourism and green investments）

（资料来源：http：//www. unwto. org/world-tourism-day）

# 第 2 章
# 旅游者

## 【学习目标】

| 知识目标 | 技能目标 |
|---|---|
| 1. 了解旅游者的概念<br>2. 掌握我国国家统计局对旅游者做出的技术性定义<br>3. 掌握旅游者产生的客观和主观条件<br>4. 了解旅游者类型的划分目的和方法 | 1. 知晓旅游者的内涵<br>2. 领悟旅游动机<br>3. 理解旅游需求特征 |

## 【导入案例】

### 保罗·索鲁：旅游者带回远方的故事，收获丰饶的生命

当下，旅游已是一种常见的消遣，甚至成为许多人的生活方式，可你有没有想过，在奔波的旅途里，"打卡"的行程中，我们是否也正在遗忘旅游的真正意义——旅游到底是什么？我们究竟为什么要旅游？

被称为"现代旅游文学教父"的作家保罗·索鲁曾说："我是所有我读过的作家，去过的地方，在所有时代遇见和爱过的人。"生于 1941 年的他在世界各地游历五十余年，以敏锐的洞察与犀利的笔锋写下《滨海王国》《老巴塔哥尼亚快车：从北美到南美的火车之旅》《大铁路集市》《暗星萨伐旅》《旅行上瘾者》等一系列旅游文学作品，深受读者欢迎。

当保罗·索鲁还是个小男孩，无法独自出门远行的时候，文学作品曾是带他游历的"道路"；在漫游五十余年之后，他将自己读过、写过的有关旅游的哲思、洞见与智慧箴言浓缩在 27 个主题章节之下，结集为《文学爱好者旅

行指南》，书中有诸多伟大的探险家和旅行家激励人心的故事，也有文学大师书写的旅游经历和见闻。在去往异国他乡的路上，作家们不断触及广阔幽微的风景与参差多态的人生，他们萃取异域视野下陌生的经验，也由此探索着人类生存与思考的方式。在此处与别处之间，旅行者带回远方的故事，收获丰饶的生命。

（资料来源：《文学报》，有删改）

## 2.1 旅游者的界定

对旅游者概念的定义，实质上就是要弄清楚在众多类型各异的人群中，哪些可以被界定为旅游者？

从 20 世纪早期开始，国内外各种旅游相关机构在解释和界定旅游者概念的问题上进行了不同的相关工作的研究，关于旅游者的概念定义，至今仍然没有定论。目前，对旅游者的界定基本上都是出于概念性和技术性两个角度。

### 2.1.1 旅游者的概念性定义

旅游者，在英文里写作"tourist"。在日常生活中，有很多和"旅游者"意义相近的词，比如"旅行者""观光者""游客"等，在国外也经常把"tourist"和"visitor"混用。

"旅游者"最早是出现在 1811 年出版的《牛津词典》中，被解释为"以观光游览为目的的外来游客"。1876 年，瑞士一部词典对旅游者的解释是"出于一种好奇心，为了得到愉快而进行旅行的人"。

随着历史的发展，对"旅游者"的新见解不断涌现。相对比较有代表性的是 1933 年英国人奥格威尔在《旅游活动》一书中从经济学的角度所给的定义："旅游者必须是具备两个条件的人。第一，离开自己的久居地到外部任何地方去，时间不超过一年；第二，在离开自己久居地期间，把钱用到他们所在的地方，而不是在其他地方挣钱。"主要从事旅游学基础理论研究的谢彦君给出的定义是："出自寻求愉悦目的而前往异地并在该地做短暂停留的人。"

本书采用中华人民共和国国家标准《旅游业基础术语》（GB/T 16766—2017）中旅游者的定义："离开日常工作（或学习）、居住和人际交往的环境去旅行，时间不超过 12 个月，且不从事获取报酬活动的人。"

### 2.1.2 旅游者的技术性定义

#### 2.1.2.1 国际旅游者

（1）国际联盟统计专家委员会的定义

1937 年，国际联盟统计专家委员会（The Committee of Statistics Experts of the Short-Lived League of Nations）对"外国旅游者"定义为："离开自己的居住国，到另一个国家访问至少 24 小时的人。"特别界定以下几种人为旅游者：a. 为娱乐、家庭和健康原因而旅行的人；b. 为参加国际会议或作为各国公务代表而出国旅行的人；c. 为商业原因而旅行的人；d. 在海山巡游过程中停靠登岸访问的人员，即使其停留时间不超过 24 小时。特别界定以下几种人不属于旅游者：a. 到某国就业任职者，不论是否订有合同；b. 到国外居住的人；c. 到国外学习，膳宿在学校的学生；d. 居住在边境地区而跨越边界到邻国工作的人；e. 途经一个国家但不停留的旅行者，包括那些旅行时间超过 24 小时的人。

（2）罗马会议的定义

1963 年，联合国在罗马召开了国际旅行与旅游会议（又称罗马会议），对国际联盟的定义进行了修改和补充，对旅游者的统计范围做了新的规范，具体规定如下：

凡纳入旅游统计中的来访人员统称为游客（visitor），指除了为获得有报酬的职业以外，基于任何原因到非自己常住国家观光、访问的人。在这个总的定义下，游客包括两类：其一，"国际旅游者"（过夜），即到一个国家作短期访问至少逗留 24 小时的游客，其访问目的有消遣，包括娱乐、度假、疗养保健、学习、宗教、体育活动等，以及工商业务、家庭事务、公务出使、出席会议；其二，"国际短程游览者"（或国际一日游客），即到一个国家作短暂访问，停留时间不超过 24 小时的游客，包括在海上巡游过程中的到访者，这一定义不包括那些在法律意义上并未进入所在国的过境旅客（如未离开机场中转区域的航空旅客），国际联盟统计专家委员会界定的不在旅游者之列的 5 种人员继续适用。

罗马会议对游客的定义有 3 个重要特征：第一，清楚地区别了游客与到某国永久定居或就业的人，在对过夜旅游者进行解释时，具体规定了休闲和工商事务两种目的；第二，把来访者在一个国家停留的时间作为划分游客的标准，即是否在访问地停留过夜为标准，将来访游客划分为停留过夜的"国际旅游者"和不停留过夜的"国际一日游游客",在旅游统计中分别进行统计,可操作性更强;第三,确定了对游客的分类不是以游客的国籍,而是根据其定居过或者通常居住过来界定其是否应纳入国际旅游者统计的游客。

罗马会议于 1968 年得到了联合国统计专家委员会国际官方旅游组织联盟(世界旅游组织的前身)正式确认,并被其他一些国际性旅游组织所采纳。

(3)世界旅游组织的定义

1981 年,世界旅游组织在其出版的《国内与国际旅游统计资料收集与提供方法手册》一书中,对国际游客的统计口径做了界定。

国际旅游(international visitor)包括以下人员:a. 为了娱乐、医疗、宗教仪式、家庭事宜、体育活动、会议、学习或过境进入国家者;b. 外国轮船船员或飞机机组成员中途在某国短暂停留者;c. 停留时间不足一年的外国商业或公务旅行者;d. 负有持续时间不足一年使命的国际团体雇员或回国进行短期访问的旅行侨民。

以下人员不包括在国际游客之列:a. 向目的国移民或在该国谋求职业者;b. 以外交官身份或军事人员身份进行访问者;c. 任何上述人员的随从人员;d. 流亡者、流浪者或边境上的工作人员;e. 打算停留一年以上者。

根据是否在目的国住宿设施过夜,国际游客又被分成国际旅游者(international tourist)和短程国际游览者(international excursionist)。国际旅游者是指在目的国住宿设施中至少度过一夜的游客。短程国际游览者是指未在目的国住宿设施中过夜的游客。其中包括乘坐游船的乘客,这些乘客可能在所停靠的港口地进行多日访问但每天回到船上住宿。短程国际游览者不包括正在过境途中的乘客,如降落于某个国家机场但未在法律意义上正式进入该国的航空班机过境乘客。

(4)中国国家统计局的定义

改革开放后来华旅游的海外游客日渐增多,为了统计的需要,1979 年,国家统计局对国际旅游者和非旅游者作了明确的规定:"国际旅游者"指的是来我国参加旅行、探亲、访友、修养、考察或从事贸易、业务、体育、宗教活动、参加会议等的外国人、华侨和港澳同胞。在这一界定中,外国人指的是属于外国国籍的人,包括加入外国国籍的中国血统的华人;华侨指的是持有中国护照但侨居外国的中国同胞;港澳台同胞指的是居住在我国香港、澳门特别行政区和台湾省的中国同胞。海外游客是出于上述目的离开常住国到我国内地连续停留时间不超过 12 个月,并且主要目的不是通过所从事的活动获取报酬的人。

按照在我国访问期间停留时间的差别，国际游客又划分为以下两类：国际旅游者，即在我国旅游住宿设施内过夜的外国人，又称为入境旅游者；国际一日游游客，即未在我国旅游住宿设施内过夜，而是当日往返的外国人，又称为入境一日游游客。同时还规定，以下人员不属于国际游客：a. 应邀来华访问的政府部长以上官员及随从人员；b. 外国驻华使馆官员、外交人员及其随行人员和受赡养者；c. 在我国驻期已达一年以上的外国专家、留学生、记者、商务机构人员；d. 乘坐国际航班过境不需要通过护照检查进入我国口岸的中转旅客、机组人员；e. 在边境地区往来的边民；f. 回我国大陆定居的华侨、港澳台同胞；g. 已经在我国大陆定居的外国人和原已出境又返回我国大陆定居的外国侨民；h. 已归国的我国出国人员。

目前，各个国家在对国际旅游者进行界定时基本上都是以罗马定义为基准，我国的定义与罗马会议中对国际旅游者的定义相比，其基本内容一致，可以说，世界上对于国家旅游者的界定在原则上已经有了统一的认识。

世界旅游组织介绍

### 2.1.2.2 国内旅游者

（1）世界旅游组织的定义

1984 年，世界旅游组织对国内旅游者规定："任何以消遣娱乐、度假、休闲活动、商务、公务、会议、疗养、学习和宗教为目的，在自己定居的国家内，不论国籍任何，对某个目的地所进行的 24 小时以上、一年以内旅行的人，均视为国内旅游者。"与对国际游客的划分类似，国内游客也被分为国内旅游者（domestic tourist）和国内短程游览者（domestic excursionist），后者指的是在目的地逗留时间不足 24 小时的人。

（2）北美洲国家的定义

北美洲的美国和加拿大是以外出路程为标准区分是否为旅游者，而不是论其是否在外过夜。加拿大政府的规定：旅游者是指离开其居住地边界至少50 英里以外的地方旅行的人。在美国，使用较为广泛的是 1973 年美国国家旅游资源评审委员会提出的定义：旅游者是指为了出差、消遣、个人事务或者处于工作上下班之外的任何原因而离家外出旅行至少 50 英里（单程）的人，而不管其在外过夜还是当日返回。

（3）欧洲国家的定义

与北美国家不同，以英国为代表的一些欧洲国家在判断是否属于国内旅游者时所采用的标准不是出行距离，而是在异地停留的时间长短。英格兰旅游局在其每月一次的英国旅游调查中对国内旅游者的定义是：基于上下班以外的任何原因，离开居住地外出旅行过夜至少一次的人。对于外出旅行的距离则未作任何规定。而法国旅游总署的定义是"凡以下原因离开自己的主要居所，外出旅行超过 24 小时，但不超过 4 个月的人均可视为国内旅游者"。属于旅游者的这些出行原因是："消遣（周末度假或假期）、健康（温泉浴或海水浴治疗）、出差或参加各种形式的会议（体育比赛活动、讨论会、朝圣或代表大会等）、商务旅行、改变课堂教学的修学旅行（如海上课程或滑雪课程）。"但下列人员不在国内旅游者的范围之内：外出活动不超过 24 小时的人；为了就业或从事职业活动而前往某地的人员；到某地定居的人；在异地求学、膳宿在学校的学生及现役军人；到医疗机构治疗或疗养的人；在规定期内，为家庭事务而探亲访友的人。

从以上几个定义看来，判断国内旅游者的标准和判断国际旅游者的标准相似，都是从时间和空间两个因素着手。

（4）中国国家统计局的定义

关于国内旅游者，1979 年，我国国家统计局根据我国的实际情况，从统计工作的需要出发，给出了国内旅游者的定义："指我国大陆居民离开常住地，在境内任何地方的旅游住宿设施内至少停留一夜，最长不超过 6 个月的国内游客。"国内游客包括在我国境内长住 1 年以上的外国人、华侨、港澳台同胞。同时规定下列人员不在国内游客的统计范围之内：到他国巡视工作的部级以上领导；驻外地办事机构的临时工作人员；调遣的武装人员；到外地学习的学生；到基层锻炼的干部；到境内其他地区定居的人员；无固定居住地的无业游民；到外地务工的农民。另外，也给出了"国内一日游游客"的标准："离开常住地外出距离在 10 千米以上，时间超过 6 小时但不足 24 小时，未在境内其他地方的旅游住宿设施内过夜的国内游客。"

目前，各国在界定国内旅游者时所采用的标准不同，还没有一个能够将旅游者的所有概念性和技术性特征都有机整合的旅游者的定义，有待旅游业界、学术界、政府部门和旅游相关机构共同努力加以改进。

## 2.2 旅游者的形成条件

### 2.2.1 客观条件

#### 2.2.1.1 旅游吸引因素

旅游是人们到异地以求知、享受、娱乐为目的的行为。因此，有可知、有可乐、有可观、有可享的对象是旅游者形成的重要客观条件。这种对象是旅游地的旅游资源及服务设施和服务，构成对旅游者的吸引条件，其主体应是旅游资源。各地旅游资源等吸引因素的差异是旅游者产生的外在动力，如果没有差异，人们是不会外出旅游的。

某地的地理、气候、文化、历史等因素，决定了该地对旅游者的吸引程度，这在一定程度上影响着旅游者的出现。生活环境的差异也促进了旅游者的产生，现在城市居民的紧张感增大，迫切要求通过外出旅游活动，回归大自然，寻找安静、清新、舒适的地方，消除身心疲劳。处于严寒或酷暑、潮湿之地的人们，希望到可避寒、避暑或阳光充足的地方去。

旅游目的地优越的环境条件，千差万别的自然景观和异质文化氛围产生的吸引力，成为旅游者产生的外动力的一个原因。与旅游者产生地的环境条件差异性越大，对旅游动机的作用力就越大。

#### 2.2.1.2 经济收入

旅游活动是一项消费活动。旅游者在旅游活动中需要食、住、行、游、购、娱六大消费，其中前 3 项消费为基本消费，在旅游活动中这些是不可或缺的。旅游者要想在这些方面削减开支比较困难。而后 3 项消费为非基本旅游消费，具有很大的伸缩性，旅游者要想在这些方面削减开支相对容易。这些消费都要消耗一定的物质资料和劳动，旅游者必须为此支付一定的货币。旅游消费不同于一般商品的消费，它不是一般为延续人的生命而必须发生的基本生存性消费，而是追求精神上享受的需要而产生的高层次消费。因此，一个人必须在其物质资料得到满足以后还有剩余的货币，才可能产生旅游动机。这就出现了一个新的概念，可自由支配收入。旅游者只有具备一定的经济实力后，旅游活动才有可能实现。

可自由支配收入，是指居民在一定时期内的全部收入，在扣除社会花费（个人所得税、健康和人寿保险老年退休的预支、失业补贴的预支等）和日常生活必需消费（衣、食、住、行等）以及预防意外开支的储蓄（突发事故所需费用）之后，剩下的收入部分。

### 2.2.1.3 余暇时间

（1）余暇时间的概念

一般地说，人生时间可分成工作时间、生活时间和余暇时间这 3 个部分。工作时间即指人们为了维持个人和家庭生存的必要劳动时间，包括法定的就业工作时间和必要的附加工作时间，对于学生指学习时间；生活时间是指为了满足人们的生理需要（如吃饭、睡觉）以及处理日常琐事（如家庭事务、必要的社交活动）等而花费的时间；余暇时间指的是人们除去工作和生活时间以外，可用于自由支配从事娱乐、消遣、社交或其他自己所感兴趣的活动的时间，亦称自由时间或可自由支配时间。余暇时间是决定人们能否成为旅游者、旅游活动能否实现的又一重要的客观条件。

（2）余暇时间的构成

余暇时间是人们非工作时间中的一部分，其分布有如下几种情况：

①每日余暇。即每天在工作（学习）和生活之余的闲暇时间，零散地分布在一天中的几个时间段中，虽可用于休息或娱乐，但却很难用于旅游活动。

②每周余暇。通常指周末休息日或每周轮休日。目前，全世界除少数国家实行 6 天工作制外，绝大多数国家已实行 5 天工作制，周末休息两天。我国从 1995 年 5 月 1 日起也实行每周 5 天工作制，全年累计周末休息时间 104 天。一些发达国家还在延长周末假日，如美国规定每年有 4 次为期 3 天的周末假日，加拿大和法国一些地区已经实行或准备实行全年 3 天周末假日的制度。许多国家周末假日延长，加上交通方便，人们的旅游距离也在延长。但总的来说，由于周末的时间有限，一般只适合开展一些近距离旅游活动。

表 2-1　2006—2020 年国庆假期全国旅游者及旅游收入汇总表

| 年份 | 接待旅游者数量（亿人次） | 同比增长 | 旅游总收入（亿元） | 同比增长 |
|------|----------|------|----------|------|
| 2006 | 1.33 | 19.3% | 559 | 20.7% |
| 2008 | 1.78 | 22.1% | 796 | 24.2% |
| 2010 | 2.54 | 27.1% | 1166 | 32.4% |
| 2012 | 4.25 | 40.9% | 2105 | 44.4% |

（续）

| 年份 | 接待旅游者数量（亿人次） | 同比增长 | 旅游总收入（亿元） | 同比增长 |
|---|---|---|---|---|
| 2014 | 4. 75 | 10. 9% | 2453 | 15. 7% |
| 2016 | 5. 93 | 12. 8% | 4822 | 14. 4% |
| 2018 | 7. 26 | 9. 43% | 5991 | 9. 04% |
| 2020 | 6. 37 | -18. 5% | 4666 | -28. 2% |

（数据来源：根据国家文化和旅游部统计数据整理）

③公共假日。即通常说的节假日。世界各国的公共假日的多少与各民族的传统有关，因而假日的多少也不尽相同。西方国家最典型的公共假日是圣诞节、复活节。我国的公共假日有元旦、春节、清明节、劳动节、端午节、中秋节和国庆节，2019 年，国庆中秋节 7 天假内，全国共接待旅游者 7.82 亿人次，实现旅游收入 6497 亿元（表 2-1）。

恩格尔系数　　　　　　　　　　　2021 年国庆假期旅游收入

【知识窗】

1999 年 9 月 18 日，国务院发布《全国年节及纪念日放假办法》，决定增加公众法定休假日。春节、"五一"和"十一"法定休假 3 天，再加上调整的前后两个双休日，就形成了每年 3 个连续 7 天的长假，使中国人每年的法定休息日达到了 114 天。

2007 年 11 月 9 日，国家法定节假日调整研究小组对国家法定节假日时间安排进行调整：元旦放假 1 天不变；春节放假 3 天不变，但放假起始时间由农历年正月初一调整为除夕；"五一"国际劳动节由 3 天调整为 1 天，减少 2 天；"十一"国庆节放假 3 天不变；清明、端午、中秋增设为国家法定节假日，各放假 1 天。

### 2.2.1.4　带薪假期

带薪假期是指除了国家法定假期以外，企业给予员工的一种福利假期，也就是员工享受假日的同时，还享有正常薪水待遇。公司福利假期可能是公司的成立日、周年庆，甚至是员工工龄达到一定程度的无条件"带薪假期"。一般没有固定日期，只有固定天数，由员工根据自己的需要安排放假日。我国 1994 年颁布的《劳动法》明确规定国家实行带薪休假制度（第四十五条），劳动者连续工作一年以上的，享受带薪年休假。2007 年颁布的《职工带薪年休假条例》中规定：职工累计工作已满 1 年不满 10 年的，年休假 5 天；已满 10 年不满 20 年的，年休假 10 天；已满 20 年的，年休假 15 天。另外，还有如教师寒暑假、政府规定的分居夫妇的探亲假和已婚职工探望父母的假日等。

### 2.2.1.5　其他客观条件

除了旅游吸引、收入水平、余暇时间等客观条件之外，旅游者的形成还会受到其他一些客观因素的制约。

（1）旅游目的地的社会条件

主要指一个国家的政治经济制度、社会环境以及治安状况等方面。社会环境安定、政治观点相近的国家和地区能吸引旅游者，而政治、经济、社会治安等各方面处在不稳定状态的地区，旅游者就会望而却步。如近年的海湾地区战乱不断，旅游者不敢前往；"9·11"事件使一些国家旅游受到很大的影响。改革开放以来，我国国内政治稳定，经济快速发展，中国以"最安全的旅游地"形象展现在世人面前，成为众多国家旅游者向往的旅游目的地国。

（2）旅游目的地的可进入性

旅游客源地与旅游目的地之间的距离、交通状况以及国际旅游中的旅游入关签证、服务效率等会影响旅游者前往该地。例如，过去珠江三角洲到粤东交通不便，两地相互来往的旅游者不多，高速公路、铁路建成后，来往的旅游者倍增。

（3）旅游者的身体状况及家庭的人口结构

一个人要出去旅游就必须具有一定的体力，否则可能难以成行。旅游者中以身强力壮的中青年占多数，根据国家文化和旅游部对于来华国际旅游者的统计，50 岁以下的旅游者占旅游总人数的 80% 左右。而许多老年人虽然有退休收入，有充分的闲暇时间，但其外出旅游的比例仍较低，究其原因在于他们自身年龄增高，体力不支，旅游业界须针对老年人市场推出一些适合他们身体状况的旅游产品。此外，家庭人口结构也是影响旅游者形成的一个客观条件。调查表明，有 4 岁以下婴幼儿的家庭，外出旅游的可能性很小。

### 2.2.2　主观条件

外因是变化的条件，内因是变化的根据，外因通过内因起作用。在上面讨论旅游者实现的客观条件时，是假设人们有旅游的意愿。如果人们都没有这种意愿，即使客观条件具备，也不能产生旅游行为。另外，客观条件也会对旅游需要和动机产生影响。旅游需求是人们参与旅游活动的内驱动力，旅游需求产生旅游动机，动机是需求的表现形式，动机又受多种因素的影响。旅游动机的产生往往具有心理的、生理的、社会的和经济的多重原因。以下从旅游动机方面讨论旅游者形成的主观条件。

### 2.2.2.1　旅游动机的概念

心理学研究认为，人的行为是由动机支配的。动机是激励人们产生行为的意向、推动人们进行某项活动的内部原因和动力。动机又是需要的表现形式，是在需要的基础上形成和发展起来的。需要是客观刺激通过人体感官作用于大脑所引起的某些缺乏状态。有了某种需要，为了满足或实现需要，随即就会产生某种动机。因此，人的需要是产生行为的根本内部驱动力。

人的需要是多方面的，不同人以及不同时间的需要是有很大差异的。心理学家从不同角度对人类的需要进行了分类，一般认为，人类的需要内驱动力分为生理的和心理的两个方面。在各种分类方式中，美国心理学家马洛斯的需要层次论最有影响，他把人类的需要由低到高分成 5 个层次（图 2-1）：

①生理需要，指维持人体内的生理平衡的需要，是最基本层次的需要，如对衣、食、住、水和空气等方面的需要；

②安全需要，指人对避免生理和心理受到伤害的需要，如对人身安全、财产安全、职业安全和社会治安等的需要；

③社交需要，指对归属和爱的需要，如友情、爱情、荣誉和归属等方面的需要；

④受尊重需要，指对获得他人的尊敬、赞美、赏识，在人群中有声望，地位得到承认的需要；

⑤自我实现的需要，指对充分发挥个人才能、实现理想和抱负、获得成功、取得成绩的需要。

一般来说，当低层次的需要基本满足以后，就会出现较高层次的需要，较高层次的需要基本满足以后，就会出现更高层次的需要。当然，有时几种需要可能同时出现，只是强度不同。人们在不断的追求中出现新的需要，产生新的行为动机。

在这 5 个层次的需要中，前两种纯属基本物质方面的需要，后 3 种属于精神方面的需要。旅游动机的产生和人类的其他行为动机一样也都来自人的需要。旅游是在物质生活得到基本满足以后产生的对精神文化享受的需要，人们想要了解异地，感受新奇的东西，可以通过旅游来实现。一个人不可能为了温饱问题去旅游，在定义中，已经将为了获得报酬为目的的旅行排除在

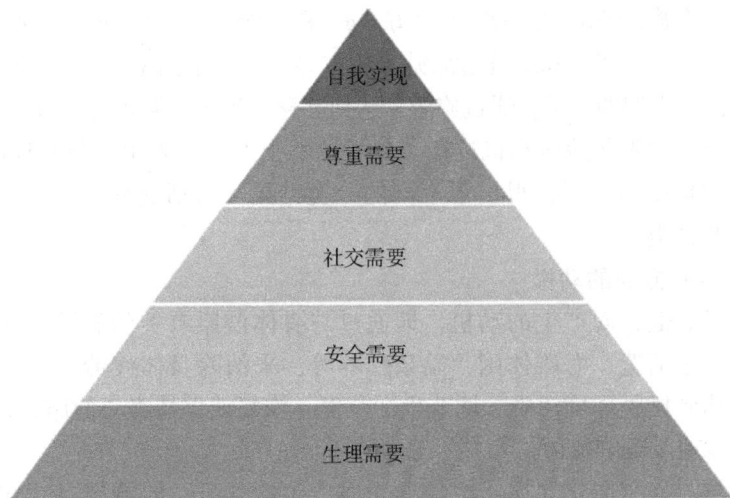

**图 2-1 马斯洛需要层次理论**

旅游之外；人也不会为了安全目的去旅游，因为在外地不可能比在家里感到更安全。通过旅游，人们可以获得对异地的了解，获得友谊，得到群体的尊重，实现自己的理想和抱负。可以这样认为，旅游动机的产生与马洛斯需要层次论中的后 3 个层次的需要密切相关的。因为，人的旅游动机是其实现旅游活动的主观条件，而旅游动机产生的内驱动力是旅游需要。

旅游动机简介

#### 2.2.2.2 旅游动机的基本类型

人们对旅游活动的需要是多种多样的，这就决定了旅游动机的多样性。对于旅游动机如何分类，许多学者提出了不同方法。德国学者格利克斯曼最早研究旅游动机分类，他在 1935 年出版的《一般旅游论》中，讲旅游动机分为四大类：a. 心理的动机；b. 精神的动机；c. 身体的动机；d. 经济的动机。

中国学者屠如骥将海外来华旅游者的动机归纳为：a. 求实的动机，追求旅游产品的实际使用价值，核心是"实用"和"实惠"；b. 求新的动机，追求旅游的趋时和新颖，核心是"时髦"与"奇特"；c. 求名的动机，通过旅游显示自己的声望、地位，核心是"显名"与"炫耀"；d. 求美的动机，追求旅游产品的欣赏价值；e. 求胜的动机，通过旅游，满足争强好胜的心理；f. 求趣的动机，通过旅游，满足个人的特殊爱好；g. 求知的动机，通过旅游，追求知识，扩大眼界；h. 求情的动机，通过旅游，仿古寻友，追宗归祖，满足人际交往的感情需要；i. 求健的动机，通过旅游，达到健身、防病、强体的目的。

还有很多学者将旅游动机进行了分类，由于人们所采用的分类标准不同，观察问题的角度不一样，得出了不同的分类结果。概括起来，旅游动机可以分为以下几种类型：

（1）身心方面的动机

为了身心健康而产生的动机，即通过与身体健康有关的旅游活动，如度假休息、娱乐消遣、海滩休闲、温泉疗养等，来消除身体疲劳、心理紧张和不安，以达到摆脱环境污染、调节生活节奏、恢复或保持身心健康的目的。

（2）文化方面的动机

为了学习异域文化知识、增长见识而产生的动机，即希望寻找知识，了解和欣赏异国他乡的政治、经济、文化、艺术、历史、风俗、语言、宗教，或游历名山大川、文物古迹，增长学识的目的。

（3）家庭事务方面的动机

为了解决家庭有关事务方面而产生的动机，即通过寻根祭祖、探亲访友、故地重游的形式，以达到实现愿望、消除压力的目的。

（4）观光探险方面的动机

为了寻求刺激、追求新奇而产生的动机，即通过到陌生的地方旅游，观赏自然景色，游览奇峰异洞，达到感受新奇、经历艰险、获得刺激、调节情趣的目的。

（5）社会方面的动机

为了社会地位和声望方面而产生的动机，即出于个人发展的需要，通过参加一些高层次的学术活动、追求业余爱好的聚会、专业性参观考察、宗教人士的宗教朝拜等旅游活动，以使个人得到承认，受到赏识、尊重以及获得声誉，同时，在旅游中广交益友，或者实现个人的追求等。

（6）公务商务方面的动机

为了开展政府、企事业、团体事务的需要而产生的动机，即利用到异地进行公务、商务活动的时机，开展旅游活动，如公务旅游、会议旅游、商务旅游和体育比赛等。

旅游是一种综合性活动，可以满足人们的多种需要，因此，一个人外出旅游可能是多种动机导致的。实际上，促成人们外出旅游往往不仅仅出于某一种动机，而包括几方面的动机。以上关于旅游动机的分类只是从理论上进行的研究和识别，实际上人们开展旅游活动并没有充分意识到自己的动机，一般也不会从理性上分析自己的动机。旅游需求产生旅游动机进而产生旅游行为，我们有必要研究旅游动机，找出人们旅游动机的共性特点和变化规律，从而发现市场，开发与提供适销对路的旅游产品。

### 2.2.2.3 影响旅游动机的因素

（1）个人因素

① 个性心理因素。在影响旅游动机的个人方面的因素中，一个人的个性心理特征起着重要的作用。不同的个性心理特征有着不同的旅游动机，进而产生不同的旅游行为。在这一领域的研究中，美国的心理学家斯坦利·帕洛格的研究比较有代表性。帕洛格以数千美国人为调查样本，对他们的个性心理特点进行了详尽的研究，发现人们的个性心理可以分为5种类型：自我中心型、近自我中心型、中间型、近多中心型和多中心型。它们呈正态分布，即自我中心型和多中心型的人数最少，而中间型的人数最多。

自我中心型和多中心型代表处于两端的两种对立的性格（表2-2）。自我中心型的人的心理特征是谨小慎微，多忧多虑，不敢冒险。他们最强烈的旅游动机是休息和放松。他们理想的旅游是一切都事先安排好的，比较欣赏团体旅游的方式，旅游的习惯做法是乘车到他所熟悉的旅游地。而多中心型的人，特点是思想开朗，兴趣广泛多变，喜新奇，好冒险，活动量大。他们在旅游时喜欢与不同文化背景的人相处，喜欢到那些偏僻的、不为人知的旅游地体验全新的经历。虽然这类人也需要旅游业为其提供某些基本的旅游服务，比如交通和住宿，但是他们更偏向于有较大的自主性和灵活性，有些人甚至会尽量不使用或少使用旅游企业的服务和产品。中间型属于表现特点不明显的混合型，近自我中心型和近多中心型则分别属于两个极端类型和中间型中间略倾向于各极端特点的过渡类型。

表 2-2 不同心理性格特征的人的旅游动机和行为特点比较

| 自我中心型 | 多中心型 |
| --- | --- |
| 希望旅游地是熟悉的地方 | 希望去以前没去过的地方，最好是非游览区 |
| 希望一些放松活动 | 希望去一些不寻常的旅游地 |
| 希望活动量小 | 希望活动量大 |
| 希望自己乘车去旅游地 | 希望乘飞机去旅游地 |
| 希望旅游设施齐全 | 希望不使用或少用旅游产品 |
| 希望有熟悉的氛围 | 希望与不同文化背景的人打交道 |
| 希望整个旅游活动提前安排好 | 希望只安排最基本的活动，有自由时间 |

帕洛格还发现，不同心理类型的旅游者，在旅游活动中扮演的角色也不

同。多中心型的人往往是新旅游者和开拓者，是旅游者大军的先行者和侦察兵，其他心理类型的旅游者随后陆续跟进。自我中心型的人也会在很长时间后到多中心型的人曾经到过的地方旅游。在这一过程中，该地逐渐成为旅游热点。此时，多中心型的旅游者也逐渐失去对该地的兴趣，而转向其他地区。

②其他个人因素。除了个性心理因素这个印象因素之外，还有很多其他个人因素会影响人们旅游动机的形成。例如，年龄、性别、个人的文化程度和家庭人均收入等。

首先，性别研究表明，因为男性和女性具有不同的生理特点，他们的审美特点以及喜好均存在差异，因此在旅游动机上就表现出了很大的区别。旅游者特别是女性旅游者体现为具体的文化需求、购物需求，而男性旅游者的动机更多与体育锻炼、探险、度假等有关。

其次，不同年龄的人，他们所处的生活环境不同，所扮演的生活角色不同，社会化的程度也有差异，因而在心理和行为层面有很多区别。例如，年轻人生活独立、负担较少、精力充沛、活跃好动，对新鲜事物具有浓厚的兴趣和好奇心，对社会和自然的探索要求强烈，他们的旅游动机往往是求新、求异、求奇、求险；中年人在事业上已有一定基础，社会生活和阅历丰富，他们的旅游动机主要是求名、求实，以体现自我价值并受到他人的尊重；老年人常有怀旧、忆旧的情感，并且受体能、精力制约，多倾向于访古寻友、追宗归祖的活动。

另外，个人的文化程度与修养和一个人的受教育程度有关。受过较高程度教育的人，掌握的知识和关于外界的信息也相对较多，更有亲自了解世界的兴趣和热情，同时，也有助于克服对陌生环境的不安和恐惧。根据美国《时代》周刊调查：每年进行5次旅游的人中，57%受过大学教育；反之，文化水平相对较低的人求知欲望不如前者，对异国他乡往往怀有一种恐惧心理，因而出游的动机也不如前者强烈。

（2）社会因素

除了旅游者的个人因素以外，某些外部因素，如社会历史条件、社会环境条件、家庭或个人的收入状况也会对人的旅游动机产生一些影响。社会因素主要是指人们在一定的社会阶层、社会集团中所处的地位和角色。一般而言，处于较高的社会阶层的人，更加开放和自信，愿意接受外界的新鲜事物，对旅游持积极的态度；而处于社会较低阶层的人，一般相对封闭，不愿意冒险，并且往往认为外部世界比较凶险，不愿意更多地参与旅游活动。

（3）文化因素

①民族风俗。一般而言，发达国家的人把度假、娱乐作为文化生活的重

要组成部分，他们往往爱好四处周游、探险、欣赏异域文化。而一些发展中国家的人，则崇尚勤劳、节俭、乡情浓郁、故土难离，往往认为旅游是一种浪费钱财的行为。

② 宗教影响主要指的是：不同的宗教有不同的价值和行为准则，从而导致不同的消费模式。如伊斯兰教的教规规定，每一个有能力的穆斯林平生都要作一次长途旅行，到麦加去朝觐；佛教的教徒则希望到各佛教圣地去拜佛、还愿等。

随着旅游业的快速发展，旅游市场的竞争也日趋激烈。旅游企业要想在激烈的竞争中赢得市场，就必须研究旅游者的动机，全面了解旅游者的需求和旅游动机，更好地提供符合目标市场需求的旅游产品和服务。

## 【知识窗】
### 旅游动机和人均国民生产总值的关系

（1）人均国民生产总值达到 400 美元时，居民将普遍产生国内旅游动机；达到 800~1000 美元时进入国内旅游大发展时期。

（2）人均国民生产总值达到 1000 美元时，居民将产生邻国旅游动机。

（3）人均国民生产总值达到 3000 美元时，居民将产生全球旅游动机。

## 2.3 旅游者的类型

目前，同旅游活动的划分一样，旅游者的类型划分也没有恒定的标准。许多学者常常把旅游者类型的划分与旅游的类型划分联系在一起，常见的划分标准见表 2-3：

表 2-3 旅游者的划分标准和类型

| 划分标准 | 旅游者类型 |
| --- | --- |
| 旅游目的 | 观光型旅游者、娱乐消遣型旅游者、公务型旅游者、个人及家庭事务型旅游者、医疗保健型旅游者、文化知识型旅游者、生态/探险型旅游者、宗教型旅游者 |
| 旅游费用来源 | 自费旅游者、公费旅游者、社会旅游者、奖励旅游者 |
| 是否跨越国界 | 国际旅游者、国内旅游者 |
| 组织形式 | 团体旅游者、散客旅游者、家庭旅游者、自助旅游者 |
| 消费水平 | 经济型旅游者、标准型旅游者、豪华型旅游者 |
| 计价方式 | 全包价旅游者、半包价旅游者、零包价旅游者 |

本节我们重点讨论一下按照旅游目的的归属划分的旅游者类型及不同类

型旅游者的特征。

### 2.3.1 观光型旅游者

　　观光型旅游者以观赏游览异国他乡的名胜古迹、风土人情等为主要目的，同时还可以与购物、娱乐、考察、公务等相结合，是世界上最古老、最常见、最基本的旅游者类型，也是我国旅游者类型的主体。其特点为：希望通过观赏游览异国他乡的自然景观和人文景观，增长见识、开阔视野、陶冶情操，获得新、奇、异、美、特的感受（图2-2）；在旅游地逗留时间短、重游率低、花费较少，对旅游景点特色和价格比较敏感。

图2-2　新疆国际文化美食节

### 2.3.2 娱乐消遣型旅游者

　　娱乐消遣型旅游者以松弛精神、享受临时变换环境所带来的欢娱为主要目的。由于娱乐消遣型旅游能够调节人们的生活节奏，摆脱日常紧张工作带来的烦恼，该种类型的旅游者日趋增多。在发达国家的所有旅游者中，娱乐消遣型旅游者所占比重最大。其特点是：追求娱乐、参与、消遣、刺激和享受；对旅游产品的质量、旅游安全和价格比较敏感；外出季节性较强，几乎都会选择旅游目的地最好的季节，利用带薪假期外出旅游；对旅游目的地和旅行方式的选择自由度大；重游率较高，出游和停留时间较长。

### 2.3.3 公务型旅游者

　　公务型旅游者是根据工作需要，以贸易合作、商务洽谈、出席会议、举办展览、科学文化交流等为主要目的，在完成公务的前提下进行参观游览等活动的旅游者。其特点是：有一定的身份地位，对旅游产品和服务质量要求较高；费用主要由团体的经费开支，支付能力较强，对价格不太敏感，消费较高；因为公务在身，对旅游目的地和旅游时间没有太多选择余地，一般以就近短途和短时为多；人数相对较少，但出行次数较多，季节性不强。

### 2.3.4 个人及家庭事务型旅游者

这类旅游者的需求比较复杂。他们在需求方面不同于消遣型和公务型，但又兼具两者的某些特点。例如，在出游时间上，他们中虽有不少人利用带薪假期探亲访友，但相当多人都选择传统节假日外出探亲，而各国传统节假日又不尽统一。此外，很多家庭及个人事务，如出席婚礼、参加开学典礼等日期限制较紧。因此，其总体特点是：出行季节性较差；对旅游价格比较敏感；没有选择旅游目的地的自由。

### 2.3.5 医疗保健型旅游者

医疗保健型旅游主要有疗养旅游、休闲度假旅游、温泉旅游、森林旅游、体育保健旅游、气功专修旅游等形式。医疗保健型旅游者的主要目的是通过参加有益于身心健康的旅游活动，治疗某些慢性疾病、消除日常工作疲劳。其特点是：有较高的收入、较多的闲暇时间；保持健康或恢复健康的欲望较强；对旅游产品中保健、康体、医疗等项目比较感兴趣。

### 2.3.6 文化知识型旅游者

文化知识型旅游是一种旨在观察社会、体验民族民俗民风、丰富历史文化积累、增长知识的旅游形式。文化知识型旅游者的主要目的是通过文化知识旅游达到积极地休息和娱乐的目的，同时获得知识的启迪和充实。其特点是：具有较高的文化素养，较强的求知欲；具有某种专长或特殊兴趣，乐于与人切磋交流；对导游的文化知识基础有较高的要求，对旅游日程安排的周密性和旅游线路的科学性比较敏感。

### 2.3.7 生态/探险型旅游者

生态/探险型旅游是目前国际、国内旅游市场新兴起的一种高级旅游形式，它强调观光旅游、自然保护与文化保存相结合，是一种肩负环境责任、具备环境伦理的旅游新项目。生态/探险型旅游者的主要目的是通过旅游达到接触大自然、了解大自然、宣传和保护大自然的积极休息和娱乐，同时获得知识的启迪和充实。其特点是：具有较高自然科学、社会科学综合知识和生态意识，有较强的求知欲；具有某种专长或特殊兴趣，乐于与当地居民交流；一般经过专门的培训，有基本生存本领；对接待设施和服务内容相对较宽容，但对旅游日程安排的周密性和旅游线路的科学性比较敏感。

中国十大探险旅游景点

### 2.3.8 宗教型旅游者

宗教型旅游是指以宗教朝圣、拜佛、求法、取经、考察等为主要目的而进行的旅游，是世界上最古老和稳定的旅游类型（图 2-3）。宗教型旅游者的主要目的是通过旅游达到宗教交流、陶冶身心、祈求平安。其特点是：具有宗教信仰、知识或出于兴趣；注重宗教景点场所的原真性和接待形式的规范性，强调灵验性和归属感；具有很高的市场稳定性和重游率。

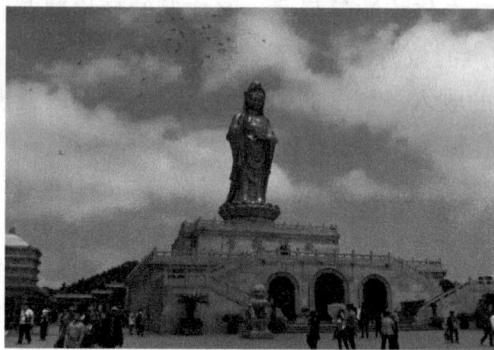

图 2-3 普陀山朝拜

### 【应用实例】

宗教型旅游是世界上最古老的旅游形式之一，并且一直延续到现代。各国的一些宗教信徒由于不同的目的或出于对自己所信仰的各种神灵、佛祖的虔诚，或受名山古寺、教堂圣殿以及丰富多彩的古代宗教建筑形式的吸引，热衷于这种既能达到宗教信仰目的，又能通过旅行游览活动获得乐趣的宗教旅游。该类旅游者的特点是：

①旅游目的地明确，一般都是各教派的宗教圣地。如伊斯兰教教规规定，一生中必须至少到圣地麦加朝圣一次。我国的佛教四大名山每年也要接待不少虔诚的佛教徒。

②出行时间比较固定，一般都是根据宗教教义的规定，按时进行朝圣活动。如麦加朝圣于每年的 12 月初开始，按伊斯兰教历计算，12 月 10 日宰牲节时达到高潮，之后朝圣活动即结束。因此，每年的 12 月，是全世界穆斯林的盛大节日，不少人在此期间涌向圣地麦加，使这个沙漠中的小城市每日游客量达 50 多万。我国南岳衡山的游客中，香客占总数的 68%，其中 1/2 集中在农历七月十五至八月十五。

③对宗教旅游者的接待要求特殊，必须根据宗教教义的规定以相应的宗教形式加以接待，使宗教旅游者在精神上和形式上获得归属感。如伊斯兰教教徒的家斋、沐浴、礼拜堂设置，印度教教徒忌牛肉等。

④消费较低。宗教旅游者除了对自己所信仰的神灵慷慨捐献外，一般较为节俭，这里既有不同教义的共同制约，也与信徒中大部分为普通百姓有关，其中大部分可能尚未拥有可自由支配的收入。

## 【本章小结】

本章解读了国内外旅游者的不同界定方法，分析了旅游者产生的客观和主观条件，从不同角度对旅游者进行了分类。

旅游者是构成旅游活动的首要条件。旅游者的技术性定义在实际的旅游工作中具有重要的意义。目前，世界各国在对国际旅游者进行界定时都是参照罗马定义。就国内旅游者，国际上目前尚无统一的理解。

根据旅游者的旅游目的可以将其分为观光型旅游者、娱乐消遣型旅游者、公务型旅游者、个人及家庭事务型旅游者、医疗保健型旅游者、文化知识型旅游者、生态/探险型旅游者、宗教型旅游者 8 种类型。

旅游动机是影响旅游者出游的主观条件。影响旅游动机的因素主要包括个人因素、社会因素和文化因素。

## 【复习思考题】

一、名词解释

1. 旅游者　2. 旅游动机　3. 国际旅游者　4. 国内旅游者

二、单项选择题

1. 通过寻根祭祖、探亲访友、故地重游的形式，以达到实现愿望、消除压力的目的属于（　　）。

A. 身心方面的动机　　　　B. 文化方面的动机

C. 家庭事务方面的动机　　D. 观光探险方面的动机

2. 下列旅游者中，对价格不太敏感的是（　　）。

A. 消遣型旅游者　　　　　B. 公务型旅游者

C. 度假型旅游者　　　　　D. 家庭型旅游者

三、简答题

1. 什么是旅游者？

2. 旅游者产生的客观条件有哪些？

3. 什么是旅游动机？

4. 影响旅游动机的因素有哪些？

## 【参考文献】

谢彦君，2011. 基础旅游学［M］. 3 版. 北京：中国旅游出版社.

李天元，2003. 旅游学概论［M］. 5 版. 天津：南开大学出版社.

克里斯·库伯，约翰·弗莱彻，艾伦·法伊奥，等，2007. 旅游学［M］.
3 版. 北京：高等教育出版社.

苏勤，曹有挥，张宏霞，等，2005. 旅游者动机与行为类型研究——以世界遗
产地西递为例［J］. 人文地理（4）：82-86.

魏向东，2000. 旅游概论［M］. 北京：中国林业出版社.

苏勤，2004. 旅游者类型及其体验质量研究——以周庄为例［J］. 地理科学
（4）：506-511.

## 【课后阅读】

### 文化和旅游部 2019 年文化和旅游发展统计公报

2019 年，文化和旅游部大力推进红色旅游工作，举办第二届全国红色故事讲解员大赛，在试点基础上全面推进红色旅游"五好"讲解员建设行动。围绕庆祝中华人民共和国成立 70 周年开展系列活动，策划推出 10 大类、100 条体现时代精神的学习体验精品旅游线路，启动了红色基因代代传系列红色故事短视频拍摄，指导开展了全国大学生红色旅游创意策划大赛，对《红色旅游经典景区服务规范》行业标准进行修订，开展红色旅游优秀讲解词出版活动，启动《罗霄山红色旅游总体规划》《四渡赤水红色旅游总体规划》等

专项规划编制工作。

深化实施乡村旅游精品工程，会同国家发展和改革委员会推出首批 320 个全国乡村旅游重点村。健全乡村旅游金融支撑体系，会同中国农业银行印发了《关于金融支持乡村旅游重点村建设的通知》，未来 5 年将提供 1000 亿元意向性信用额度，用于支持乡村旅游产品建设与推广。培育乡村振兴内生力量，举办 12 期培训班，培训村干部和乡村旅游带头人 1700 余次。

深入推进旅游扶贫工作，推出"三区三州"旅游大环线品牌，开通"三区三州"旅游扶贫专列，会同国家发展和改革委员会通过文化旅游提升工程，积极支持"三区三州"等深度贫困地区旅游基础设施建设，全年通过中央预算内投资支持有关项目 329 个，安排中央预算内投资 32.65 亿元。

2019 年，国内旅游市场和出境旅游市场稳步增长，入境旅游市场基础更加牢固。全年国内旅游人数 60.06 亿人次，比上年同期增长 8.4%；入境旅游人数 14531 万人次，比上年同期增长 2.9%；出境旅游人数 15463 万人次，比上年同期增长 3.3%；全年实现旅游总收入 6.63 万亿元，同比增长 11.1%。

年末全国共有 A 级旅游景区 12402 个，全年接待总人数 64.75 亿人次，比上年增长 7.5%，实现旅游收入 5065.72 亿元，增长 7.6%。2011—2019 年旅游业主要发展指标数据见表 2-4。

表 2-4　2011—2019 年旅游业主要发展指标

| 年份 | 国内旅游人次（亿人次） | 国内旅游收入（亿元） | 入境旅游人次（万人次） | 入境旅游收入（亿美元） | 出境旅游人次（万人次） | 旅游总收入（万亿元） |
|---|---|---|---|---|---|---|
| 2011 年 | 26.41 | 19305 | 13542 | 484.64 | 7025 | 2.25 |
| 2012 年 | 29.57 | 22706 | 13241 | 500.28 | 8318 | 2.59 |
| 2013 年 | 32.62 | 26276 | 12908 | 516.64 | 9819 | 2.95 |
| 2014 年 | 36.11 | 30312 | 12850 | 1053.80 | 10728 | 3.73 |
| 2015 年 | 39.90 | 34195 | 13382 | 1136.50 | 11689 | 4.13 |
| 2016 年 | 44.35 | 39390 | 13844 | 1200.00 | 12203 | 4.69 |
| 2017 年 | 50.01 | 45661 | 13948 | 1234.17 | 13051 | 5.40 |
| 2018 年 | 55.39 | 51278 | 14120 | 1271.03 | 14972 | 5.97 |
| 2019 年 | 60.06 | 57251 | 14531 | 1313.00 | 15463 | 6.63 |

（资料来源：文化和旅游部旅游统计，有删改）

# 第 3 章
# 旅游资源

## 【学习目标】

| 知识目标 | 技能目标 |
|---|---|
| 1. 了解旅游资源的概念、特征 | 1. 掌握旅游资源的概念以及特征，正确理解其内涵 |
| 2. 了解旅游资源的分类 | 2. 掌握旅游资源的主要分类方法 |
| 3. 了解旅游资源的调查与评价 | 3. 掌握旅游资源调查的方法步骤 |
| 4. 了解旅游资源的开发与保护 | 4. 正确认识和掌握旅游资源开发和保护的措施 |

## 【导入案例】

### 香港旅游资源在旅游业中的地位

我国香港是亚洲旅游业最发达的地区之一，近 10 年以来，每年接待境外旅游者达 500 万人次。然而这里既没有驰名的文物古迹，也没有名山胜水，那么香港旅游业的发展是否就可以不以旅游资源为基础？旅游资源在香港旅游业发展中就不具有重要意义吗？回答并非如此，其实香港旅游业的大发展正是建立在一定旅游资源优势的基础上。

首先，香港经过 20 世纪六七十年代的发展，迅速成为一个现代化的国际工商业都市，形成了金融中心、黄金贸易中心、航运中心。高楼大厦林立，交通设施完善，以及高效率的企业精神，使城市面貌日新月异，成为一个极具时代感的城市，赢得了"东方之珠"的美誉。这种具有特色的现代都市风貌是吸引众多旅游者前去观光、促进香港旅游业发展的一项重要旅游资源。

其次，香港作为一个自由港，除烟、酒及燃油外，不设关税，商品价格相对便宜，而且品种齐全，新产品多，较大的购物店铺及购物中心、超市等1000多个，使香港成为一个极具吸引力的"购物天堂"。许多人顺路要到香港一游，购买些商品带走，甚至有许多游客专程到此购买商品。因此，"购物天堂"自然成为吸引游客的又一项重要的旅游资源。

第三，香港的美食令人垂涎欲滴，在这里从家常小菜到佳肴盛宴、从广东、北京名菜至地中海式食品，式式具备。中国各省美食亦在此云集。因此香港又被誉为"亚洲美食之都"。许多人到香港能够品尝异国他乡美味佳肴，也是旅游目的之一。

第四，香港有多种形式的休闲游乐设施，如水上乐园、太空馆、九龙公园、沙田马场、雀鸟花园、艺术馆、文化中心及较多的郊野公园等（图3-1、3-2）。特别是海洋公园，是东南亚规模最大的娱乐消闲中心，它集现代科技、优美的自然环境与多样的游乐内容于一体，体现了时代的特征，可以满足各类游客的需求，是许多到香港的人很愿去的地方，年游人超过300万人次。

上述内容均是具有一定吸引力的旅游资源。可见香港旅游业的发展虽然有其他因素的影响，如科学的管理、广泛的宣传、深入的旅游开发等，但仍是以一定的旅游资源为基础，旅游资源在旅游业发展中具有极其重要的意义。

图3-1　香港迪士尼乐园

图3-2　香港九龙公园

（资料来源：甘枝茂，马耀峰，旅游资源与开发，南开大学出版社，2000）

## 3.1 旅游资源概念

### 3.1.1 旅游资源的定义与内涵

#### 3.1.1.1 旅游资源的定义

国内外关于旅游资源的概念有许多种表述，目前尚无统一的定义。

从资源学的角度看，旅游资源是资源的一种。在西方国家，学者常常使用"旅游吸引物"这一概念。在多数情况下，旅游吸引物与旅游资源的概念通用。有时旅游吸引物是一个比旅游资源内容更为广泛的概念，指旅游地旅游者所有因素的总和，既包括旅游资源，也包含吸引旅游者的接待设施、旅游交通和服务。例如，霍洛韦（1986年）在《旅游业》中指出："旅游吸引物必须是那些给旅游者积极的效益或特征的东西，它们可以是海滨或湖滨、山岳风景、狩猎公园、有趣的历史纪念物或文化活动、体育运动，以及令人愉悦的舒适会议环境。"

我国学术界对于旅游资源的认识不尽相同，下面列举部分学者的表述：

李天元、王连义定义，"凡是能够造就对旅游者具有吸引力环境的自然因素、社会因素或其他任何因素，都可构成旅游资源"。

陈传康、刘振礼定义，"旅游资源是在现实条件下，能够吸引人们产生旅游动机并进行旅游活动的各种因素的总和"。

郭来喜认为，"凡是能为人们提供旅游观赏、知识乐趣、度假疗养、娱乐休息、探险猎奇、考察研究及人民友好往来和消磨闲暇时间的客体和劳务，都可成为旅游资源"。

卢云亭定义，"凡是对旅游者产生吸引力，并具备一定旅游功能和价值的自然与人文因素的原材料，统称为旅游资源"。

钱今昔认为，"旅游资源是指通过开发后能够吸引旅游者的客观存在物。就是在自然环境和人文环境中，可以引起旅游者的兴趣并可以利用的物质条件。具体地说，旅游资源是指为旅游者提供游览、观赏、求知、兴趣、度假、娱乐、探险猎奇、考察研究、体育锻炼以及友好往来的客体和劳务"。

马勇定义，"凡能激发旅游者的旅游动机，为旅游业所利用，并由此产生经济效益与社会效益的现象和事物，均称为旅游资源"。

中华人民共和国国家市场监督管理总局2017年发布的国家标准《旅游资源分类、调查与评价》（GB/T 18972—2017）和国家标准《旅游区（点）质量等级的划分与评定》（GB/T 17775—2003），对"旅游资源"定义为："自然界和人类社会中凡是能够对旅游者产生吸引力，可以为旅游业开发利用，并可产生经济效益、社会效益和环境效益的各种事物和因素。"此定义充分考虑了旅游界多年来对旅游资源的研究成果，因此本书采用此定义。

#### 3.1.1.2 旅游资源的内涵

上述对旅游资源的各种定义，既包含对旅游资源核心功能的共识，又存在着对旅游资源范畴划定的差异。

（1）在旅游资源吸引功能的核心内涵方面获得共识

大部分定义表述中直接使用了"吸引"或"吸引力"一词，将旅游资源的吸引功能这一核心内涵明确阐述出来了，在旅游资源概念的重要前提方面达成共识。旅游资源对旅游者具有一定的吸引力，这是区别于其他类型资源的一个重要标志。

旅游资源的吸引内容主要表现为以下几种类型，如天然风光吸引、气象气候吸引、生物吸引、康体疗养吸引、文物古迹吸引、民俗民风吸引、宗教吸引、近现代人文景物吸引等。旅游资源的吸引问题与引力强弱取决于3方面的基本因素：一是旅游资源内部因素，包括旅游资源的美感、丰度、组合状况、历史文化价值、科学考察价值、资源容量、环境质量等；二是旅游资源开发的外部因素，包括通达性、已开发程度、硬件配置水平、管理和服务水平等；三是旅游主体方面因素，主要指客源市场的旅游偏好。

（2）关于旅游资源范畴界定的差异

关于旅游资源范畴界定的问题，学者们出现了"广义"与"狭义"之争。狭义的观点从旅游产业的经济行为出发，认为只有能够为旅游业开发利用并可以产生效益（包括经济效益、社会效益和环境效益），才是旅游资源，或称为现实的旅游资源。而广义的观点认为无论是否能被旅游业开发利用，只要对旅游者产生吸引力，激发旅游动机，开展旅游活动的"各种因素"都归为旅游资源，强调的是旅游资源对旅游者旅游需求的满足。

旅游资源是自然创造物和人工创造物，可以是物质形态的，也可以是精神形态的，它存在于旅游现象之前。旅游资源效益功能的发挥受制于资源吸引功能的体现程度，吸引功能越强，效益获取的可能性越高。

### 3.1.2 旅游资源的特征

旅游资源是旅游目的地借以吸引旅游者的最重要因素，也是旅游开发必备的条件之一。正确认识旅游资源的特点，对合理开发、充分利用旅游资源，发展旅游业有促进作用。旅游资源既具有一般资源的共性，又有它自己的许多特性。

### 3.1.2.1 广域性

旅游资源在地域分布上十分广泛，在地球上不同的区域都有旅游资源的分布。在陆地上有各种自然、人文景观；在海洋有波涛汹涌的海浪、一望无际的水面、奇特的海洋生物；在天空有瞬息万变的天象、气象；在地下有神秘的溶洞、地下河流、湖泊；在城市有体现现代建筑、科技水平的城镇风貌；在乡村有浓郁的民俗及田园风光；在人烟稀少的山区、沙漠，有原始、纯朴的自然风光；在赤道地区有热带雨林，在极地有冰天雪地，等等。几乎在地理圈范围内的各个区域都有旅游资源的存在。

### 3.1.2.2 区域性

由于受自然因素和社会因素的影响，所形成的旅游资源在空间分布上具有明显的区域差异性特点，反映着所在地的地质、地貌、气候、水文、土壤、生物等诸多自然要素及其相互作用的特征，例如，当前世界旅游活动热点的"3S"景观，主要分布在中低纬度砂岩基质海岸，如地中海沿岸、孟加拉湾沿岸、中国南部沿海、夏威夷群岛和加勒比海沿岸。奇峰异洞的岩溶山水主要分布在热带和亚热带石灰岩发达的地区，如中国的云贵高原和广西盆地，塞尔维亚西部和美国西部。而人文旅游资源反映着所在地自然、人类社会、经济活动作用的特点。如世界佛教寺庙主要分布在印度、中国、日本、朝鲜和东亚一些国家；基督教教堂主要分布在欧美一些国家；伊斯兰教清真寺主要分布在西亚、中亚和北非地区。我国园林有南方园林、北方园林和岭南园林之别，南方园林明媚秀丽、淡雅朴素（图3-3）；北方园林多富丽堂皇，具有皇家气派（图3-4）；而岭南园林则具有明显的亚热带风光特色（图3-5）。

图3-3　南方园林　　　　图3-4　北方园林　　　　图3-5　岭南园林

旅游资源分布的区域性，形成了许多千差万别的世界旅游区，从而也从根本上决定了旅游者的空间流动，一个地方的自然景物或人文风情越是具有独到的地方特色，对旅游者的吸引力也就越大。

我国北方园林和南方园林的区别

### 3.1.2.3　不可移动性

各种旅游资源都分布在与之相适应的地理环境和区域环境中，带有强烈的地方色彩和区域特征，这也正是资源个性特征的体现，而与之相适应的环境是个性特征及内涵存在的必要条件。离开了必要条件，它们的个性、特殊的内涵以及吸引力也就消失或者大大降低了。许多仿造的旅游景观虽然用了高超的技术做到以假乱真，但是仍然不能与真实的景观相媲美，旅游意义也不如原地原物那么浓厚。因此，旅游资源的开发利用一般应在当地进行，即旅游基本上是旅游者移动到旅游资源地的活动，而不是把资源运到其他地方再加工利用；而且有许多旅游资源也不可能迁移，如名山胜水、森林雪山、海洋湖泊等。

### 3.1.2.4　美学观赏性

与一般的资源相比，旅游资源最大的特征在于它的美学观赏性。名山大川、奇山怪石、文物古迹或风土人情都可以引发旅游者对美的联想。旅游资源的美学特征越突出，景观观赏性越高，知名度越高，对旅游者的吸引力就越大。如泰山的雄伟；黄山的"奇松、怪石、云海、温泉"；青城山"天下之幽"；西湖"欲把西湖比西子，淡妆浓抹总相宜"等，都给游客带来美的感受，每年吸引大批游客观光游览，使游客流连忘返。此外，由于旅游资源的美感、价值、布局结构以及四时的变化，加之旅游者的性格、气质以及审美水平的差异，会表现出对旅游资源美学欣赏的多样性和多层次性。但是，旅游资源的美学特征越突出，观赏性越强，在国内外的知名度越高，对旅游者的吸引力越大。

### 3.1.2.5　时间节律性

旅游资源在时间上呈现一定的变化，形成一定的韵律。有的自然景物随季节或月份变化，有些自然景色只有在特定的季节和时间里才出现。如春季浪漫的洛阳牡丹、夏季多雨的黄山云海、秋季北京香山的红叶、冬季吉林的树挂。有些景物甚至在一日之中会呈现出不同的形态，如庐山的云雾，在一日之内就可能会变化出多种姿态，给人以无尽的遐想。由于自然节律或节气的影响，如哈尔滨的冰灯、潍坊的风筝节、云南的火把节，都有其不同的时间分布。

西湖四季

### 3.1.2.6　开发利用的永续性和不可再生性

有些资源在利用过程中将被消耗掉（如矿产资源），有些资源需要自然生长、人工饲养、培植和再生产来补充（如生物资源），但旅游资源在利用过程中，其本身并不会被旅游者的旅游活动消耗掉，旅游者只是从种种旅游活动中获得自身所需的身心放松和美好感受。从这个方面来看，旅游资源具有开发利用的永续性。

但是旅游资源开发利用的永续性并非绝对的，它只是在对旅游资源进行适当的开发保护的前提条件下才能实现，即旅游资源一旦遭到破坏，又存在着不可再生的一面。

### 3.1.2.7　开发的脆弱易损性

旅游资源的脆弱易损性表现为旅游资源环境的脆弱性和资源的易损性。只有对旅游资源进行适当地开发与合理地保护才能实现旅游资源永续性地开发利用。有些旅游资源一旦遭到破坏，将不可再生，如遗存下来的许多人文历史古迹，一旦破坏即使进行人工修复，也难再现昔日的风采，大大地降低了旅游资源的价值。旅游资源比其他资源更容易遭到破坏，某些旅游资源在遭到破坏后很难恢复。另外，旅游资源环境条件是衬托旅游资源价值的基础，甚至就是旅游资源的组成部分，这种环境是脆弱的。造成旅游环境脆弱性的原因主要是过度接待游客，在自觉或者不自觉地对资源或环境造成污染和破坏，同时，自然力（如侵蚀、风化）和生物灾害的破坏作用又加剧了旅游环境的脆弱性。

威尼斯民众抗议外来游客"入侵"

## 3.2　旅游资源的分类

旅游资源的分类是旅游资源规划、开发和保护所必须进行的工作，其就是按照某种目的或需要，根据旅游资源性状，即现存状况、形态、特性、共性和个性对其进行集合归类。由于用途或者着重点不同，对旅游资源可以有多种多样的分类方法。下面主要介绍常用的几种分类方法：

### 3.2.1 文化和旅游部提出的标准

由文化和旅游部提出，国家质量监督检验检疫总局 2017 年修订的国家标准《旅游资源分类、调查与评价》（GB/T 18972—2017），将旅游资源划分为 8 个主类、31 个亚类、155 个基本类型（表 3-1）。每个层次的旅游资源类型有相应的汉语拼音代号，前 4 个主类在属性上属于自然旅游资源，后 4 个主类属于人文旅游资源。这种分类方法主要用于旅游资源全面调查和科学分析，是我国各地开展旅游资源调查、评价和研究的基本方法。

表 3-1 旅游资源分类、调查与评价

| 主类 | 亚类 | 基本类型 |
|---|---|---|
| A 地文景观 | AA 自然景观综合体 | AAA 山丘型景观、AAB 台地型景观、AAC 海谷型景观、AAD 滩地型景观 |
| | AB 地址与构造形迹 | ABA 断裂景观、ABB 帮曲景观、ABC 地层剖面、ABD 生物化石点 |
| | AC 地表形态 | ACA 台丘状地景、ACB 峰柱状地景、ACC 垄岗状地景、ACD 沟壑与洞穴、ACE 奇特与象形山石、ACF 岩石罔灾变遗迹 |
| | AD 自然标记与自然现象 | ADA 奇异自然现象、ADB 自然标志地、ADC 垂直自然带 |
| B 水域景观 | BA 河系 | BAA 游憩河段、BAB 瀑布、BAC 河道地段 |
| | BB 潮汐 | BBA 游憩湖区、BBB 潭地、BBC 湿地 |
| | BC 地下水 | BCA 泉、BCB 埋藏水体 |
| | BD 冰雪地 | BDA 积雪地、BDB 现代冰川 |
| | BE 海面 | BEA 游憩海域、BEB 涌潮与击浪现象、BEC 小型岛礁 |
| C 生物景观 | CA 植被景观 | CAA 林地、CAB 独与丛树、CAC 草地、CAD 花卉地 |
| | CB 野生动植物栖息地 | CBA 水生动物栖息地、CBB 陆地动物栖息地、CBC 鸟类栖息地、CBD 蝶类栖息地 |
| D 天象与气候景观 | DA 天象景观 | DAA 太空景观观赏地、DAB 地表光现象 |
| | DB 天气与气候现象 | DBA 云雾多发区、DBB 极端与特殊气候显示地、DBC 物候景象 |

（续）

| 主类 | 亚类 | 基本类型 |
|------|------|----------|
| E 建筑与设施 | EA 人文景观综合体 | EAA 社会与商贸活动、EAB 军事遗址与古战场、EAC 教学科研实验场所、EAD 建设工程与生产地、EAE 文化活动场所、EAF 康体游乐休闲度假地、EAG 宗教与祭祀活动场所、EAH 交通运输场站、EAI 纪念地与纪念活动场所 |
| | EB 实用建筑与核心设施 | EBA 特色街区，EBB 特性屋舍，EBC 独立厅、屋、馆，EBD 独立场、所，EBE 桥梁，EBF 渠道、运河段落，EBG 堤坝段落，EBH 港口、渡口与码头，EBI 洞窟，EBJ 陵墓，EBK 景观农田，EBL 景观牧场，EBM 景观林场，EBN 景观养殖场，EBO 特色店铺，EBP 特色市场 |
| | EC 景观与小品建筑 | ECA 形象标志物，ECB 观景点，ECC 亭、台、楼、阁，ECD 书画作，ECE 雕塑，ECF 碑林、经幢，ECG 牌坊牌楼、影壁，ECH 门廊、廊道，ECI 塔形建筑，ECJ 景观步道、甬道，EGL 水井，ECM 喷泉，ECN 堆石 |
| F 历史遗迹 | FA 物质类文化遗存 | FAA 建筑遗迹、FAB 可移动文物 |
| | FB 非物质类文化遗存 | FBA 民间文学艺术、FBB 地方习俗、FBC 传统服饰装饰、FBD 传统演艺、FBE 传统医药、FBF 传统体育赛事 |
| G 旅游购品 | GA 农业产品 | GAA 种植业产品及制品、GAB 林业产品与制品、GAC 畜牧业产品与制品、GAD 水产品制品、GAE 养殖业产品与制品 |
| | GB 工业产品 | GBA 日用工业品、GBB 旅游装备产品 |
| | GC 手工工艺品 | GCA 文房用品，GCB 织品、染织，GCC 家具，GCD 陶瓷，GCE 金石雕刻雕塑制品，GCF 金石器，GCG 纸艺与灯艺，GCH 画作 |
| H 人文活动主类 | HA 人事活动记录 | HAA 地方人物、HAB 地方事件 |
| | HB 岁时节令 | HBA 宗教活动与庙会、HBB 农时节日、HBC 现代节庆 |

注：如果发现本分类没有包括的基本类型时，使用者可自行增加，增加的基本类型可归入相应亚类，置于最后，最多可增加 2 个，编号方式为：增加第 1 个基本类型时，该亚类 2 位汉语拼音字母+Z，增加第 2 个基本类型时，该亚类 2 位汉语拼音字母+Y

（资料来源：国家质量监督检验检疫总局）

## 3.2.2　按旅游资源的基本属性分类

### 3.2.2.1　按旅游资源本体属性的二分法

这是常见的分类法。一般将旅游资源按属性分为自然旅游资源与人文旅游资源两大类，也就是所谓的二分法。具体分类为：

（1）自然旅游资源

自然旅游资源是指天然形成的、存在于自然环境中，能够吸引人们前往旅游的天然景观。主要包括以下5种，见表3-2：

表3-2　自然资源分类

| 地表类 | 包括典型地质构造、标准地层剖面、古生物化石点、山岳、峡谷、峰林、石林、土林、火山、沙漠、沙滩（海／河滩）、岛屿、洞穴、丹霞景观、风蚀风光、海蚀风光等 |
|---|---|
| 水体类 | 包括海洋、冰川、河湖、瀑布、溪潭、名泉、浪潮等 |
| 生物类 | 包括森林、草原、古树名木、花卉、园艺、珍稀植物群落、特殊物候景观、野生动物（群）栖居地等 |
| 气象气候类 | 包括宜人气候旅游资源（如避暑胜地、避寒圣地、空气清新地）及冰雪、佛光、蜃景、云海、雾海、雾凇、雪景、雨成景观、风成景观等气象类旅游资源 |
| 太空天象胜景类 | 如极光、日出日落、彗星、流星雨、日（月）食等奇观 |

（2）人文旅游资源

人文旅游资源是指能够吸引人们产生旅游动机的人为因素形成的物质形态与精神形态旅游资源。主要包括以下6种，见表3-3：

表3-3　人文资源分类

| 历史类 | 包括人类历史遗迹、古建筑、古园林、古陵墓、石窟岩画、古代工程遗迹等 |
|---|---|
| 民俗风情类 | 包括具有地方特色的和民族特色的建筑（民居、村寨）、服饰、歌舞、节庆、集市、风俗等 |
| 宗教类 | 包括宗教建筑、宗教活动、宗教园林、宗教艺术、宗教文化等 |
| 休憩服务类 | 包括现代园林、疗养设施、美食名菜、特殊医疗等 |
| 文化娱乐类 | 包括文化设施、娱乐设施以及相关娱乐活动等 |
| 近现代人文景观类 | 包括近现代革命活动遗址、纪念塔（馆）、有意义的近现代建筑及造型艺术作品以及交通、购物、体育、商务与会议旅游资源 |

### 3.2.2.2　按旅游资源属性的三分法

三分法，即按照旅游资源基本属性将旅游资源分为自然旅游资源、人文旅游资源和社会旅游资源。具体分类见表 3-4：

**表 3-4　旅游资源三分法**

| | |
|---|---|
| 自然旅游资源 | 地质旅游资源；地貌旅游资源；气象、气候旅游资源；水文旅游资源；生物旅游资源；太空旅游资源 |
| 人文旅游资源 | 历史文化名城旅游资源；古迹旅游资源；<br>宗教文化旅游资源（包含各类宗教建筑、宗教园林、宗教艺术、宗教文化现象等）；<br>交通旅游资源（包含古代交通及现代交通旅游资源）；<br>建筑与园林旅游资源（包含古代与近现代建筑、园林及现代人造建筑）；<br>文学艺术类旅游资源 |
| 社会旅游资源 | 民俗风情旅游资源；购物旅游资源；会议旅游资源；<br>商务旅游资源；城市景观旅游资源；娱乐旅游资源；<br>体育保健旅游资源 |

## 【应用实例】

### 福进景区 游客享"福"

福建是全国唯一以福字命名的省份。2021 年春节假期，福建省文化和旅游部门组织各地重点 4A 级以上旅游景区宣传展示"福"文化内容，推出多样"福"文化体验活动，讲好"福"文化故事，吸引众多省内外游客前来体验"福"文化魅力。据测算，春节假日，全省累计接待游客 1665.47 万人次，累计实现旅游收入 76.7 亿元。

**"福"文化 氛围浓**

2021 年春节假期，在武夷山景区的入口处，"福见武夷·瑞虎迎春"展板格外醒目，景区工作人员正装扮成"福虎娃娃"，向过往游客分发新春福袋，吸引众多游客争相上前合影。

"今年景区紧扣'福'文化主题，以'红''黄'两种主色调，在景区的各观光车站点、竹筏码头等位置布置大红灯笼、铜钱、窗花、福字拉花、中国结等造型，营造喜气氛围。"福建武夷山旅游发展股份有限公司董事长吴王介绍，为了让游客深度体验"福"文化，景区还在大王峰景点设置"大王叫你来巡山"大型造型，在云窝景点推出"福虎生成"等打卡点，增添游览环节的互动性，吸引游客前来拍照打卡。

走进泉州古城，新门街、涂门街、南俊路等地两旁的行道树缀满红灯笼；中山路、西街等地特色的闽南花灯绚丽多姿；府文庙广场的"福字"绿植、打锡街的"小福虎"将古城装扮一新。泉州市文化广电和旅游局相关负责人介绍："2021年'泉州：宋元中国的世界海洋商贸中心'成功列入世界遗产名录，开元寺红墙、西街网红天台、甲第门报纸隧道等'福'地成为热门网红打卡点，吸引了不少市民游客春节假期慕名而来。据统计，春节假期，泉州22个世遗点共接待游客27.69万人次。"

夜幕降临，在土楼永定景区，百福从天降，聚福盆中福气满满；鱼跃龙门、龙凤呈祥，展现了客家人对美好生活的追求……2021年春节期间，永定土楼沉浸式夜游项目——3D水幕秀增加了贺岁"福"片，营造节日氛围。

"'福'是中华民族对美好生活最精炼的概括，永定土楼中有许多福楼，包括振福楼、侨福楼、福裕楼、福庆楼等。"福建省客家土楼旅游发展有限公司董事长张开梅介绍，作为世界文化遗产、5A级旅游景区，永定土楼诉说着岁月的变迁，希望通过盛世光影、全息戏台等系列沉浸式夜游项目，吸引更多游客漫步在土楼的星光大道，欣赏别具特色的土楼夜景，尽享春节假日的悠闲惬意。

春节前夕，三明市首个以"福"文化为主题的"百福馆"在泰宁明清园开馆揭牌。泰宁明清园董事长陈明青表示，为了更好地弘扬传播"福"文化，"百福馆"里收藏着古木雕、古字画、匾额、楹联等"福文化"藏品几十件，成为游客春节寻"福"热门打卡点。

**"福"体验 主题多**

评话和伬唱"虾油味"十足、街头艺人各类表演百花齐放、捏面人等各类非遗体验好玩有趣……春节期间，福州名城保护开发有限公司推出"看福戏""逛福展""享福礼""跑福道""品福味""宠福娃"六大福文化主题活动。福州名城保护开发有限公司相关负责人表示："春节期间，福州三坊七巷等五大历史文化街区共举行了116场'福'文化活动，成为众多游客假期打卡的好去处，吸引了省内外游客约66万人次。"

为营造"福"文化氛围，春节期间，福建各地积极开展"福"文化主题活动，通过常态化宣传，讲好"福"文化故事。

春节期间，武夷山景区推出了"福见武夷 虎啸福来"系列文旅活动，开展"福虎天游·祈福之旅"，游客可登顶天游峰打卡，在天游观内祈福；推出

"虎年福来·接福之旅",邀请游客在"一起向未来"许愿墙上填写新年心愿;参加"大王叫你来巡山·寻福之旅",游客可通过游园寻"福",换取吉祥福袋。

据鼓浪屿管理委员会相关负责人介绍,春节期间,菽庄花园壬秋阁开展了"唐风雅韵——世遗南音展演",为市民和游客展示独具闽南特色的非物质文化遗产南音的艺术魅力;故宫鼓浪屿外国文物馆开展"虎年福见 博物馆里过大年"活动,举办"虎虎生福 2022 壬寅虎年新春生肖文物(图片)联展",推出虎福历险记、新春送福礼、虎虎生福剧本推理等互动体验活动;鹭潮鼓浪屿美院举办"虎虎生威新春市集",汇聚非遗、文创、艺术、民俗等版块参展,吸引众多市民游客边逛市集,边体验"福气滚滚"。

三明市泰宁县启动了"福往福来 福见泰宁"抖音达人短视频创作挑战赛,活动将持续至 3 月 20 日。泰宁旅游管理委员会相关负责人介绍,游客在泰宁旅游时,可以从泰宁碧水丹山(福景)、舌尖美食(福味)、非遗传承(福艺)、红色印记(福祉)、乡村振兴(福兴)、创新创业(福创)6 个方面进行创意创作,以新媒体视角助力宣传推介泰宁"福"文化形象。

**"闽式福礼"心意足**

春节期间,福建省文化和旅游厅为省内外游客备上了一份福气满满的"闽式福礼",即精心策划的"福"文化主题线路,涵盖了蓝色滨海亲福之旅、绿色生态享福之旅、古色民俗纳福之旅、红色经典集福之旅,串起福建各地精品旅游景区。

与此同时,各地也推出系列"福"文化主题的微旅游线路,包括福州市推出了寻福、享福、送福等六大主题,共 66 条特色"福"线路;三明市增设"福"文化打卡体验点,推出"福"文化主题旅游精品线路;莆田市重点推介 18 条游春精品线路、5 条游春自驾精品线路等,形成"清新福建"旅游线路矩阵,助力"福"文化推广,让"福潮""福风"成为新的流行符号。

为更好满足广大市民和游客就地游、周边游等出行需求,福建省旅游协会推出"虎年福见 福游八闽"活动,向市民游客免费发放 20220 张"福游卡",优惠让利近 5000 万元。该卡内含福建省所有 5A 级旅游景区、重点 4A 级旅游景区等 50 个景区,涉及知名历史文化街区、世遗景区、优质温泉等旅游资源。持卡游客 2022 年游览这 50 家景区,可享受一次首道门票 5 折优惠。

福州是"中国温泉之都",在同程旅行发布的"2021 温泉城市热度指数排名"和"2022 新春全国温泉城市冬季预订热度排行榜"中,福州均名列前茅。春节期间，福州开展了"温泉之都，全民乐泡"—— 2022 年福州新春温泉旅游季活动，推出了"漫步八一七，畅享金汤季"活动和"金汤知多少，答题赢福利"活动，共计发放 3 万张免费温泉门票，吸引广大市民游客在"有福之州"泡温泉。

八闽大地，拥有着深厚的文化底蕴，红色文化、海洋文化、闽都文化、客家文化、妈祖文化、船政文化等在这里交织，"福"将这些文化资源串联起来，福建文旅企业需要从共性中寻求个性，以"福"作为共通点来宣传福建福文化旅游资源，讲好福建故事，做大做强做优文旅经济，持续推进文化强省和全域生态旅游省建设。

（资料来源：文化和旅游部官网，有删改）

## 3.3 旅游资源的调查和评价

### 3.3.1 旅游资源的调查

旅游资源的调查既涉及科学技术问题也牵扯文化艺术问题。调查者除了应具备必要的专业知识外，还应具备历史、文学、美学、经济学、社会学等多方面的文化素养。

#### 3.3.1.1 旅游资源调查及基本要求

《旅游资源分类、调查与评价》中的旅游资源调查（investigation of tourism resources）是按照旅游资源分类标准，对旅游资源单体进行的研究和记录。

旅游资源调查必须强调整个运作过程的科学性、客观性、准确性，保证成果质量，并尽量做到内容简洁和量化。充分利用与旅游资源有关的各种资料和研究成果，完成统计、填表和编写调查文件等工作。调查方式以收集、分析、转化、利用这些资料和研究成果为主，并逐个对旅游资源单体进行现场调查核实，包括访问、实地观察、测试、记录、绘图、摄影，必要时进行采样和室内分析。

#### 3.3.1.2 旅游资源调查的意义

开展旅游资源调查是为了了解区域的资源状况，摸清资源"家底"，弄清旅游资源的价值，为开发旅游资源提供基本的科学依据。

调查旅游资源，为旅游资源规划提供具体翔实的资料，提高规划的科学性和效率。

通过调查，掌握所在区域旅游资源开发、利用和保护的现状，有利于对旅游资源制定具有针对性和有效性的保护措施，提高区域旅游资源的保护水平。

### 3.3.1.3 旅游资源调查的程序

旅游资源调查是为了了解和掌握整个区域旅游资源整体的概况。旅游资源调查程序包括调查准备和实地调查。

（1）调查准备

首先要成立调查小组，调查组成员应该具备与该调查区旅游环境、旅游资源、旅游开发有关的专业知识，一般应该吸收旅游、环境保护、地学、生物学、建筑、园林、历史文化、旅游管理等方面专业知识的人员参加，并且对成员进行专业的技术培训。准备实地调查所需的设备，比如定位仪器、简易测量仪器、影像设备等。准备多份"旅游资源单体调查表"。确定资料收集范围，资料包括与旅游资源单体及其赋存环境有关的各类文字描述资料，包括地方史志、乡土教材、旅游区与旅游景点介绍、规划和专题报告等。与旅游资源调查区有关的各类图形资料，重点是要反映旅游环境与旅游资源的专题地图、与旅游资源调查区和旅游资源单体有关的各类照片和影像资料。

（2）实地调查

首先确定调查区内的调查小区和调查线路。为便于运作和此后旅游资源评价、旅游资源统计、区域旅游资源开发的需要，将整个调查区分为"调查小区"。调查小区一般按行政区划分（如省级一级的调查区，可将地区一级的行政区划分为调查小区；地区一级的调查区，可将县级一级的行政区划分为调查小区；县级一级的调查区，可将乡镇一级的行政区划分为调查小区），也可以按照现有的或规划中的旅游区域划分。调查线路按实际要求设置，一般要求贯穿调查区内所有调查小区和主要旅游资源单体所在的地点。要选定调查对象，选定下述单体进行重点调查：具有旅游开发前景，有明显经济、社会、文化价值的旅游资源单体；集合型旅游资源单体中具有代表性的部分；代表调查区形象的旅游资源单体。对下列旅游资源单体暂时不进行调查：品质明显较低，不具有开发利用价值的；与国家现行法律、法规相违背的；开发后有损于社会形象的或者可能造成环境问题的；影响国民生计的；某些位于特定区域内的。

## 3.3.2 旅游资源的评价

旅游资源评价是在旅游资源调查的基础上，对资源特色、价值及开发潜力和条件的评价和鉴定，为旅游资源的开发规划和管理提供科学依据。旅游资源评价的结果直接影响其开发利用的方向和规模，因此，旅游资源评价是开发不可缺少的重要环节。

### 3.3.2.1 旅游资源评价的目的

通过对旅游资源的类型、规模、性状、赋存状况等方面的品质调查，对旅游资源的开发特色和主题进行定位，为旅游资源的开发利用提供依据。

通过对旅游资源开发的区位和社会经济以及市场影响的认识，进行旅游资源开发项目的市场定位，为旅游资源的开发规模和开发层次提供依据。

通过对旅游资源品质和市场影响的评价，为确定开发时序、规模风格和旅游产品设计提供依据。

### 3.3.2.2 旅游资源评价内容

旅游资源评价体系包括 3 方面的内容：

（1）资源品质理论评价

即对资源要素进行评价，包括要素特色评价（如珍稀程度、丰富度等）与要素价值评价（如观赏使用价值、历史文化价值、科学艺术价值）。旅游资源品质理论评价结果，是对旅游资源旅游吸引力的直接反应。

（2）资源开发条件评价

对开发的可行性作出评价，对资源的市场影响力、试用期、适用范围作出评价。

（3）资源所处的环境背景评价

以确定环境的状况，明确旅游资源开发难度和价值，为保护和利用环境条件提供依据。

### 3.3.2.3 旅游资源评价方法

旅游资源评价方法有多样性，可以采取多要素综合评价，也可以是单要素技术评价；可以是定性描述，也可作定量评价。

（1）旅游资源定性评价

定性评价又称为经验法，一般是在资源调查的基础上，评价者凭经验主观判定旅游资源的开发利用价值和潜力。定性评价通常从旅游资源的特色、价值、景观类型和组合状况及集中程度、旅游资源的市场影响力、旅游资源综合开发条件（政府和社会支持、区位条件、可进入性、城镇依托条件、环境容量、社会承载力、物质保障等方面）、所处环境背景进行评价。定性评价可采取公众评议与专家评议两种形式。

（2）旅游资源定量评价

定量评价方法是在考虑多要素的基础上运用一定的数学方法进行的资源评价。可以在定性评价基础上，将评价要素系统化、量化，从而以一定数学方法得出评价分值。这种方法具有较好的准确性与全面性的特点。定量评价方法有很多，如指数评价法、模糊数学法、层次分析法、综合打分法、价值工程法、综合价值法等。旅游资源定量评价的核心是确立评价指标体系。

定性评价和定量评价的优缺点对比见表3-5。

表3-5  定性评价与定量评价的优缺点

|  | 优点 | 缺点 |
|---|---|---|
| 定性评价 | 简便易行 | 主观性较强，结果较抽象，难以反映<br>资源价值之间的局部差别，应用效果不好 |
| 定量评价 | 更直观、简洁、<br>准确，应用效果好 | 操作起来往往有一定困难，尤其是有些关联因子<br>难以量化，也带有主观色彩，影响量化的准确度 |

## 【应用实例】

## 江西佛教旅游资源评价

佛教文化在中国传播发展的历史，就是一部被逐渐吸收、改造，与中华文明相融合，完成中国化的历史。江西在佛教文化中国化的漫长过程中占有举足轻重的历史地位，并由此赋予我们今天底蕴深厚的佛教旅游资源。正确评价、认识江西佛教旅游资源，科学开发、利用江西佛教旅游资源，为社会主义现代化建设服务，是我们应尽的责任。

宗教资源是人文旅游资源的重要组成部分，也是世界旅游业的热门素材。江西佛教旅游资源在全国佛教旅游资源大体系中占据着重要的地位，全方位相比较，我们认为江西佛教旅游资源具有以下4个显著特征：

（一）分布面广，资源丰密度好，适宜旅游线状开发

据《江西通志》不完全统计，东汉末年至晚清时期，江西全省先后兴建佛教寺院达1100多所（另一说为约上万所），众多寺院广布于全省各地，可谓无一县市不见佛教踪迹。这种分布状况从时空角度观察又具有明显的相对集中性，例如，时间上集中于两晋、唐、宋，出现3个高峰期，空间上则形成庐山、南昌、宜丰、宜黄、吉安、修水等几个中心区域，佛教资源丰密度良好，适宜旅游线状专项产品的开发。如禅宗八祖马祖道一先后在抚州金溪

石门寺、赣县宝华寺、宜黄石巩寺、南昌佑民寺、靖安宝峰寺等多所寺院弘扬佛学，据清编省、府、州县、山志统计，马祖道一在江西开山建寺达33所，地涉13个县、市，他在江西将南岳怀让法系继承光大为洪州禅，循迹开辟马祖道一弘法线路游，通过专线把座座名山古刹连成熠熠生辉的珠串，必将对海内外香客、游人产生吸引力。此外，青原行思法系溯源游，虚云法师、海灯法师循迹游等，也皆为可考虑的专线。

### （二）祖庭名山多，资源品位高

祖庭名山多是江西佛教旅游资源的重要特征。庐山东林寺、吉安青原山净居寺、奉新百丈山百丈寺、宜春仰山栖隐寺、宜丰黄檗山寺、洞山普利禅寺、修水云岩禅院、崇恩禅院、萍乡杨岐山普通禅院、宜黄曹山寺、靖安石门山宝峰寺、南昌佑民寺、抚州崇寿院等祖庭名山不胜枚举。江西是禅宗宗派的主要发源地，各位佛学大师在江西择一山清水秀、林壑幽美之地，弘扬禅法，开立宗派之先河，使这些祖庭名山在后世信徒心目中具有崇高的地位。名宗派衣钵代代相传，使江西名刹古寺具有鲜明的层次性，江西现有省级以上重点保护寺观37处，其中主要为佛教历代高僧驻锡的名刹，如马祖道一在江西有入室弟子139人，"各为一方宗主"。文化遗存是历史的载体，佛教祖庭名山为我们打开了一个透视当时社会历史风貌的窗口，江西佛教学的兴盛不是偶然的，它与当时社会各方面有着直接的内在联系，佛教对江西社会各方面乃至中国文化的发展同样具有重要的影响。如此，江西佛教旅游资源内蕴深厚的历史价值、文化价值、美学价值均具有不凡的品位。深层次发掘江西佛教旅游资源文化内蕴，结合旅游业需求，设计推出具有江西特色的佛教旅游产品，应是一项极具价值的积极事业。

### （三）江西佛学远播海内外，旅游客源市场前景良好

江西佛学不仅传播于国内四方，而且在不同时期，通过多渠道流传海外。净土宗的教义于唐、宋以后传入日本、朝鲜和东南亚地区，如今这一带地区佛教东林派，仍尊奉东林寺为祖庭，慧远为始祖。日本净土真宗，后又衍生出大谷派、高田派等十大宗派，1989年，日本净土宗共有信徒600万之多。1985年，以铃木信光为团长的日本佛教旨奉赞代表团，代表日本信徒前来庐山东林寺朝拜，并奉赠《大藏经》一部。禅宗是朝鲜佛教的主流，共分为九山、一宗门派，其中大者如曹洞宗于五代时传入朝鲜，称须弥山派。南宋后期，曹洞宗传入日本，并迅速成为日本佛教中一大宗派，1986年，曹洞宗在日本有寺庙15000座，信徒约800多万人众。宋、元时期，黄龙宗、杨岐宗

传入日本后也发展成为大宗派，日本镰仓时代，禅宗24派中，有20派出于杨岐宗，可谓盛极一时。南禅传入越南后也衍生出竹林禅、灭喜禅等六大门派。至今江西佛学播于日、朝、越、东南亚其他国家乃至欧美等地区，信徒以千万计。国内各地寺院、丛林与江西佛学存在渊源关系的更是不计其数。这种繁衍传播的网状结构为江西发展佛教旅游提供了稳定的海内外客源市场。随着国内旅游业的日益发展，宗教文化旅游已成为普通游客感兴趣的游览项目之一，只要产品设计得当，市场开发得法，江西佛教旅游必将大放异彩，并成为江西旅游业的拳头产品。

**（四）佛教资源与自然环境和谐并存，宜于综合开发旅游产品**

江西高品位的佛教旅游资源大多远避尘嚣市廛，分布于自然景色秀美的名山大川中，"天下名山僧占多"，在江西再次得到印证。庐山景色秀丽，颇得历代高僧的垂青，山上、山下寺庙、丛林屡废屡建，经久不衰，唐、宋时期寺院曾多达300余座，以至全山几为寺院所据，明初朱元璋敕建天池寺，将庐山与五岳并驾齐驱，称之为庐岳，令九江、南康两府每年春秋合祀天池寺，有鉴于寺院林立、梵宇高耸，明代张率赋诗道"庐山到处是浮图，若问凡家半个无"。庐山如此，吉安青原山，靖安石门山，奉新百丈山，宜春大仰山，宜丰洞山，黄檗山，宜黄曹山，修水黄龙山，云岩山，萍乡杨岐山，赣县龚公山，永修云居山，广丰博山等莫不如是。佛教资源与自然环境和谐并存，相得益彰，一个沾地脉之气，一个沾佛灵之光，深山古刹大可借助自然形胜以增强其宗教氛围，洞、石、溪、泉、林木，信手拈来，皆可为寺院所用，如庐山东林寺的虎溪、聪明泉、白莲池、六朝松，云居山真如寺的唐代古银杏、五龙潭，宜丰洞山普利寺的夜合石等不胜枚举。名刹名山相互衬托，人文旅游资源与自然旅游资源相互渗透，互为补充，使佛教旅游产品得以综合性开发，佛教旅游项目层次更为丰富而非单调，佛教旅游客源市场更为广阔而非狭小。

（资料来源：中国佛教文化网，有删改）

## 3.4 旅游资源的开发与保护

### 3.4.1 旅游资源开发的意义

旅游资源的开发就是运用资金和技术手段，使尚未被利用的旅游资源能被利用，并因此产生经济、社会和环境效益，或使已被利用的资源拓展利用的广度和深度，并因而提高综合价值，从而进行开拓和建设活动的过程。旅游资源的开发具有重要意义。

（1）发挥旅游资源的经济作用

旅游资源只有经过开发形成旅游产品才能进入市场进行交换，发挥旅游资源的经济效益，实现其经济开发作用。

（2）改善条件，增强吸引力

旅游资源在开发前，可进入性差，旅游服务和基础设施缺乏，不能用于大规模的旅游活动。通过开发改善交通及服务条件，可以增大对旅游者的吸引力。

（3）保护旅游资源

让旅游资源处在自然状态下的保护是消极的保护，实际上在许多情况下是难以实现保护的。在自然状态下，旅游资源可能受到侵蚀、风化、生物危害而衰退。因此，合理开发旅游资源是积极的保护措施，可以克服自然的损毁，改善所在地区的环境。

（4）更新以延长旅游地寿命

根据旅游地生命周期理论，开发旅游资源是延长旅游地寿命、减缓旅游地衰退的需要，不断开发新的资源，推出新的旅游产品以增强旅游地的吸引力。

金矿废矿坑变 3A 景区

## 3.4.2　旅游资源开发的原则

（1）突出特色和主题的原则

在旅游资源开发中要实现资源的原始性、民族性，要有创意。挖掘有特色的旅游资源的内涵，特别是文化内涵，突出其主题，形成在一定区域甚至在全国、全世界有特色的旅游产品。有特色，才有生命力和竞争力，才能吸引更多的旅游者。最大、最高、最古、最稀、最奇、最美就具有竞争力。万里长城、秦始皇兵马俑、九寨沟、黄山等都以其特色著称于世。

（2）讲求效益的原则

旅游资源的开发要注重经济效益和社会效益，以取得最大经济效益为目的。要注意投入、产出的测算，但是也要关注社会效益，应考虑到有利于旅游者身心健康和获得更多的知识，有利于推动社会进步、崇尚文明和发展。资源开发必须服从当地经济发展，服从当地产业发展政策和经济发展总体规划。另外，开发资源必须依据当地经济实力来决定开发的规模和速度，不切实际的过度开发和滞后开发都是不利于经济发展的。

（3）保护环境与资源的原则

开发旅游资源要切实注重旅游资源的保护，任何破坏性的开发都是不容许的，开发建设要和环境景观相协调，旅游项目不能造成环境污染，旅游规模要和环境容量相适应。

（4）市场导向原则

旅游资源本身不是商品，只有开发成旅游产品后才能销售给旅游者。市场导向是指旅游资源在开发前必须对旅游客源市场进行调研和预测，了解旅游者的需求，然后，根据旅游者的需求来开发相应的旅游资源，设计"适销对路"的旅游产品。旅游客源市场是发展变化的，旅游者的兴趣爱好决定了旅游资源对旅游者有多大的吸引力。一定要随时研究客源市场的动向，掌握旅游市场信息，为开发旅游资源作出正确决策提供依据。

### 3.4.3　旅游资源的保护

导致旅游资源质量下降和破坏，既有自然因素，也有人为因素。某些受损的旅游资源，通过自然调节和人为作用，可以在一定程度上得到恢复，但有的破坏则是难以恢复的。不论能不能恢复，都将给旅游利用带来危害。因此，必须加强旅游资源保护，以谋求旅游资源的持续利用，促进旅游经营的持续发展。针对不同的破坏方式，可以采取不同的保护手段，灵活运用各种措施，尽量缓解、消除自然与人为因素对旅游资源的破坏。

（1）技术措施

技术性保护措施是利用现代科技手段，对旅游资源及其环境进行监测与分析而实施的保护措施。这是旅游资源保护的重要操作方法之一。针对不同类型的旅游资源和具体的保护需要，采取技术措施抵御自然力与某些人为的破坏将是行之有效的。例如，科学维修保护历史古建筑旅游资源，确保其能够持续利用；封山育林，植树绿化，保护生物旅游资源和培育旅游环境；保护野生动物，应用生物技术保护古树名木；架设隔离网罩和使用驱赶技术，避免鸟类对古建筑的危害；针对干旱地区风力侵蚀，海滨地区海浪侵蚀，湿润地区流水侵蚀的自然破坏力研究技术对策，对症下药。

（2）行政措施

行政性管理措施是管理中最常见的方法之一。在相关部门设置专门的旅游资源开发保护管理职能，对旅游资源实行统一规划和监督管理，加强对旅游资源的保护。根据行政区划分行政级别，实施"分级管理"与"分域管理"，使旅游资源管理的责权落到实处。行政管理一定要注意理顺管理体制。

（3）法律措施

依据国家和地方有关法律、法规、规章，加强对旅游资源的保护。法律管理方法具有概括性、规范性和稳定性的特点，适用于处理旅游资源保护中共性的、一般的问题。与旅游资源管理相关的国家有关法律目前主要有《中华人民共和国环境保护法》《中华人民共和国森林法》《中华人民共和国文物保护法》《中华人民共和国野生动物保护法》《风景名胜区管理暂行条例》《中华人民共和国水法》等。此外，各地方立法机构和人民政府根据国家法律法规，结合地方实际制订了实施细则和地方性法规。法规是开发、利用及保护旅游资源有效的和可靠的依据。

（4）教育措施

旅游资源保护意识不强或者根本没有资源保护意识，是造成旅游资源人为破坏的根源所在。因此，必须通过各种途径和方式，宣传保护旅游资源的重要性，使全体公民意识到旅游资源不仅是旅游地的财富，也是人类共同的财富，一切单位及个人都有保护旅游资源的义务。同时，通过宣传教育使旅游地的人们和旅游者都知道如何保护旅游资源，并付诸行动。

（5）规划措施

编制旅游规划，特别是《旅游资源保护专题规划》和《环境保护专题规划》，并以此指导规划区内旅游资源的开发、利用及保护，是旅游资源保护的一项重要方法。首先对旅游资源以及生态环境进行研究，测定并评估资源保护状况，建立数据库，然后制定相应专业规划和实施方案，如制定绿化、防火、排污等规划。规划对旅游资源和环境保护提出了"质"与"量"的规定，使保护具有明确的目标，有利于在一定时期（规划期）有计划地开展全面常规的保护工作，减少无序造成的破坏。这种措施与法律方法同属于旅游资源保护的指导性方法，当然也具有相当的技术性。

旅游资源整合

**【应用实例】**

## "诗韵"（失韵）的周庄

20世纪旅美画家陈逸飞先生的一幅油画《故乡的回忆》将周庄带到了全世界面前。周庄是中国江南一个具有九百多年历史的水乡古镇，若要在中国选一个最具代表性的水乡古镇，毫无疑问，它就是"中国第一水乡"周庄。千年历史沧桑和浓郁吴地文化孕育的周庄，以其灵秀的水乡风貌，独特的人文景观，质朴的民俗风情，成为东方文化的瑰宝。作为中国优秀传统文化杰出代表的周庄，是吴地文化的摇篮、江南水乡的典范（图3-6）。

但是现在步入古镇，周庄人的商业头脑让人惊叹！几乎所有的沿街房子，除了个别景点，都破门开店，八成是卖黝黑的假古董、鲜亮的旅游纪念品、批量生产的印刷画，还有茶馆、饭店、时装店等。一路上，总有"野导"追着你问要不要导游；饭店里，一位妇女唱了几句小调就伸手向客人要钱！900多年历史的古镇周庄像一个嘈杂的集市，将一切的商品呈现出来。早在规划制定之初，阮仪三教授已经告诫周庄：不要因为过度开发而毁了周庄！但是专家的意见终究抵制不住巨大的利益诱惑。1988年，为了开发旅游，周庄"告别摆渡"建了一座水泥大桥，从此长途客车长驱直入。桥，破坏了周庄的原生态。1994年，受一家公司数千万元投资吸引，周庄兴建一座"全福寺"，阮教授知道后，大骂：假古董！最大的危机是有一条环城公路要穿周庄而过，在许多文物专家的疾呼之下，这条路的修建终于戛然而止。

图3-6　周庄

**【本章小结】**

旅游资源是旅游活动的客体，是一个目的地能够吸引游客来访的本源，因而也是目的地旅游赖以生存和发展的基础。关于旅游资源的定义本章采用了国家标准定义，并且列出了国内外学者对旅游资源定义的一些解释。另外，本章对旅游资源的特征、分类、评价以及开发保护也作了简要的概述。关于旅游资源的开发与保护，主要介绍旅游资源开发的意义、原则，让旅游资源带动当地经济的发展；旅游资源的保护是在旅游资源开发的基础上，通过本章介绍的相关保护方法，促进旅游资源的可持续发展。

## 【复习思考题】

一、名词解释

1. 旅游资源　　　　　2. 自然旅游资源与人文旅游资源

3. 旅游资源分类　　　4. 旅游资源定性评价与定量评价

二、单项选择题

1. （　　）是旅游活动的客体，是旅游活动得以开展的基本前提。

A. 旅游者　　B. 旅游资源　　　C. 旅行社　　　D. 导游

2. 根据中华人民共和国文化和旅游部提出的《旅游资源分类、调查与评价》将旅游资源分为（　　）主类（　　）亚类（　　）基本类型。

A. 8、31、155　　B. 8、32、156

C. 7、31、155　　D. 7、32、156

三、简答题

1. 旅游资源怎样进行分类？

2. 旅游资源开发的意义是什么？

## 【参考文献】

甘枝茂、马耀峰，2000. 旅游资源与开发［M］. 天津：南开大学出版社.

李天元，2003. 旅游学概论［M］. 5版. 天津：南开大学出版社.

克里斯·库伯，约翰·弗莱彻，艾伦·法伊奥，等，2007. 旅游学［M］. 3版. 北京：高等教育出版社.

安应民，2007. 旅游学概论［M］. 北京：中国旅游出版社.

魏向东，2007. 旅游概论［M］. 北京：中国林业出版社.

李向明，2006. 旅游资源资产评估及其指标体系的构建［J］. 资源科学（3）：143-149.

王建军，2006. 生态旅游资源分类与评价体系构建［J］. 地理研究（3）：507-516.

## 【课后阅读】

## 世界遗产

世界遗产是指被联合国教科文组织和世界遗产委员会确认的人类罕见的、目前无法替代的财富，是全人类公认的具有突出意义和普遍价值的文物古迹及自然景观。狭义的世界遗产包括"世界文化遗产""世界自然遗产""世界文化与自然遗产"和"文化景观"4类。广义上，根据形态和性质，世界遗产分为文化遗产、自然遗产、文化和自然双重遗产、记忆遗产、人类口述和非物质遗产（简称非物质文化遗产）、文化景观遗产。

2021年7月31日，第44届世界遗产大会在福州闭幕。本届大会首次以在线形式审议世界遗产议题，审议了2020、2021两个年度的世界遗产项目，共有34个项目获准列入世界遗产名录，3个已列入项目实现重大拓展。

大会期间，"泉州：宋元中国的世界海洋商贸中心"成为中国第56项世界遗产，重庆五里坡国家级自然保护区正式成为世界自然遗产"湖北神农架"的组成部分。中国的长城、科特迪瓦的塔伊国家公园和科莫埃国家公园3项遗产保护状况成为世界遗产保护管理范例。截至2021年7月，我国已成功申报世界遗产56项，其中，文化遗产37项、自然遗产15项、自然与文化双遗产4项。

世界遗产分为自然遗产、文化遗产、自然与文化复合遗产和文化景观。不同类型的世界遗产都具有明确的定义和供会员国提名及遗产委员会审批遵循的标准。

### 1. 文化遗产

文物：从历史、艺术或科学角度看，具有突出的普遍价值的建筑物、碑雕和碑画，具有考古性质、成分或结构，铭文、洞穴以及其综合体。

建筑群：从历史、艺术或科学角度看，在建筑式样、分布均匀或与环境景色结合方面具有突出的普遍价值的单立或连接的建筑群。

遗址：从历史、美学、人种学或人类学角度看，具有突出的普遍价值的人造工程或人与自然的联合工程以及考古遗址地方。

其标准有：

①代表一种独特的艺术成就，一种创造性的天才杰作。

②能在一定时期内或世界某一文化区域内，对建筑艺术、纪念物艺术、规划或景观设计方面的发展产生过重大影响。

③能为一种已消逝的文明或文化传统提供一种独特的或特殊的见证。

④可作为一种建筑、建筑群或景观的杰出范例，展示人类历史上的一个（或几个）重要阶段。

⑤可作为传统的人类居住地或使用地的杰出范例，代表一种（或几种）文化，尤其在不可逆转之变化的影响下变得易于损坏。

⑥与具有特殊普遍意义的事件、现行传统、思想、信仰或文学艺术作品有直接和实质的联系（委员会认为，只有在某些特殊情况下或该项标准与其他标准一起作用时，此款才能成为列入《世界遗产名录》的理由）。

## 2. 自然遗产

从美学或科学角度看，具有突出、普遍价值的由地质和生物结构或这类结构群组成的自然面貌。

从科学或保护角度看，具有突出、普遍价值的地质和自然地理结构以及明确规定的濒危动植物物种生境区。

从科学、保护或自然美角度看，具有突出、普遍价值的天然名胜或明确划定的自然地带。

其标准有：

①构成代表地球现代化史中重要阶段的突出例证。

②构成代表进行中的重要地质过程、生物演化过程以及人类与自然环境相互关系的突出例证。

③独特、稀少或绝妙的自然现象、地貌或具有罕见自然美的地带。

④尚存的珍稀或濒危动植物物种的栖息地。

## 3. 文化与自然混合遗产

文化与自然混合遗产简称"混合遗产""复合遗产""双重遗产"。按照《实施保护世界文化与自然遗产公约的操作指南》，只有同时部分满足《保护世界文化与自然遗产公约》中关于文化遗产和自然遗产定义的遗产项目才能成为文化与自然混合遗产。

## 4. 文化景观

文化景观这一概念是1992年12月在美国圣菲召开的联合国教科文组织世界遗产委员会第16届会议时提出并纳入《世界遗产名录》中的。

文化景观代表《保护世界文化和自然遗产公约》第一条所表述的"自然与人类的共同作品"。一般来说，文化景观有以下类型：

①由人类有意设计和建筑的景观。包括出于美学原因建造的园林和公园景观，它们经常（但并不总是）与宗教或其他概念性建筑物或建筑群有联系。

②有机进化的景观。它产生于最初始的一种社会、经济、行政以及宗教需要、并通过与周围自然环境的相联系或相适应而发展到目前的形式。它又包括两种次类别：一是残遗物（化石）景观，代表一种过去某段时间已经完结的进化过程，不管是突发的或是渐进的。它们之所以具有突出、普遍价值，就在于显著特点依然体现在实物上。二是持续性景观，它在当地与传统生活方式相联系的社会中，保持一种积极的社会作用，而且其自身演变过程仍在进行之中，同时又展示了历史上其演变发展的物证。

③关联性文化景观。这类景观列入《世界遗产名录》，以与自然因素、强烈的宗教、艺术或文化相联系为特征，而不是以文化物证为特征。此外，列入《世界遗产名录》的古迹遗址、自然景观一旦受到某种严重威胁，经过世界遗产委员会调查和审议，可列入《濒危世界遗产名录》，以待采取紧急抢救措施。

文化景观的评定采用文化遗产的标准，同时参考自然遗产的标准。为区分和规范文化景观遗产、文化遗产、文化与自然混合遗产的评选，实施《保护世界文化与自然遗产公约》的操作指南对文化景观的原则进行了规定：文化景观"能够说明为人类社会在其自身制约下、在自然环境提供的条件下以及在内外社会经济文化力量的推动下发生的进化及时间的变迁。在选择时，必须同时以其突出的普遍价值和明确的地理文化区域内具有代表性为基础，使其能反映该区域本色的、独特的文化内涵"。

世界上的第一项文化景观遗产诞生于 1992 年，即新西兰的汤加里罗国家公园（Tongariro National Park）。此后，陆续评选出了一些文化景观遗产，但往往被列入了"世界文化遗产"的名单中。

（部分资料来源：文化和旅游部统计，有删改）

# 第4章
# 旅游业

**【学习目标】**

| 知识目标 | 技能目标 |
| --- | --- |
| 1. 了解旅游业的基本概念、性质和特点 | 1. 能结合所学知识，树立基本的职业意识和视野 |
| 2. 了解并掌握旅游饭店、旅游交通的分类 | 2. 能结合所学知识，分析相关产业在旅游业发展中的作用 |
| 3. 掌握旅游景区的概念、旅游景区等级的评定 | 3. 能够分析某一旅游景区的资源状况 |

**【导入案例】**

### 开创旅游业发展新格局

"十三五"期间，我国年人均出游超过 4 次，假日旅游成为新民俗，旅游成为小康社会人民美好生活的刚性需求。

"即使疫情防疫期间，人们也从未停止对旅游的向往，微旅游、微度假成为过去两年市场主体创新创业的基础。无论是远方的美丽风景，还是身边的美好生活，都是人们愿意欣赏、体验和分享的。增长的意愿、升级的消费和下沉的市场，是旅游复苏的信心之所系，也是高质量发展的动力之所在。"中国旅游研究院院长戴斌说。

旅游业的蝶变，得益于供需两侧双向发力。在需求侧，聚焦旅游为民惠民，我国积极推动国有景区门票降价，推动 5000 多家博物馆、纪念馆、红色旅游经典景区免费开放，倡导各地在节假日、淡季推广开展旅游惠民活动，为儿童、老年人等特殊群体实行免票……这些措施有效释放了旅游消费潜力，不断提升着人们的获得感和幸福感。

随着生活水平日益提高和市场持续发展，人们的旅游需求发生了改变，越来越多人不满足于拍照留影、买特产的打卡式旅游，而是希望获得更丰富优质的旅游体验。抓住市场需求变化，紧跟消费新趋势，我国推进旅游供给侧结构性改革不断深化，从追求数量和规模向追求质量和品质转变。在以品牌建设为抓手，积极推动旅游景区挖掘文化内涵，通过提质扩容推动转型升级的同时，引导各地积极建设旅游度假区，丰富休闲度假产品体系，使传统的观光旅游与休闲度假齐头并进。截至 2021 年年底，我国已有 A 级旅游景区 1.3 万多家，其中 5A 级景区 306 家，国家级度假区 45 家；通过大力发展红色旅游和乡村旅游，推出了 300 家全国红色旅游经典景区，1299 个全国乡村旅游重点村镇；引导有条件的地方积极发展冰雪旅游、工业旅游、体育旅游，推动旅游文创、旅游演艺、房车露营、沉浸式体验等旅游新产品、新业态的发展；以点带面，连点成线，推出"走进大国重器""感受中国力量""最美乡村""田园诗画"等一系列主题鲜明的精品旅游线路，不断丰富大众的旅游新体验。

（资料来源：经济日报，「奋进新征程 建功新时代·伟大变革」开创旅游业发展新格局［EB/OL］. 百度网 2022-07-10. https://baijiahao.baidu.com/s? id=1736462954176849452&wfr=spider&for=pc）

## 4.1 旅游业概况

### 4.1.1 旅游业的概念

旅游业，国际上称为旅游产业（the tourism industry），关于旅游业的定义，学术界并没有确切一致的回答，不同的学者从本国情况出发，对旅游业做出如下定义。美国旅游学家伦德伯格认为：旅游业是为国内外旅游者服务的一系列相互有关的行业。旅游关联到旅客、旅行方式、膳宿供应设施和其他各种事物。日本旅游学家前田勇在《观光概论》书中提出：旅游业就是为适应旅游者的需要，由许多独立的旅游部门开展的多种多样的经营活动。世界旅游业理事会（World Travel & Tourism Council）提出旅游业是为游客提供服务和商品的企业，包括接待（旅馆、餐馆）、交通、旅游经营商和旅游代理商、景点以及为游客提供供给的其他经济部门。

国内关于旅游业的定义也各有说法，关于旅游业与旅游产业之间也没有明晰的界定。李天元将旅游业定义为"以旅游消费者为服务对象，为其旅游活动的开展创造便利条件并提供其所需商品和服务的综合性产业"。王大悟、魏小安认为旅游业是满足旅游者在旅游活动中的食、住、行、游、购、娱等各种需要，以提供旅游服务为主的综合性产业，它由有关的国民经济以及旅游相关的行业部门等构成，其中包括支撑旅游业生存和发展的基本行业，并涉及许多相关行业、部门、机构及公共团体。

随着新时代新业态的不断发展，我们可以从更宏观的角度把旅游业理解为：旅游业，也叫旅游产业，是以旅游资源为依托，以旅游设施为基础，以旅游者为主要服务对象，专门或者主要从事招徕、接待游客，为其提供交通、游览、住宿、餐饮、购物、文娱等多方位服务的综合性产业。

### 4.1.2　旅游业的要素构成

旅游业是一个综合性行业，是以游客出游行为的消费为基础，由食、住、行、游、购、娱等产业链紧密联系而成的一个完整的内需型消费产业，对于旅游业的要素构成，主要有以下几种观点：

#### 4.1.2.1　"三大支柱"说

根据联合国制定的国际标准产业分类体系，通过对从事旅游业务的具体部门加以分析，可以得到旅游业主要由 3 部分构成，即以饭店为代表的住宿业部门、交通客运部门和旅行社部门，属于这 3 个部门的企业因而也构成为 3 种类型的旅游企业。在国内，人们通常将住宿业、旅行社业和交通运输业称为旅游业的"三大支柱"。

#### 4.1.2.2　"五大部门"说

在国际学术中比较具有代表性的一种观点认为，人们对旅游业的称谓通常是以特定的地域或特定的旅游目的地作为单位，因此从国家或地区的旅游发展角度来看，旅游业由以下五大部门组成：住宿接待部门、游览场所经营部门、交通运输部门、旅行业务组织部门和目的地旅游组织部门。与"三大支柱"说相比，增加了以景点为代表的游览场所经营部门和各级旅游管理组织。

#### 4.1.2.3　"六大要素"说

从旅游者的旅游活动的角度看，主要涉及食、住、行、游、购、娱等相关要素，根据这种总结形成了食、住、行、游、购、娱 6 种企业（旅行社、以饭店为代表的住宿业、餐饮业、交通客运业、旅游购物业、游览娱乐业）。2015 年召开的全国旅游工作会议又提出新的六要素，即"商、养、学、闲、情、奇"，与上述六要素合称为"旅游十二要素"。

#### 4.1.2.4 "八大方面"说

实际上，若是从旅游者开展活动的内容组合进行分析，旅游业的涉及范围远不止 5 个部门。基于旅游活动内容的涉及要素（食、住、行，游、购、娱）进行反推，我国旅游业的基本构成至少应包括以下 8 个部门：交通客运部门、旅游景点部门、住宿服务部门、餐饮服务部门、旅游纪念品/用品零售部门、娱乐服务部门、旅行社部门和旅游行政机构/旅游行业组织。

在前 7 个部门中，有些企业的营业收入主要来自为旅游者提供服务的业务。而另外有些企业虽然也从事为旅游者提供服务的业务，但因此而获得的营业收入在其营业收入总额中所占的比重并不大。所以，旅游企业也可划分为两类，即直接旅游企业和间接旅游企业。直接旅游企业是指其大部分营业收入都是来自直接为旅游者提供服务的业务的那些旅游企业，即那些若没有旅游者便将无法生存的企业。这类旅游企业中的典型代表便是旅行社、航空公司和饭店企业。间接企业是指其业务中虽然也包括为旅游者提供服务，但因此而获得的营业收入在其营业收入总额中所占的比例并不是很大，因而旅游者的存在与否并不危及其生存的那些企业。就一般情况而言，多数餐馆、出租汽车公司、礼品商店、娱乐企业、市区景点等都属间接旅游企业。

### 4.1.3 旅游业的性质

旅游业属于第三产业，即服务业的一种，本质上具备产业的性质，而产业从事的是经济性质的活动，因此，旅游业的本质属性是经济性。旅游业内的各种性质的企业，包括旅行社、饭店住宿业、交通运输公司、商业公司等，在我国目前市场经济条件下，作为企业就是要以盈利为目的，就是要追求利润和效益。尽管旅游业所涉及的行业高度分散，企业经营活动的方式各不相同，但企业的经济性是不容置疑的。例如，旅游饭店的建造、旅游资源的开发这些都需要投资，投资就要考虑收回成本。由于旅游企业的经济性最终形成旅游业的经济性，因此，我们可以认为，旅游业是具有经济性质的服务行业，经济性是旅游业的根本属性。

旅游业除了是经济性的服务行业之外，从消费角度看，旅游消费主要是一种文化性消费，旅游业是具有文化性质的服务业，这是由旅游本身的审美性和娱乐性决定的。旅游者在食、住、行、游、购、娱各方面进行的消费，本质就是文化消费，如旅游者欣赏名山大川、观赏文物古迹、品尝美味佳肴、体验民俗风情等都是文化消费行为。旅游经营者向旅游者提供具有一定文化内容的、有特色的产品和优质服务，满足旅游者的需求，帮助旅游者实现其旅游愿望，同时表现了旅游目的地国家或地区的文化发展水平，因此，旅游业具有文化性质。"文化是旅游的灵魂，旅游是文化的重要载体"，自 2018 年文化和旅游部成立以来，各地政府文化旅游扶持政策陆续出台，文旅融合发展步伐不断加快，融合领域不断拓展。《"十四五"文化和旅游发展规划》指出，要坚持以文塑旅、以旅彰文，推动文化和旅游深度融合、创新发展，不断巩固优势叠加、双生共赢的良好局面。要提升旅游的文化内涵，提高服务品质和改善文化体验，在设施和服务中增加中国文化元素和内涵，推动各级各类文化场馆成为文化旅游目的地，培育文化和旅游融合发展的新业态，讲好中国故事，打造具有丰富文化内涵的文旅融合品牌，开创文旅融合发展新局面。

## 4.1.4 旅游业的特点

旅游业除了具备经济性和文化性两种属性之外，还具有以下一些特点：

（1）综合性

旅游业是集食、住、行、游、购、娱等服务为一体的综合性大产业，提供多种多样的旅游产品满足旅游者多样化的旅游需求。在这一过程中，必须由多种不同类型的企业来共同为其提供产品和服务，旅游业必须联合国民经济中的工业、商业、建筑业、交通运输业等物质资料生产部门和文化、科技、教育、卫生、宗教、邮电通信、金融保险等非物质资料生产部门，共同向旅游者提供不同的商品和服务，进而形成产业群。旅游业的发展需要各行各业的配合，它的发展也可以促进与带动许多相关产业的发展。

（2）服务性

旅游业属于第三产业，即服务业，是以出售劳务为特征的服务性行业。旅游业的产品主要是为旅游者提供满足其需求的服务，它向旅游者提供的产品是固定有形的设施和无形的服务。其中以无形的服务为主，有形设施和产品是旅游业为旅游者服务的依托和手段。就完整的旅游活动或旅游经历而言，旅游者对旅游的需求更多的是为了满足精神上的享受，从旅游产品总体来看，其价值并不是物化于消费品之中的，而是更多地体现在服务中。因此，旅游业具有服务性的特点。

（3）敏感性

旅游业的经营随时会受到多种内部和外部因素的影响和制约。内部因素是指业内组成分之间以及有关的多种部门行业之间的比例关系的协调，其中某部分出现脱节，都会造成整个目的地旅游供给的失调，从而影响整个目的地旅游业的经济效益。外部因素是指影响旅游业经营的外部环境，各种自然的、政治的、经济的和社会的因素一旦出现不利变化，可能对旅管业的经营产生影响，如自然灾害中的地震、泥石流等，政治因素中的国家关系恶化、政治动乱、恐怖活动等，经济因素中的经济危机等。

社会因素影响中，不得不提到疾病的流行。联合国世界旅游组织在 2021 年 1 月发布的数据显示，2020 年暴发的新冠肺炎疫情导致全球旅游人数大幅减少，2020 年全球旅游业收入损失 1.3 万亿美元，成为 "旅游业历史上最糟糕年份"。联合国两家机构表示，新冠疫情对于旅游业的打击使全球国内生产总值在 2020—2021 年间出现高达 4 万亿美元的损失。不过，旅游业虽然十分敏感，但又十分坚韧，在发展进程中虽有各种波折，但随着新冠疫情结束和各国政府的努力，世界旅游业正在困境中渐渐复苏。

（4）依托性

旅游业以自然景观资源或人文景观资源为依托，因此，从某种意义上讲，旅游资源的丰富与否，在很大程度上影响和决定了旅游业的发展。同时旅游业的发展依托于国民经济的总体发展水平，一方面，国民经济整体水平的提高决定旅游供给水平，表现为旅游资源和设施建设的投入能力的提高；另一方面，国民经济发展水平又决定了人们可自由支配的收入高低和闲暇时间的长短，从而决定了旅游消费者的数量、消费水平和消费顿事，我国近年来依托国家经济的快速发展，旅游业进入大众旅游的黄金发展期。

（5）季节性

旅游业是季节性明显的产业，受游客闲暇时间分布不均、旅游目的地气候条件和旅游资源的季节变化等因素的影响，存在淡季、旺季重要特征。一方面是旅游者的旅游时间相对集中，客源国或客源地节假日的时间相对集中，决定了旅游经营企业的生产活动存在淡季、旺季，从而造成旺季供不应求，旅游设施超负荷运转；淡季却门庭冷落，大量旅游资源闲置，导致旅游从业人员歇业的局面。另一方面，旅游目的地的自然气候条件呈现出季节性，导致游客出游和旅游企业经营的季节性。因此，季节性给旅游业提出了挑战，只有采取有效措施减少旺季、淡季差别，才能提高旅游业的经济效益。

## 4.2 旅游饭店

【导入案例】

### 新零售时代下酒店行业发展新趋势

受国内疫情防控措施影响，酒店行业经历低迷后慢慢复苏，但也还是很难恢复到疫情前的运营水平。所以不少酒店商家为改变当前行业困境，顺应新零售的发展趋势，寻求酒店数字化转型，在运营、服务与质量上不断提升竞争力，从而在危机上寻求新的发展机遇。在新零售的时代下，酒店行业能有什么样的发展新趋势呢？

1. 自助办理

受疫情影响，很多酒店都提供了酒店自助机，在酒店的自助机上就能办理入住手续，从登记身份信息、体温监测、健康码认证（如有必要）到拿到房卡，全程只需要不到 1 分钟的时间。因为这台智慧酒店入住设备兼具身份识别、人脸识别、红外线体温检测、健康码认证等功能。增设智慧酒店入住设备能大幅减少员工工作量，也可以减少客人等待时间，在自助机上办理入住手续实现了无接触式入住。

2. 无接触式服务

值得一提的是，还有一些酒店在疫情防控期间启用了智能机器人实现无接触式服务，取餐、送餐等操作都由机器人完成。在办理入住、退房、客房服务、预约开票等各个场景均采用数字化智能设备，全程无需与前台人工交流。减少消费者沟通成本，减轻酒店工作人员负担。

3. 针对性营销

以香蕉说酒店无人售货机为例，酒店可针对特定的酒店房间投放香蕉说的无人售货机。扫码即进入小程序可选择线上超市购买饮料零食或者牙刷毛巾等商品，也可以直接购买无人售货机里面出售的计生用品或者情趣用品等。全程自助购买无接触，降低交叉感染的风险，安全、方便、快捷。引入香蕉说酒店无人售货机，在提升客户体验的同时，也可通过后台数据分析，根据客人的消费行为和住店喜好，对酒店日后的运营管理及营销策略提供更加精准的参考。

随着互联网的高速发展，加上新冠疫情的影响，酒店行业数字化转型已势在必行。传统酒店单一的住宿模式已不再满足消费者多元化住宿体验的需求，而且在物业成本、人工成本的增加，酒店单一的住宿营收模式也难以支撑酒店的日常运营。而"酒店+新零售"模式，能让酒店迎来众多新的发展趋势，更加合理的运营管理模式，以及更加有效的收益空间结构……

（资料来源：新零售时代，酒店行业迎来发展新趋势 [EB/OL].
搜狐网 . 2021-10-09. https：//www.sohu.com/na/414085770_ 120772225）

思考：在新发展态势不断变化的时代背景下，饭店业将迎来什么变化？

### 4.2.1　旅游饭店的定义

旅游饭店由各种经营住宿服务的企业构成，如饭店、酒店、宾馆、旅馆、旅社、度假村、民宿等，尽管称谓不同，但都是为旅游者提供住宿接待服务的经营主体。旅游饭店主要向各类旅游者提供食、住、行、游、娱、购等综合性服务，一般由住宿和娱乐两大功能区组成。随着人们生活水平的不断提高，对于住宿的需求已不只限于休息，而是追求更高层次的享受。所以"住"是旅游活动的重要资源，直接影响到旅游活动的整体质量。

### 4.2.2　旅游饭店的发展历程

从历史角度来分析，旅游饭店的演进与旅游活动的发展有着密切的联系，可以对其进行 4 个阶段的划分：

#### 4.2.2.1　小客栈时期

古希腊时期，由于贸易、传教、朝圣等活动的发展，在必经之路或经常集散地出现了专门提供给过往商人和宗教信徒食宿的场所，他们在这种场所得到休息和食物补充，满足了外出生活的基本需要，这种场所被称为驿站。在我国，商朝时期也出现过官办的驿站。那时的客栈条件较差，规模较小，设施简陋，除满足投宿者的吃饭、睡觉等基本需求外，不提供其他服务，且具有商业性质。在 15 世纪中叶，英国的客栈有了较大的扩张，并配备了酒窖、食品室、厨房等餐饮设备，有些客栈已具备现代饭店的雏形，但这段时期主要以接待人数较少的商人或宗教信徒为主。

#### 4.2.2.2　大饭店时期

18 世纪末到 19 世纪末是住宿业发展的第二个时期，即大饭店时期。在此期间，欧洲各国及日本、美国相继完成产业革命，人们的生活方式随着工业化的进程发生了巨大的变化，人口的流动性也日渐增大，越来越多的人选择外出旅游，交通工具（如火车）的出现为人们旅行提供了便利，饭店的设施设备也不断得到改进，大的旅馆、饭店也应运而生。最具代表性的饭店是1829 年建成的波士顿的特里蒙特饭店和 1880 年开业的巴黎大饭店。这些大饭店规模宏大，建筑与装饰豪华，价格昂贵。饭店的使用者大多是贵族、官僚等上流人士，饭店还讲求礼仪，重视服务，并尽量满足客人的要求。这一时期的代表人物是瑞士人凯撒·里兹（Cesar Ritz），他提出了"客人永远不会错"的经营口号，至今仍是饭店服务的准则。

### 4.2.2.3　商业饭店时期

20 世纪初，随着经济的飞速发展和交通工具的革新，旅游活动在社会生活中的地位日益提高，住宿市场需求随之呈现出多样化发展趋势，简陋的客栈和豪华的大饭店均不能满足日益增多的旅游者需求，于是一种面向社会大众，价格适中、舒适方便的商务饭店应运而生，饭店设施及服务项目逐步走向规范化、标准化。

### 4.2.2.4　新型饭店时期

第二次世界大战以后，随着科学技术和社会经济的迅速发展，旅游业开始蓬勃发展，促使饭店业经营出现多元化、专业化、个性化，一些大规模的饭店集团开始向国外市场拓展，并将其管理模式、服务规程向国外推进，逐步在名称、标识、服务、管理上形成统一的饭店联号，最终日益形成更大规模跨国集团公司。例如，世界著名的希尔顿（Hilton）、洲际（IHG）、假日（Holiday lnn）、喜来登（Sheraton）、凯悦（Hyatt）、万豪（Mariott）、雅高（Accor）等饭店集团。饭店的类型也日益多样，如经济型饭店、度假饭店、汽车饭店、会议饭店等。饭店在功能和服务项目上，除了可提供住宿和餐饮外，还可提供商务、会议、度假、康乐等多种项目的综合性服务。

### 4.2.2.5　现代饭店时期

现代饭店时期主要是指 21 世纪以来这一历史时期，其主要特点是住宿业态的多元化。它以各种类型的"非标"住宿业态的发展为特征。特别是在互联网背景下，以共享经济为特征的旅游民宿成为越来越多旅游观光和度假客人（特别是年轻旅游者）的欢迎。民宿主要特点是价格实惠，且能深度接触和了解旅游目的地文化。

随着经济发展以及客人需求多样化的驱动，住宿产业的业态也日益多元化，迫使住宿业经营者在空间运营方面持续创新，从最核心的住宿及过夜市场延伸到了休闲、娱乐、社交等领域，"住宿+X"逐渐成为非标准住宿领域最具活力的一股创新力量，从而催生了电竞饭店、电影饭店、健身饭店、"剧本杀"饭店等"新物种"。

中国酒店行业发展历史

### 4.2.3　旅游饭店的种类和等级

饭店作为一种统称，其形式种类十分丰富，可以从不同角度对其进行分类。

根据接待对象可分为商务型饭店、度假型饭店、长住型饭店、会议型饭店等；

根据饭店的坐落地点进行分类：如城市饭店、度假地饭店、海滨饭店，等等；

根据饭店与交通设施或交通工具的关系进行分类：如铁路饭店、机场饭店、海港饭店、汽车饭店[1]；

根据客房数量可将饭店划分为600间客房以上的大型饭店、300至600间的中型饭店、300间以下的小型饭店；

根据经营方式可将饭店划分为独立经营饭店、集团经营饭店、联合经营饭店；

根据价格形式可将饭店划分为欧式计价饭店、美式计价饭店、修正美式计价饭店、欧陆式计价饭店、床位与早餐式计价饭店等；

根据饭店的档次或等级进行分类：如高档饭店、中档饭店、低档饭店、星级饭店。星级饭店作为饭店的等级划分具有权威性，世界各地普遍都对本国饭店实行分等评级以控制饭店产品的质量和保障旅游者权利。星级饭店的划分起源于法国，国际上饭店的等级一般划分为5个层次，以星号的多少作为标识，由低到高分别为一星级、二星级、三星级、四星级和五星级，代表着建筑物、装潢、设备、设施、服务项目、服务水平等，但在实际中，由于种种原因，世界各地对饭店等级的层次划分并不统一，有的地方划分为4个

---

[1] 汽车饭店：此处所称的汽车饭店并非设于公路沿线被称为"motel"的汽车旅馆，而是设于城市闹市区的"motor hotel"

等级，有的地方划分为 7 个等级。

根据国家标准《旅游饭店星级的划分与评定》（GB/T 14308—2010）饭店等级标准分为一星级到五星级 5 个标准。星级以镀金五角星为符号，用一颗五角星表示一星级，两颗五角星表示二星级，三颗五角星表示三星级，四颗五角星表示四星级，五颗五角星表示五星级，五颗白金五角星表示白金五星级。星级越高，表示旅游饭店的档次越高。

## 4.3 旅行社

旅行社是旅游业的主要构成部门之一。作为旅游中间商，其中介属性尤为显著。在国际旅游学术中，旅行社被认为是饭店和航空公司等旅游供应商的产品分销渠道。你知道中国第一家旅行社是什么吗？旅行社的分类和产品有哪些？接下来让我们一起来了解旅行社的历史和发展。

【导入案例】

### 立下宏愿　开创先河

20 世纪初，中国人还没有"旅游"的概念，更没有专业旅游服务机构。当时在中国提供相关服务的只有英国的托迈酷客和美国的运通公司等少数外商机构，他们服务的对象着重于外国人，中国旅客寥寥无几。

一位毕业于美国宾夕法尼亚州立大学的银行家，因在外资旅行代理机构购买船票时受到冷遇，暗自立下宏愿，创办一所完善的服务机构，他就是陈光甫。

1928 年 4 月 1 日，中国旅行社香港分社正式成立，地址设在香港皇后大道中 6 号。这便是中国旅游集团的前身。

中国旅行社成立后，提出"发扬国光、服务行旅、阐扬名胜、改进食宿、致力货运、推进文化，以服务大众为己任"的理念。中国旅行社的创立，开创了中国旅游业的先河。它从诞生之日起，就肩负起自强自立的历史重任。这既是中国旅游集团的初心，也是百年不变的责任与使命。

中国旅行社是中国第一家拿到旅游业执照的旅行社。它的前身上海银行总行首创并发行旅行支票，是对中国金融与旅游事业的一大贡献。其创办的《旅行杂志》是中国第一个旅行类杂志，对中国近现代旅游宣传起到重要作用。

（资料来源：浙江华夏国旅，中国最早的旅行社是哪一家？故事是这样的［EB/OL］.
搜狐网［2021-05-10］https：//www.sohu.com/a/309673424_156934）

### 4.3.1 旅行社的定义

世界旅游组织将旅行社定义为"零售代理机构向公众提供相关可能的旅行、居住和服务,包括服务酬金和条件的信息。旅行组织者或制作批发商或批发商在旅游需求提出前,以组织交通运输,预订不同的住宿和提供所有其他服务为旅行和旅居做准备"的行业机构。

在我国,2009年国务院颁布的《旅行社条例》对旅行社有具体定义。它是指从事招徕、组织、接待旅游者等活动,为旅游者提供相关的旅游服务,开展国内旅游业务、入境旅游业务或出境旅游业务的企业法人。《旅行社条例实施细则》对"招徕、组织、接待旅游者活动"及"提供相关的旅游服务"有详细解释:为旅游者安排交通、住宿、餐饮、观游活动设计和休闲度假等方面内容,以及为旅游者提供导游、领队、旅游咨询、旅游活动设计等方面的服务。因此,凡是经营上述旅游业务的营利性企业,不管其使用的具体名称是旅行社旅游公司、旅游咨询公司,还是在线旅游服务商或其他名称,皆为旅行社企业。

### 4.3.2 旅行社的分类

#### 4.3.2.1 国外旅行社的分类

在西方国家,旅行社根据其业务分为以下3类:

(1)旅游经营商

旅游经营商组织设计开发旅游产品并进行批发销售。旅游经营商有自己的零售网点,既可以通过旅游代理商出售旅游产品,也可以通过自己的零售网点直接将产品卖给旅游者。

(2)旅游批发商

旅游批发商组织开发推销旅游产品,它设计开发旅前产品,并通过零售业务的中间商建起成套的旅游产品销售出去。其旅游产品主要是旅游线路和各种服务项目的组合,旅游批发商均具有较强的销售能力,同时在销售过程中也要投入一定的费用。

(3)旅游代理商

旅游代理商是旅游零售商的代表,通过从旅游批发商或旅游经营商手中购买旅游产品,销售给旅游者。旅游代理商直接面对大众,具体招徕和组织游客。其业务包括提供旅游产品咨询意见、预订服务、宣传产品、征集反馈意见等。

#### 4.3.2.2　国内旅行社的分类

在我国，旅行社的分类经历了 4 个阶段：

第一阶段，1949 年至 20 世纪 80 年代中期，我国先后成立了中国国际旅行社、中国华侨旅行社、中国旅行社、中国青年旅行社四大旅行社。

第二阶段，20 世纪 80 年代中期至 1996 年年底。国务院于 1985 年颁布的《旅行社管理暂行条例》把我国的旅行社划分为一类旅行社、二类旅行社和三类旅行社三大类别。一类旅行社负责经营对外招待并接待外国人、华侨、港澳台同胞来中国、归国或回内地的旅游业务；二类旅行社不对外招待，只经营一类旅行社或其他涉外部组织的外国人、华侨、港澳台同胞来中国、归国或回内地的旅游业务；三类旅行社只经营中国公民在国内的旅游业务。

第三阶段，1996 年 10 月，国务院颁发的《旅行社管理条例》把我国旅行社分为国际旅行社和国内旅行社。国际旅行社的经营范围包括国内旅游业务、入境旅游业务、出境旅游业务，国内旅行社的经营范围仅限于国内旅游业务。

第四阶段，2009 年，国务院颁布的《旅行社条例》取消了沿用多年的旅行社分类，统一了从事国内旅游业务和入境业务的准入条件，规定取得旅行社业务经营许可证后，既可以经营国内旅游业务，也可以经营入境旅游业务。旅行社取得经营许可满两年，且未因侵害旅游者合法权益受到行政机关罚款以上处罚的，可以申请经营出境旅游业务。同时《旅行社条例》还将经营入境旅游业务所需的注册资本最低限额由 150 万元降至 30 万元，大大降低了入境旅游市场的准入门槛，《旅行社条例》的实施意味着凡是旅行社均可经营入境旅游业务，而且旅行社设分社将不再设置门槛。

### 4.3.3　旅行社的产品

从旅游者的角度来看，旅游产品是指旅游者花费了一定时间、金钱和精力所换取的一种旅游经历。这种经历包括旅游者从离开常住地到旅游结束归来的全过程，对所接触的事物、事件和所接受的服务的综合感受和体验。旅游者用货币所换取的更多的是一种体验。从旅游供给的角度来看，旅游产品包括整体旅游产品和单项旅游产品。整体旅游产品是指旅游目的地为旅游者提供的旅游供给的全部内容集合体。单项旅游产品指旅游企业借助一定的设施而向旅游者提供的项目服务。

### 4.3.3.1 旅行社产品构成

旅游产品是一种以无形服务为主要内容的特殊产品，由食、住、行、游、购、娱等要素构成的"组合产品"。各种要素的有机结合，构成了旅行社产品的重要内容：

食——旅游餐饮：旅行社为旅游者安排满意的餐饮服务，对旅行社产品的信誉和形象至关重要。

住——旅游住宿：一般来讲，住宿占旅游者旅游时间约 1/3。旅行社在销售产品时，必须注明下榻饭店的名称、地点、档次、提供的服务项目等。

行——旅游交通：旅游交通是否准时、安全、舒适，影响旅游者的体验，也影响旅行社产品的质量。

游——游览观光：旅游者出门旅行游览的最重要的目的就是游览观光。景点的质量、数量直接影响旅行社产品的质量。

购——旅游购物：旅游购物是旅游者旅游活动的一项重要活动。旅行社既要满足旅游者的购物要求，又要控制购物安排的次数。

娱——娱乐项目：娱乐项目是旅行社产品构成的基本要素，也是现代化旅游的主体。丰富多彩的娱乐内容和充实的旅游活动，才能广泛吸引各类旅游者。

### 4.3.3.2 常见旅行社销售方式

按照旅游方式分类，可以分为以下 3 种形式：

（1）团体旅游

按照国际上的行业惯例，团体旅游是人数超过 15 人的旅游团。根据我国旅游业中的惯例，团体的人数应为 10 人以上。团体旅游一般采取一次性预付旅费的方式，有组织地按预订行程计划进行的旅游形式。服务项目通常包括饭店客房、一日三餐、市内游览用车、导游服务、交通集散地的接送服务等。

（2）散客旅游

散客旅游通常指旅游者委托旅行社购买单项旅游产品或旅游线路产品中的部分项目。但事实上，某些旅游散客也委托旅行社专门为其制订一套全程旅游方案；对于旅行社具体的项目安排，须根据各个项目分别计算收费。所以，同样内容的散客旅游的费用比团体包价旅游高。

（3）定制旅行

我国旅游业已进入 3.0 时代，个性化定制游逐步进入大众视野，定制旅行与常规跟团游、自由行比较，因其具有小团化、私密性高、自主性强、服务灵活周到、专业、无隐性消费等特点而日益受到市场的青睐。传统跟团游通常是走马观花式地游览大众化景点，缺乏自主性，隐性消费多，靠增加服务项目和购物来补贴成本；完全自由行则自主性强、自由度高，但游客在旅行信息搜寻、价格比较、目的地决策等攻略方面耗时耗力，成本价格高，又缺少专业服务，通常存在应急不足、安全保障缺失、语言文化交流障碍等问题。定制旅行综合了跟团游和自由行的优点，又弥补了各自的不足；定制旅行可以让自由行更加自由、更有保障，可以满足个性化和碎片化的市场需求，前景越来越广阔。

目前定制旅行客户分为两大类，即个人客户和公司客户。个人客户的出游偏好为亲子、人文观光、摄影风光、游学定制等，公司客户的出游偏好为会议、团建奖励旅游定制等。

## 【知识窗】
### 定制旅行比例增加

随着大众旅游时代的到来以及游客旅行经验的逐渐丰富，选择自由行和自助游的人会越来越多，游客已不再是纯粹的消费者，他们会介入目的地选择及产品设计中去，但游客又不可能变成普遍意义上的生产者，仍需要旅行社的新型专业化服务，这就是定制旅行产生的主要原因。根据中国旅游研究院发布的《2019年国庆假期旅游大数据报告》显示，自驾游、家庭游、定制游、夜间游、赏秋游成为国庆假日旅游市场新亮点，出境旅游日趋理性，多措并举保障游客游憩品质。为增加旅途的获得感、幸福感，不少游客都选择个性化的旅游方式，私家团、当地向导、定制游等成为新"网红"。调查显示，45.06%的游客选择自由行，27.03%的游客选择私人定制旅行产品，游客尝试定制旅行产品需求明显，其中年轻一族占比较高。政府管理、企业创新和游客获得感齐头并进，定制旅行已经逐步从概念走向市场实践。

（资料来源：徐郅耘，龙睿. 定制旅行服务与技能，上海交通大学出版社，2020）

## 4.3.4 在线旅游接待业务

Online Travel Agency（OTA）是欧美国家对旅行社分类中提到的"在线商"，在我国OTA有很多称谓，如"在线旅游""在线旅游代理""在线旅游运营商"。我国旅游相关法律法规规定的旅行社分类标准将 OTA 译为"在线旅行社",同时能与目前发展火热的各类旅游互联网企业相区分。

2013 年颁布的《中华人民共和国旅游法》第四十八条规定:"通过网络经营旅行社业务的,应当依法取得旅行社业务经营许可,并在其网站主页的显著位置标明其业务经营许可证信息。"旅游网站是否属于在线旅行社的一个重要标志,也是是否允许其设置交易系统,接纳旅游者在网上"预订"或"购买"旅游产品的前提条件。依照《旅行社条例》对旅行社的定义,在线旅行社可以定义为:以互联网为核心,从事招徕、组织、接待旅游者等活动,为旅游者提供相关旅游或旅行服务的企业法人,其盈利模式主要来自旅游供应商的代理佣金和提供相关旅游和旅行服务的增值。因此,在线旅行社区别于其他旅游类网站的特征在于:在线旅行社应该具备"从事招徕、组织、接待旅游者等活动"的资格条件,即根据我国现行的法律法规,在线旅行社可以按照我国《旅行社条例》的相关规定进行经营资质的认定,可以开具旅行社发票,同时,在线旅行社应该具备"在线"经营的技术条件,可以进行旅游产品的在线查询、在线预订和在线交易(支付)活动。我国目前与网络相关的旅游运营商可以分类为在线旅游经营企业(携程旅行、同程旅行、途牛;航空公司、饭店和景点的直销网点等)与在线旅游服务商(去哪儿旅行、驴评网等)。

在线旅游经营企业,其主营业务是旅游产品,主要的营销关系模式为B2C("商对客"电子商务模式)。在线旅游经营企业包括在线旅行社和旅游供应商的直销网站,即为旅游者提供饭店、机票、景点门票和包价类旅游产品的查询、预订和交易服务。其中在线旅行社,具备《旅行社条例》所规定的旅行社业务经营资格、经营能力和经营条件,而其在线业务仅用于宣传、推广、招徕和预订环节,接下来的组接团业务环节(旅游产品的生产过程)都由其线下操作来完成。在线旅行社既包括以携程旅行为代表的网络旅游运营商,也包括传统旅行社自己建立的网络平台。

在线旅游服务商,即为旅游企业提供线上服务的经营主体,主营业务庞杂,旅游产品只是其中之一。主要的营销关系模式为B2B("企业对企业"电子商务模式)。在线旅游服务商为旅游企业宣传和发布旅游产品信息,提供网上的预约和交易平台,以向旅游企业收取佣金(以点击率来衡量)或广告费作为盈利方式,包括旅游垂直搜索网站和点评类网站等,不具备组织、接待等旅游活动及为旅游者提供相关旅游服务的营运实体。

全球主要 OTA 企业中,国际上呈现 Priceline、Trip Advisor、Expedia、携

程四强并立的局面，国内格局呈现"一超多强"，携程居于龙头地位，美团点评、同程艺龙、飞猪、马蜂窝、途牛等也是旅游者较为青睐的品牌。

世界十大在线旅游公司盘点

## 4.4 旅游交通

旅游交通是指旅游者利用某种手段和途径，实现从一个地点到达另一个地点的空间转移过程。它既是"抵达目的地的手段，同时也是在目的地内活动往来的手段"，从旅游活动开始到结束，始终起着重要的纽带作用。随着科学技术的迅速发展，游客出行方式也愈加方便快捷。旅游交通形式多种多样，各类旅游交通方式也存在不同的优势、劣势，游客可根据游程安排和自身偏好进行选择。

【导入案例】

### "交通+旅游"如何玩出新花样？

近年来，"交通+旅游"热度居高不下。随着游客需求的变化，旅游业发展的方式也产生了巨大的转变，在这个过程中，游客对旅游业的认识也悄然发生了新的变化。其中之一就是，旅游吸引物不再局限于旅游景区点，而是拓展到更宽的领域，同时激发游客出游的原因也不仅仅是"游"，而是包括了食、住、行、游、购、娱的各个环节。

同样，"交通"在旅游要素中的地位也发生了显著的变化。旅游公路是兼具交通与旅游双重功能的公路，是绿色公路建设的重要内容，旅游与交通融合，实现双赢，是旅游产业发展的大势所趋。那么旅游交通产品如何创新发展呢？

**促进铁路旅游产品转型升级**。积极发展遗产铁路旅游线路、精品铁路旅游线路等铁路旅游产品。针对市场需求增开旅游列车、旅馆列车等特色旅游专列。鼓励景区结合铁路遗存、自然景观等，设置旅游体验或短途观光线路。支持开发适合旅游特点的特种观光列车等装备，让游客享受到"快进慢游"便利，形成交通带动旅游、旅游促进交通的良性互动格局。

**打造精品公路旅游产品**。开展旅游公路示范工程建设，通过精心设计、完善交通安全设施、合理增加服务设施、共享多元信息服务，打造公路旅游精品路线，激发和释放旅游消费新需求，服务群众旅游休闲的多样化需要。按照景观优美、体验性强、带动性大等要求，结合旅游景区景点、旅游风景道等建设，路线和线位选择应展现旅游公路的旅游价值。保护自然环境，并通过设置支线等方式与沿线旅游资源相衔接，实现与大型旅游景区、旅游度假区、红色旅游区、扶贫重点村的公路联通。线形设置应根据旅游公路特点，宜直则直、宜弯则弯，在条件具备的路段适当增加车道、增设港湾式停车带等，结合地域环境特点和需求，合理设置自行车道、步道等慢行系统，提升综合服务水平。推广精品旅游公路自驾游线路，引导自驾车、房车旅游发展，培育自驾游和营地连锁品牌企业。

**开发水上旅游产品。** 支持发展邮轮、游艇等水上旅游产品。鼓励支持航运企业根据市场需求拓展国际国内邮轮航线，打造邮轮港口至城市一体化旅游线路。支持长江干线、珠江干线及滨湖地区等有条件通航水域，有序发展内河游轮旅游，增加游轮旅游航线，加强水上旅游线路及水上旅游公共服务设施建设。同时充分利用本土文化、旅游景区特色，融汇历史文化遗产资源与水乡风土人情，开发文化 IP、创排实景演出、打造沉浸式体验，将图书馆等文化项目引到邮轮上，丰富水上旅游产品与服务供给，给水上旅游注入文化魂，让游客的体验升级。

**发展低空飞行旅游产品。** 支持开发低空旅游线路，鼓励开发空中游览、航空体验、航空运动等航空旅游产品。积极开展通用航空旅游试点，鼓励重点旅游城市及符合条件的旅游区开辟低空旅游航线。推动通用机场建设，建设低空旅游产业园、通航旅游小镇与飞行营地。支持低空旅游通用航空装备自主研制，打造低空飞行旅游装备及配套的专业化生产和产业化应用基地。要依托相关景观开发相关产品，以城市为核心的低空旅游地开发城市观光、主题乐园、主题会展等产品；以景区为核心的低空旅游地开发以景区观光、低空娱乐体验为核心的低空旅游产品。形成具有地域特色和震撼体验的产品是吸引旅客的关键。

**挖掘交通文化旅游产品。** 加强对具有历史文化、精神价值等意义的铁路、公路等交通遗产资源的保护开发研究，鼓励挖掘具有重要历史文化价值的交通遗迹遗存，做好资源保护与开发，完善旅游线路与展示平台。结合具有地域特色和历史文化价值的旅游线路和交通工具，打造交通旅游产品。鼓励富有观赏价值的大型桥梁等交通基础设施在设计新建时增加停车、观景、卫生等服务设施，已建成的可结合大修、改（扩）建增加观景服务等功能。

（资料来源：江南规划设计."交通+旅游"如何玩出新花样？[EB/OL].
2022-03-20. 搜狐网. http://news.sohu.com/a/511027801_ 121124745）

思考：旅游交通的发展新趋势有哪些？

### 4.4.1　旅游交通的概述

国际上旅游业中的交通部门一般表述为"交通运输"（transportation）或"客运交通"（passenger transportation），我国业界和学术界则习惯称作"旅游交通"。随着交通技术的进步，如今的旅游交通覆盖水、陆、空三大领域，包括汽车、飞机、火车、轮船等交通工具。这些旅行方式之间相互补充，相互配合，发挥各自优势，克服各自缺陷，为旅游者的旅游活动提供便利的代步条件。

旅游的发展与交通运输的发展是相互联系的，如今大众旅游的兴起很大程度上依赖于高速发展的交通技术，尤其是远程旅游。从需求方面看，交通运输是旅游者进行旅游活动的先决技术条件，因为外出旅行的第一步便是如何从出发地去往目的地。同时，发达的旅游交通能够缩短旅游时间、节省旅游费用、扩大旅游者的游览空间范围等，直接影响旅游者活动的规模、形式和内容。从供给方面看，旅游交通是旅游目的地旅游业的命脉，因为旅游业的发展最基础的便是依赖于充足的客源，交通运输能够保证足够的可进入性，同时，交通运输业也是旅游创收的重要来源。旅游者完成一次旅游活动的花费中，交通费是必不可少的，尤其在长途旅游活动中，交通费用占总花费比例更高，成为目的地旅游收入的稳定来源。根据国家文化和旅游部和统计局近些年的抽样调查，我国城镇居民国内旅游的人均消费结构中，城市间交通费和市内交通费两者合计所占的比重通常为30%左右。

### 4.4.2　旅游交通的分类

#### 4.4.2.1　航空旅游交通

飞机是航空旅游的交通工具。随着技术的推进和航空公司竞争带来的机票价格的下降，飞机出行现已成为旅游者远程外出的首选。其具有快速高效、可跨越地面自然阻碍、耗时短、舒适等优点，同时也有费用较高、能耗大、运量相对较小、受气候条件影响大等缺点。

航空客运业务主要分为定期航班服务和包机服务。定期航班服务指航空公司在既定的运营路线上，按照所公布的航班时刻表提供客运服务，届时无论乘客多少，飞机都必须按照规定时间启程（特殊情况除外），因此特别吸引注重效率、追求服务可靠的商务旅游者。航空公司为提高航班的载客率，一般采取提前预付款旅行机票和当场付款旅行机票，前者是面向按规定提前一定时间预订并付款的乘客提供的一种减价机票，乘客购票后不得进行更改；后者则是一种当航班即将到期时，或者在航班起飞前某一特定时间内，所推出的临时减价机票。包机服务是一种不定期的航空包乘服务业务，随着 20 世纪 60 年代大众旅游的兴起，旅游包机业务有了很大发展，很多国家的旅游经营商在组织包价旅游，特别是国际包价旅游时，都使用包机作为主要的旅行方式。与定期航班服务相比，旅游包机服务具有价格较为低廉、时间比较自由等优点，可以按照旅行社的要求定时间、定航线。

### 4.4.2.2 陆路旅游交通

陆路旅游交通包括公路交通和铁路交通。自驾车、搭乘公共汽车、乘坐旅游大客包车等汽车旅行方式是公路旅游交通的主体，并因私家车的普及，公路建设和高速公路网的发展以及汽车旅行自由、便捷、灵活、随时停留的特点而成为旅游者短程外出的首选。

欧美国家私家车普及率相当高，为了适应这一市场需求，旅行社等组织机构为自驾旅行开办相关业务，包括组织并推出以自驾车方式开展的包价旅游，发展汽车租赁业务，在高速公路沿线兴办汽车旅馆、餐馆设施等。我国居民私家车的拥有量随着经济社会的发展也在不断攀升。但是随着自驾旅游活动规模的扩大，旅游接待地交通拥挤和环境污染等问题的出现，因此通常接待区要求自驾车来访者将车辆停放在一定距离之外的指定地点，然后换乘公共代步工具进入。在公共客运方面，大客车节能效率是小汽车的三倍，因此价格相对低廉，并且可以免除游客在出行过程中行李安排以及转车换乘等问题，是受老龄旅游市场和消费层次相对较低的青年学生市场青睐的出游方式。汽车旅行方式也有较明显的局限性，如运输量小、速度慢、运费高、人均能耗大，以及自驾车旅行安全性较差等。

铁路旅游交通方式具有运力大、费用低廉、安全系数高、污染小、车内可自由活动、没有交通堵塞等优点。在世界旅游发展史上，火车曾经是人们外出旅行的主要交通工具，自 20 世纪 50 年代开始，随着航空、高速公路以及汽车的发展，人们外出旅游时，短程多选择汽车，远程多选择飞机，铁路运输的地位不断下降，在客运市场所占的份额也越来越少。因此，自 20 世纪 80 年代开始，很多国家的铁路公司都采取一些应对措施，开始推出新的服务项目，改进铁路运输技术，改善设施设备等，尤其是高速铁路的建设和高速列车的研制。在我国，铁路交通运输一直居于交通客运市场的主要地位，并随着近几年高铁的迅猛发展而备受青睐。

### 4.4.2.3 水路旅游交通

水路旅游交通主要包括远洋定期班轮、海上短程渡轮和内河客运，具有运载力大、能耗小、舒适等优点，同时也有行驶速度慢，受季节、气候、水深、风浪等自然因素影响大，准时性、连续性、灵活性相对较差等缺点。

与铁路境况相同的是，20 世纪 50 年代后逐渐被高速、高效的汽车和飞机所取代，如今班轮、渡轮航运已演变为游轮旅游，内河航运也演变为游船旅游，一定程度上可以说是一种旅游项目，因此，现代的水路旅游交通具有悠闲、舒适的特点。邮轮被称作"漂浮的度假村"或"漂浮的旅馆"，在平稳的行驶中，游客既可以观光游览，也可以回船休息，并提供多种多样的高端消遣娱乐设施。就世界范围来看，加勒比海海域、地中海海域和东南亚海域是游轮旅游的热门地区，我国近年来豪华游轮业也呈现快速发展的趋势。

### 4.4.2.4 特种旅游交通

特种旅游交通是指上述常用的旅游交通方式以外，为了满足旅游者的特殊要求而产生的交通运输方式。例如，竹筏、自行车、索道、马车、驼车、轿子、人力车等。特种旅游交通是发展特种旅游的必要条件之一，这是满足特殊旅游者去往特殊旅游目的地空间移动的必要手段。现在特种旅游交通种类越来越多，这些交通方式具有生态、环保、地形适应性强等多种优点，受到了很多游客的喜爱。

## 4.5 旅游景区

旅游景区是旅游业的重要组成部分，是旅游者产生旅游动机的直接因素，是每个国家或地区旅游业赖以存在和发展的最基本条件。什么是旅游景区？旅游景区如何分类？下面一起来了解一下旅游景区的相关知识。

### 【导入案例】

#### 当旅游成为生活方式，景区如何高质量发展？

文化和旅游部发布统计公报，截至 2020 年年底，全国共有 A 级旅游景区 13332 个，比 2019 年末增加 930 个，其中 5A 级旅游景区 302 个，增加 22 个。2020 年全年国内旅游人数 28.79 亿人次，同比下降 52.1%，国内旅游收入 2.23 万亿元，同比下降 61.1%。

新冠疫情给旅游业带来了前所未有的冲击和挑战，旅游业在统筹推进疫情防控和复工复产中取得积极成效，2020 年游客满意度稳中有升，旅游服务质量超预期增长。中国旅游研究院预测，2021 年旅游经济将从全面复苏走向高质量发展，全年发展预期相对乐观。

旅游业的高质量发展指的是什么？中央财经大学文化经济研究院院长、文化和旅游部"十四五"规划专家委员会委员魏鹏举认为，这体现在"投入的高水平"和"产出的高效益"两个维度。进入"十四五"，旅游业也将进行进一步的转型升级，旅游将成为一种生活方式，旅游景区正面临如何实现高质量发展的问题。

### 景区 3.0，构建异地生活方式

文化和旅游部发布的《"十四五"文化和旅游发展规划》明确提出"以推动文化和旅游高质量发展为主题"。在"十四五"开局之年，从大的框架来看，新的阶段、理念、格局都可以应用到文化和旅游领域。

北京大学城市与环境学院旅游研究与规划中心主任、文化和旅游部"十四五"规划专家委员会委员吴必虎认为，新阶段是指文化和旅游融合发展，新理念则是休闲旅游。新格局也正在浮现，家和目的地之间的界限愈发模糊，会出现一批家庭度假、工作度假、度假工作的场所。景区要去房地产化、去门票经济，同时要大力做增量，植入更多内容。

"在疫情之前，行业已经呈现出'宏观报喜，微观报忧'的现象。"中国旅游研究院院长戴斌在《高质量发展是旅游业振兴的主基调》一文中指出，旅游消费的繁荣和旅游市场快速增长的同时，多数旅行服务商、旅游景区和旅游住宿业却长期处于微利甚至亏损运营的状态。在他看来，传统的资源驱动型发展模式导致旅游发展动能长期得不到更新。"人山人海吃红利，圈山圈水收门票"的模式，在过去很长时间内都是行之有效的。然而，在需求散客化、个性化的时代，这种资源依赖的模式已经无法继续引领行业发展，也阻碍了产业发展动能和企业研发机制的更新。后疫情时代的旅游业不是简单地回到过去，而是要反思、改变传统的旅游发展模式。

此外，戴斌认为，外来游客和本地居民消费市场的二元分割限制了旅游业的发展空间。自助游的散客，而非团队游客，才是当今旅游市场的主流。在平均每年 60 多亿人次的国内旅游市场中，旅行社接待的团队游客占国内旅游市场的份额只有不到 4%。今天的游客已经从狭义的景区走向广泛目的地居民的日常生活空间，外地游客旅游和本地居民休闲已经融为一体，并为旅游业带来更大的市场空间。

"旅游景区发展经历了1.0时代的观光旅游、2.0时代的全域旅游，再到如今3.0时代的异地生活方式的构建，政府部门和景区要在产品供给、行业管理、营销等方面多下功夫。"吴必虎说。

### 科技和文化是主要动能

"未来旅游目的地的竞争是地方经济社会发展水平和综合实力的竞争，而不再是传统的自然资源和历史遗存的竞争。"戴斌认为。

科技创新将进一步带动旅游业的升级。据统计，2019年景区门票线上渗透率只有18.3%，经过一年多的加速推进，现在景区门票的线上渗透率有30%。景区的智慧化建设有了实质性的突破，成为景区利用大数据真正提升经营水平的渠道。美团文旅政企合作中心总经理路梦西认为，新现象和新需求催生了新手段，如智能化的终端设计和内部数字管理系统等。疫情防控期间，很多游客养成了在网上观看云展览或者通过直播去打卡景区的习惯，在市场恢复正常后有些线上的消费习惯仍然得以保留，这也推动了旅游企业线上服务能力的增强。

文化和旅游的融合已经在很多景区产生良好的效果。景德镇古窑民俗博览区创建国家5A级旅游景区，其办公室主任周荣林介绍，古窑民俗博览区走文旅融合之路，成功创建5A景区，实现了文化遗产保护传承和旅游产业发展的双丰收。从2009年开始，古窑景区按计划复建复烧了宋代龙窑、元代馒头窑、明代葫芦窑等古窑，复活传统手工制瓷技艺，11座典型瓷窑成为文化旅游景观，在吸引游客的同时以生产性方式有效保护并传承了国家级非物质文化遗产。

戴斌认为，科技与文化正在取代传统资源，成为旅游业发展的主要动能。智慧旅游不是政绩工程，要在便捷、效率和品质方面让游客可知可感。文化和旅游的融合发展才刚刚破题，要实现真正深入的融合，道路还很漫长。

### IP 的提炼和运营

现阶段我国景区发展存在的突出问题之一是不恰当的商业化——很多景区只顾模仿已有的成功案例，不合适的项目也盲目上马，出现各类雷同的"山寨"古镇等低品质景区。此外，还有一些景区缺乏创意、无人问津，特别是一些传统的山岳、湖泊型景区，管理体制和机制僵化，市场活力不足。

在文旅融合的大背景下，挖掘特色、提炼IP是景区发展的一个方向。中国版权保护中心版权代理部副主任陈雨佳认为，景区不仅仅是一个打卡观光的地方，游客会更看重景区的内容消费产品。要把景区的核心内容提炼出来，通过创作设计形成演艺、文创、建筑等不同类型的作品，通过有效运营形成文旅产品。可以采取地方政府与企业合作的共同开发模式；也可以自我运营孵化文旅IP形象；还可以依托创意工作室、机构进行设计创作，与既有的一些文化元素做跨界授权融合，如与游戏、出版物、影视剧进行联名授权合作。

"不只景区有IP，度假区也要形成IP。"中国旅游协会地学旅游分会副会长潘肖澎表示。与短时的观光不同，度假的时间一般大于两天，过夜游能带来更大的经济效益。度假区要增加游客的停留天数、增加人均消费，产业链就需要全面提升，需要个性化发展。

江苏省金坛茅山旅游度假区管委会副主任杨国忠介绍，茅山旅游度假区依托茅山的道文化，突出"道养"IP，培育了八重道养产品体系，围绕"食、住、行、游、购、娱"六要素，开发了茅山肴、茅山居、茅山趣等产品，引导企业不断进行产品升级，实现差异化发展。在营销方面，则是政府和企业共同发力，度假区与主要景区沟通，帮助企业一起做好目的地营销工作。

（资料来源：吴丽蓉，当旅游成为生活方式 景区如何高质量发展？工人日报．[EB/OL]．中国青年网网．2022-06-10. https://baijiahao.baidu.com/s?id=1704947162819800599&wfr=spider&for=pc）

### 4.5.1　旅游景区的概念

旅游景区（tourist attraction），也称旅游地、旅游目的地，其概念内涵较为广泛，一般是指具有若干共性特征的旅游吸引物交通网络及旅游服务设施组成的地域单位。从广义上讲，任何一个可供旅游者或来访游客参观游览或开展其他休闲活动的场所都可以称为旅游景区（点）。例如，我国杭州的西湖风景区、四川卧龙自然保护区、上海迪士尼游乐园等。

根据2003年10月国家质量技术监督检验检疫总局发布的《旅游区（点）质量等级的划分与评定》（修订）（GB/T 17775—2003）（以下简称国标），其中将"旅游景区"定义为：旅游景区（点）是以旅游及其相关活动为主要功能或主要功能之一的空间或地域。该国标中"旅游景区"是指具有参观游览、休闲度假、康乐健身等功能，具备相应旅游服务设施并提供相应旅游服务的独立管理区。该管理区应有统一的经营管理机构和明确的地域范围，包括风景区、寺庙观堂、旅游度假区、自然保护区、主题公园、森林公园、地质公园、游乐园、动物园、植物园及工业、农业、经贸、科教、军事、体育、文化艺术等各类旅游景区。

### 4.5.2 旅游景区的类型

#### 4.5.2.1 按照其所依赖的吸引因素的形成原因分类

按照景区所依赖的吸引因素的形成原因可划分自然旅游景区和人文旅游景区。前者的吸引因素是自然环境特色；后者的吸引因素为人类文化活动或现代人造景观。

#### 4.5.2.2 按设立的性质分类

按照这种方法，可把旅游景区划分为纯商业性的旅游景区和公益性的旅游景区。前者指投资者完全出于营利目的而建造或设立的旅游景区，后者指政府部门和社会团体出于社会公益目的而建造或设立的旅游景区。

#### 4.5.2.3 按照其功能分类

按照其功能可划分为观光型旅游景区、度假型旅游景区、娱乐型旅游景区和活动型旅游景区。观光型旅游景区是以满足旅游者观光游览的旅游需求而开发的景区；度假型旅游景区是以满足旅游者休闲度假的旅游需求而开发的景区；娱乐型旅游景区是以满足旅游者康体健身、消遣娱乐的旅游需求而开发的旅游景区；活动型旅游景区是以满足旅游者体验和参与性活动的旅游需求而开发的景区。

广州长隆旅游度假区

#### 4.5.2.4 按照其客源市场分类

按照其客源市场可划分为国际性旅游景区、全国性旅游景区和地区性旅游景区。国际性旅游景区是指以吸引国外旅游者为主的景区；全国性旅游景点是指以吸引全国范围内的旅游者的景区；地区性旅游景区是主要为一定地域范围内的旅游者服务的景区。

#### 4.5.2.5 按照其内容和表现形式分类

按照其内容和表现形式可划分为古代遗迹、历史建筑、博物馆、早期产业旧址、公园花园、主题公园、野生动物园区、美术馆等。

### 4.5.3　旅游景区（点）质量等级评定与划分

国家标准将旅游景区（点）质量等级划分为五级，从高到低依次为 AAAAA、AAAA、AAA、AA、A 级旅游景区。旅游景区质量等级的标牌、证书由全国旅游景区质量等级评定机构统一规定。

#### 4.5.3.1　旅游区（点）质量等级的划分依据与方法

根据旅游区（点）质量等级的划分条件确定旅游区（点）质量等级，按照"服务质量与环境质量评分细则""景观质量评分细则"评价得分，并结合"游客意见评分细则"的得分总和进行。对于初步评定的 AAAAA、AAAA、AAA 级旅游景区（点）采取分级公示、征求社会意见的方法，然后确定旅游景区（点）质量等级。按照《旅游景区质量等级管理办法》进行评审，其标志、标牌、证书由国家旅游行政主管部门统一规定，由全国旅游景区质量等级评定委员会负责评审。

#### 4.5.3.2　旅游区（点）质量等级划分条件

根据国家标准《旅游区（点）质量等级的划分与评定》，按照旅游区（点）旅游交通、游览旅游安全、卫生、通信、旅游购物、综合管理、年旅游人数、旅游资源与环境保护、旅游资源吸引力、市场吸引力、年接待游客人数、游客抽样调查满意率等条件，将旅游区（点）质量等级划分为五级。

（1）AAAAA 级旅游区（点）

旅游交通、游览、旅游安全、卫生、邮电服务、旅游购物、综合管理、资源和环境保护极好，旅游资源吸引力、市场吸引力极强，具有世界影响，年接待海内外旅游者 60 万人次以上，其中海外旅游者 5 万人次以上。游客抽样调查满意率很高。截至 2022 年 7 月 15 日，文化和旅游部共确定了 318 个国家 5A 级景区。

（2）AAAA 级旅游区（点）

旅游交通、游览、旅游安全、卫生、邮电服务、旅游购物、综合管理、资源和环境保护良好，旅游资源吸引力、市场吸引力很强，具有全国影响，年接待海内外旅游者 50 万人次，其中海外旅游者 3 万人次以上。游客抽样调查满意率高。

（3）AAA 级旅游区（点）

旅游交通、游览、旅游安全、卫生、邮电服务、旅游购物、综合管理、资源和环境保护较好，旅游资源吸引力、市场吸引力较强，具有全省影响，年接待海内外旅游者 30 万人次以上。游客抽样调查满意率较高。

（4）AA 级旅游区（点）

旅游交通、游览、旅游安全、卫生、邮电服务、旅游购物、综合管理、资源和环境保护一般，旅游资源吸引力、市场吸引力一般，具有地区影响，年接待海内外旅游者 10 万人次以上。游客抽样调查满意率较高。

（5）A 级旅游区（点）

旅游交通游览、旅游安全、卫生、邮电服务、旅游购物、综合管理、资源和环境保护基本满足要求，旅游资源吸引力、市场吸引力较小，具有地区影响，年接待海内外旅游者 3 万人次以上。游客抽样调查满意率基本满意。

2022 年文旅部最新国家 5A 级景区名单

### 4.5.4　旅游景区的作用

作为吸引和满足人们进行旅游活动的旅游景区，在现代旅游业的发展中具有十分重要的地位，发挥着突出的作用。

旅游景区是构成旅游产品的核心。从旅游产品的构成情况看，旅游景区既是构成旅游产品的核心要素，又是激发人们旅游动机、吸引旅游者的决定性因素。因此，没有旅游景区就没有旅游产品，也就没有现代旅游业的发展。

旅游景区是形成旅游目的地的基础。旅游目的地是由一定的旅游景区和相关旅游设施及旅游服务组合或集中的地域，简称旅游地。它可以是一个接待国家，也可以是某一个地区，是一种综合性的旅游产品，在一定程度上反映了旅游产品供给的规模和水平。从旅游目的地产生和发展历史来看，成功的旅游目的地都是从单一旅游景区发展而来的。因此，旅游目的地的形成必须以旅游景区为基础。

近年来，随着国家对旅游资源的重视与保护，借助传统优势旅游资源，拓展社会景区资源，旅游景区得到长足发展，提升了中国旅游目的地形象，带动了城乡一体化发展。旅游景区也确立了独立的产业地位，成为支撑旅游业发展的中坚力量，在旅游扶贫政策的推动下，全国也涌现出许多特色景区。

随着现代旅游活动加速转向多样性和参与性，旅游活动也从传统的观光旅游扩大到休闲旅游、红色旅游、乡村旅游、研学旅游、工业旅游、科技旅游、体育旅游等。随着近些年人们旅游消费观念、需求的变化以及科学技术的不断发展更新，旅游景区的智能化、科技化元素将越来越明显，智慧旅游景区将会发挥更广泛的作用。

## 【应用实例】

### 魅力哈尔滨

黑龙江省哈尔滨市自开埠之初就形成了中西合璧、兼容并蓄的文化特质，曾被胡适先生称为"中西文化交界点"。以中央大街为代表的历史文化街区，荟萃了巴洛克、拜占庭等一批欧洲各大流派风格建筑，被誉为"万国建筑博物馆"。

哈尔滨是中外游客避暑度假的热门目的地之一，夏季平均气温保持在18~22℃之间，城市周边森林覆盖率达43%，是"天然氧吧"，拥有大面积城市湿地。2018年，哈尔滨市被国际湿地公约组织授予全球首批"国际湿地城市"称号。

欣赏美景的同时更要品味城市文化。一到夏季，哈尔滨一系列丰富多彩的文化旅游时尚活动点燃了城市的激情，焕发出新的活力。2022年7月8日，以"山水田园 畅游通河"为主题的第十七届铧子山登山节在国家4A级旅游景区铧子山森林公园开幕。来铧子山登山节，不仅能感受到登山远眺的豪情万丈，还能在"美食集市"、农特产品展销、专场文艺演出、骑行活动、旅游风光摄影展等活动中收获充实与快乐，更能吃到通河大榛子、清河蓝莓、通河"大众冰糕"、百加得冰淇淋等地方特色美食。7月9日，哈经开区、平房区啤酒嘉年华暨市民音乐嘉年华系列活动也拉开帷幕，持续至7月31日。此届啤酒嘉年华汇聚啤酒、美食、音乐3种元素，打造全新平台，繁荣夜间经济，创新沉浸式旅游体验，以"吃、喝、玩、乐"为切入点，打造主题IP，为消费者提供全新的沉浸式文化娱乐餐饮体验，为哈尔滨打造"冰雪文化之都"提供动力。8月，盛大的哈尔滨啤酒节也在太阳岛举办，游客和市民可伴着新鲜的哈尔滨啤酒和特色美食，享受狂欢仲夏夜。

近年来，哈尔滨市委、市政府全力打造"迷人的哈尔滨之夏"文化旅游时尚活动品牌，通过丁香节、湿地节、啤酒节、哈夏音乐会贯穿整个夏季，将哈尔滨打造成为"夏日胜地"。

2022年，哈尔滨持续深耕城市特色文旅资源，深入谋划推广营销策略，将资源优势转化为竞争优势，积极开展全方位多角度多维度宣传推广活动，紧紧依托城市自然生态、人文优势以及独特的欧陆风情和城市文化，以"冰城夏都"品牌宣传为核心，构建全新旅游推广营销体系，积极打造"冰城夏都"城市形象，突出"冰雪、避暑"两大核心产品，拓展客源市场，打好营销推广"组合拳"，扩大哈尔滨知名度和影响力，促进哈尔滨市文化旅游市场繁荣发展，加快建设世界冰雪文化旅游名城。

(资料来源：朱雪天，中国旅游报［EB/OL］，中华人民共和国文化和旅游部网，2022-08-10，https：//www.mct.gov.cn/whzx/qgwhxxlb/hlj/202207/t20220721_934826.htm)

思考：1. 结合材料，谈谈哈尔滨的旅游资源有哪些？旅游景区可以如何分类？

2. 哈尔滨的旅游政策对城市旅游产生了哪些积极作用？

3. 如果你是旅行社的从业人员，可以从哪些方面来突出哈尔滨旅游产品的特色？

## 【本章小结】

本章首先介绍了旅游业的基本概念、构成以及性质和特点，其次分别阐述了"三大支柱"行业，从旅游饭店的发展历程、种类和等级，旅行社概念的分类、产品，以及旅游交通的分类等层面进行了分析。此外，本章还介绍了旅游景区，从旅游景区的概念、类型及质量等级评定与划分进行了相关知识的解读。

## 【复习思考题】

1. 什么是旅游业？旅游业的构成包括哪些？
2. 旅游饭店的分类方式有哪些？
3. 常见的旅行社销售方式有哪些？
4. 请你谈一谈不同旅游交通方式的优缺点。
5. 请你介绍一下家乡的5A级景区，该景区的特色有哪些？

## 【参考文献】

王大悟，魏小安，2000. 新编旅游经济学［M］. 上海：上海人民出版社.

李天元，2014. 旅游学概论［M］. 7 版. 天津：南开大学出版社.

程道品，夏正超，2018. 旅游学概论［M］. 4 版. 大连：东北财经大学出版社.

马勇，2018. 休闲产业概论［M］. 武汉：华中科技大学出版社.

王昆欣，2021. 旅游概论［M］. 北京：高等教育出版社.

## 【课后阅读】

### 四川：文旅融合加速跑 颜值内涵双提升

四川，古老又青春，它是历史悠久、水土丰饶的天府之国，也是古蜀文明的发源地，更是游客心中的美食与休闲文化高地。与游客不同，生活在这里的人，除了感到舒适安逸，还能清晰地触摸时代发展的脉搏。十年间，四川经济快速发展，文旅融合加速推进，人民幸福感显著改善，"川字号"文化名片享誉海内外。回首十年，四川文化旅游颜值内涵双提升，高质量发展的印迹定格在时光的长河里，熠熠生辉。

**古老遗产焕发生机　文化形象广泛传播**

2022 年仲夏时节，习近平总书记到四川考察时走进眉山三苏祠，留下殷殷嘱托："中华民族有着五千多年的文明史，我们要敬仰中华优秀传统文化，坚定文化自信。"

人人传承文化，锦城荟萃百花。曾参与多届中国成都国际非物质文化遗产节筹备工作的金沙遗址博物馆宣传交流部主任秦晴仍清晰记得那段时光：2013 年 6 月 15 日，以"人人都是文化传承人"为主题的第四届中国成都国际非物质文化遗产节在四川成都举行。为期 9 天的国际盛会赢得与会国内外嘉宾一致称赞，吸引了 380 多万名游客市民参与其中。活动现场，时任联合国教科文组织总干事伊琳娜·博科娃动情地说："此次国际非遗节的意义非比寻常，我们应借此机会联合起来，共同为中国乃至世界非物质文化遗产探索更具包容性、可持续性的保护和发展。"

每两年一届的中国成都国际非物质文化遗产节极大地提升了四川的国际地位和影响力，彰显了四川美丽、繁荣、和谐的新形象。时光流转，四川非遗传承发展的形态和方式也在悄然发生变化，努力在当代焕发新生活力。2022 年，秦晴和朋友仍深度参与其中，但这一次是作为买家，守在直播间下单。数据显示，自 2020 年起连续举办的 3 届四川非遗购物节，共吸引线上超 3 亿人次参与，实现销售收入 6.37 亿元。

作为知名文博游目的地，暑期的三星堆迎来"巅峰时刻"。沉睡三千年，一醒惊天下。1986年三星堆遗址1号、2号两个祭祀坑被发现。在时隔34年后的2020年，"再醒更惊天下"，三星堆遗址出土文物数量、种类之多、形体之大、造型之奇、文化内涵之丰富，举世罕见。根植于中国大地、产生于古蜀的三星堆文化吸引着全世界的目光，"中国声音""四川故事"在海内外广泛传播。

穿越千年，文物开启了四川与历史的对话。2017年1月5日，江口沉银遗址开启发掘，数以万计的金银器浮现出世，震惊世人。这一重大发现入选"2017年度全国十大考古新发现"。弦歌不辍，薪火相传。连年来，罗家坝遗址、城坝遗址、皮洛旧石器时代遗址、宝墩遗址考古发掘相继取得新成果，四川精心守护着这些历史长河里的璀璨珍宝，向子孙后代讲述源远流长的四川故事。

### 青春四川活力无限　巴山蜀水秀美安澜

巴蜀大地，守持着厚重底蕴，却难掩飞扬的青春。2020年底，"甜野男孩"丁真凭借一条视频走红，带火了家乡四川甘孜藏族自治州理塘县的旅游，让曾经的贫困县变成游客向往的"天空之城"。随后，包括甘孜藏族自治州文化广播电视和旅游局局长刘洪在内的数十名四川省市县文旅局长纷纷当起了文化旅游推介官。一时间，四川文旅大热，成为旅游界的热门话题。

大熊猫、都江堰、九寨沟、峨眉山……一张张靓丽的四川文旅名片洋溢着青春的活力，组成了旅游者心中的"梦幻天团"。到阆中古城体验春节文化，去北川羌城旅游区感受羌族风情……各类多元融合的传统文化体验写满了游客的旅行计划。"宝藏四川"到底还有多少惊喜？2019年，四川启动文化和旅游资源普查工作，摸清了文旅家底：数据显示，四川文化资源达305.74万处，旅游资源达24.57万处，其中五级旅游资源超1800处。

如何最大限度发挥资源效用，充分激发四川文化旅游的活力、供给力和吸引力？四川开创了文化旅游经济发展的新模式——评选"天府旅游名县"。从2019年开始，在"天府旅游名县"金字招牌的带动下，四川21个市（州）、116个县（市、区）纷纷行动起来。各地陆续出台了大力发展文化和旅游经济的规划、政策和措施，不少地方还鲜明地提出了"文旅强市""文旅兴县"等战略。一时间，四川各地旅游全面升级，巴蜀文化的影响力日益扩大。3年来，"天府旅游名县"品牌效应日益凸显，文化和旅游业成为助推县域经济高质量发展的重要引擎，文旅融合开启"加速跑"。

从一组数字中可以窥见四川文旅发展的脉动：四川文化产业增加值从2015年的1141.21亿元增加到2019年的1844.28亿元；旅游总收入从2015年的6210.57亿元增加到2019年的11594.32亿元。广袤的巴蜀大地上，四川文化产业和旅游业吸纳就业超过1000万人，累计带动100万贫困人口脱贫奔小康。

巴山连蜀水，川渝一家亲。融入新发展格局，为川渝两地拓展了新的发展空间。2020年1月3日，习近平总书记主持召开中央财经委员会第六次会议并发表重要讲话，强调要推动成渝地区双城经济圈建设，在西部形成高质量发展的重要增长极。自此，川渝两地"双向奔赴"、全面联动，致力于打造国际范、中国味、巴蜀韵的世界级休闲旅游胜地。

2022年5月，文化和旅游部、国家发展改革委、重庆市人民政府、四川省人民政府联合印发《巴蜀文化旅游走廊建设规划》，按照这一规划，巴蜀文化旅游走廊将建成全国文化旅游发展创新改革高地、全国文化和旅游协同发展样板、世界级休闲旅游胜地。

### 获得感成色更足　人民生活幸福安逸

清晨，繁华的成都市中心天府广场西南角总会排起一列读者长队，这里是2015年年底开馆的四川省图书馆新馆。它伫立在城市的黄金地段，与四川美术馆并肩而立，与四川科技馆、成都博物馆隔街对望，在日复一日的运行中为老百姓提供精神食粮，也为这座城市的文化自觉写下深刻的注解。

2017年红遍大江南北的歌曲《成都》，唱出了人们对这座锦绣之城的无限向往。5年前，65岁的刘大爷随儿子工作调动来到成都，很快就在文化馆找到了自己的兴趣爱好，每天打卡，比上班还准时。走在成都的街头，他可以真切地感受成都世界文化名城的文化底蕴，这里有火锅川菜烟火人间，还有触手可及的便利文化生活。

十年间，四川主动回应和满足人民群众对美好生活的新期待、新需求，文化活动丰富多彩，文艺精品不断涌现，四川大剧院、城市音乐厅、天府人文艺术图书馆等重大文化设施相继建成投入使用。四川各地不断涌现小而美的新型公共文化空间，它们以文化名片和精神坐标的姿态，服务当地百姓，并向一批批打卡游览的外地游客诉说着四川人的生活方式，展示着四川人的审美情趣。

四川有着中国最多的茶馆，也滋养了蜀地浓郁深厚的文化情节。9100万四川人民收获美好文化生活的背后，是更加健全的现代公共文化服务体系和文化产业体系。为兑现"为人民创造幸福安逸生活"的承诺，四川正在让改革发展成果更多更公平地惠及全体人民。如今，四川省级天府文化中心正加快推进，文化阵地全面开花，文化生活触手可及。截至"十三五"期末，四川全省共有公共图书馆 207 个、文化馆 207 个、乡镇文化站 4231 个；图书馆文化志愿者服务队伍 327 支 13831 人，文化馆（站）文化志愿者服务队伍 19623 支 399577 人，构建起了全国数量最大、战线最长、网点最多、服务人口众多的公共文化服务设施网络。

十年来，四川呼应人民对美好生活的向往和期待，点点滴滴的改变，正汇聚成人民群众的幸福增量，转化成四川文旅发展强大的推动力，向着"建设世界重要旅游目的地"的目标全速前进，让四川文旅名扬天下、享誉全球。

（资料来源：周祎，中国文化报［EB/OL］，中华人民共和国文化和旅游部网，2022-08-18，https：//www.mct.gov.cn/whzx/qgwhxxlb/sc/202208/t202 20818_935398.htm）

# 第 5 章
# 旅游产品

## 【学习目标】

| 知识目标 | 技能目标 |
| --- | --- |
| 1. 掌握旅游产品的概念、构成和特点 | |
| 2. 了解旅游产品的类型 | 1. 掌握旅游产品的分类 |
| 3. 了解旅游产品的各个生命周期的特点 | 2. 知晓旅游产品的开发和促销手段 |
| 4. 了解旅游产品开发的原则 | 3. 明白旅游产品的组成 |
| 5. 掌握产品促销的概念、手段 | |

## 【导入案例】

### 山东航空推出"慈翔"中老年旅游产品 重阳节首发

2019 年 10 月 12 日，在山东省老年人体育协会的大力支持下，山东航空公司联合省内外十几家优质旅行社，共同向社会推出针对 50~70 岁中老年朋友的航空旅游产品"慈翔"。当日下午 14 时，"慈翔"中老年旅游产品重阳首发仪式在济南机场启动，这标志着山东省老年人也拥有了自己专属的航空旅游产品。

据了解，"慈翔"是一款专门依照中老年人出行的需求，有针对性定制的旅游产品，打造"零"购物，"一"站式乘机，"双"安心，"三"独有，"四"大超行业标准的旅游特色产品。首发推出两条品质游路线，分别是从济青烟三地出港的"慈翔"桂林观光五日游和"慈翔"神奇桂西福寿 6 日游。该产品按照中老年人实际需求为产品导向，进行个性化产品设计与改造。该产品在飞行、服务、行程、住宿、餐饮等环节，以及实惠、互动、品质等几个方面进行了针对性的需求定制化设计，真正实现"顺应社会需要，履行企业责任，符合老人需求，实现儿女心愿"。

为迎合整个社会对老年人群体的关爱，切实从自身领域引导和投入这项社会活动，山东航空公司率先启动关于老年游产品的设计工作，精选航班时刻作为该团的出发时间，并为老年团的乘客提供始发地市区至机场无缝接送、享受乘机优先通道、座位及个性化机上餐食、简化老年人乘机，并为老年团队准备专职司机、全程陪同导游、护理人员等，实时通过微信群为老人子女提供团队旅游行程直播，与儿女互动报平安，打消儿女的顾虑与担忧；精选适合老年人出游的项目、线路，零加点、零购物及高标准的住宿环境又为老年人减轻了旅途的劳累和疲倦，真正实现旅途无忧。

此次首发团的旅客代表黄女士在启动仪式上表态，山东省老年人体育协会、山东航空公司精心组织、周密安排、全力配合、热情服务，让他们感到省心、放心。为了确保首发团顺利成功，黄女士表示首发团全体成员将在旅行期间团结互助、文明礼貌、注意安全、遵守纪律，把广西之旅变成快乐之旅、平安之旅、和谐之旅、文明之旅。

据悉，山航将在 10 月下旬增加厦门武夷山养生线路、海南过冬"候鸟"产品以及海南往返套票等，未来还会逐渐增加出境游产品，让整个社会伴随老年人的快乐出游，投放更多精力到老年人公益事业。

(资料来源：中国山东网)

旅游产品是旅游业经营活动的关键要素，旅游业是通过旅游产品的销售获得盈利进行运转并得以发展的产业，旅游者通过购买产品而满足其需求。旅游产品是旅游需求方和旅游供给方的结合点，是旅游者的需求得以满足和旅游业产品价值得以实现的归结点。

## 5.1 旅游产品概述

### 5.1.1 旅游产品的概念

旅游产品是旅游学中的一个基本概念，但是迄今为止，学术界对旅游产品的概念还无法统一。目前，比较有代表性的概念如下：

①从旅游目的地来看，旅游产品指的是"旅游经营者凭借着旅游吸引物、交通和旅游设施，向旅游者提供的用以满足其旅游活动需求的全部服务"；也有的表述为"旅游产品是旅游目的地为游客提供一次旅游活动所需要的各种

单项产品和服务的总和"。

②从旅游经营者的角度来看，旅游产品是指"旅游服务诸行业为满足旅游者游程中的生活和旅游目的需要所提供的各类服务的总称"。

③从旅游者的角度来看，旅游产品就是旅游者花费了一定的时间、费用和精力而换取的一次旅游经历。这个经历包括旅游者从离开常住地开始，到旅游结束归来的全部活动过程中，对所接触的事物、事件和所享受的服务的综合感受，是一次完整的精神和物质享受。

④从旅游产品的表现角度来看，旅游产品是在特定的时间和空间之内，旅游经营者向旅游者提供的能使旅游者在物质和精神两个方面都感到满意，并获得新的经历和感受的组合，它包括目的地的旅游资源、旅游设施和旅游服务等构成要素。

本书认为旅游产品是旅游业者通过开发、利用旅游资源提供给旅游者的旅游吸引物与服务的组合。即旅游目的地向游客提供一次旅游活动所需要的各种服务的总和。

## 5.1.2　旅游产品的特点

### 5.1.2.1　综合性

大多数旅游者做出前往某一目的地旅游决定时，都不仅仅考虑一项服务或产品，而是将多项服务或产品结合起来进行考虑。一个度假旅游者在选择度假目的地的游览点或参观点的同时，还考虑该地的住宿、交通、饮食等一系列的设施和服务情况。在这个意义上，旅游产品是一种综合性的群体产品或集合产品。

国外有些经济学家说，旅游业是所有工业的综合。这种说法是有道理的。旅游产品的涉及面比任何经济部门都要广。任何一个部门（即一个环节）出现失误，都会导致整个产品的滞销。例如，旅行社组团服务质量很好，旅游目的地风景优美，住宿条件也很好，可就是路上交通堵塞，或者行车误点，这就成为这条旅游线路（旅游产品）的缺憾。

### 5.1.2.2　无形性

旅游产品是各种旅游企业为旅游者提供的设施和服务。无形的部分在旅游产品中起主导作用，产品的质量和价值是凭消费者的印象、感受来评价和衡量的。旅游产品的无形性特点决定了旅游消费者在就某一旅游产品做出购买决策之前，难以对其品质进行查验，同时也决定了旅游营销者只能借助附有文字说明的图片和录像资料等手段使这一无形产品有形化，以促使旅游消费者做出购买决策。

### 5.1.2.3 不可转移性

旅游产品进入流通领域后，其商品仍固定在原来的定位上。旅游者只能到旅游产品的生产所在地进行消费，这一点，补充和完善了传统的国际贸易理论，同时也是交通运输成为实现旅游活动的重要因素。此外，旅游者在购买旅游产品后，这种买卖交易并不发生所有权的转移，而只是使用权的转移。换言之，只是准许买方在某一特定的时间和地点得到或使用有关的服务。

### 5.1.2.4 不可储存性

旅游者购买旅游产品后，旅游企业只是在规定的时间内交付有关产品的使用权。一旦买方未能按时使用，便须重新购买并承担因不能按时使用而给卖方带来的损失。对旅游企业来讲，旅游产品的效用是不能积存起来留待日后出售的。随着时间的推移，其价值将自然消失，而且永远不复存在。因为新的一天来临时，它将表现新的价值。所以旅游产品的效用和价值不仅固定在地点上，而且固定在时间上。无论是航空公司的舱位还是饭店的床位，只要有一定闲置，所造成的损失将永远无法弥补回来。因此，旅游产品具有较强时间性的特点。

### 5.1.2.5 生产与消费的同步性

旅游产品一般都是在旅游者来到生产地点时，才会生产并交付其使用权。服务活动的完成需要由生产者和消费者双方共同参与。在这个意义上，旅游产品的生产和消费是同时发生的，并在同地发生。在同一时间内，旅游者消费旅游产品的过程，也就是旅游企业生产和交付旅游产品的过程。这种生产和消费的同步性或不可分割性是旅游产品市场营销中一个至关重要的特点。但这并不意味着旅游产品的消费与购买不可分离，事实上，在包价旅游中，绝大部分旅游产品都是提前订购的。

### 5.1.2.6 需求弹性大与替代性强

由于受各种因素的影响，旅游市场对旅游产品的需求弹性很大。例如，每年 7、8、9 这 3 个月，游客对旅游产品的需求量比平时成倍地增长。在旅游市场中存在着平季、淡季和旺季之别，导致旅游产品的需求具有很大的弹性。

旅游产品有很强的替代性有两层意思：一是旅游虽然是人们生活中的一种需要，但不像食物、衣服等生活必需品，而是一种高层次的消费。第二层意思是旅游者可以选择旅游线路、目的地、饭店和交通工具。

### 5.1.2.7　后效性

旅游者只有在消费过程全部结束后，才能对旅游产品质量做出全面、确切的评价。旅游者对旅游产品质量的理解是其期望质量与经历质量相互作用的结果。期望质量是旅游者实际购买之前，根据所获得的有关旅游产品的各种信息，对产品质量进行的评价；经历质量是旅游者以其实际获得的感受对产品质量所做的评价。如果期望质量高于实际的经历质量，顾客就会产生不满，也不会进行重复购买，而且会产生对企业不利的口头宣传。因此，旅游企业不能把对旅游者面对面服务的完成看作整个销售活动的结束。营销是个连续不断的过程，旅游企业需要进行市场跟踪调查，重视市场的反馈，及时发现旅游产品存在的问题，根据旅游者的意见或建议对产品加以改进，同时和顾客保持长久的业务关系。

### 5.1.2.8　脆弱性

旅游产品的脆弱性是指旅游产品价值的实现要受到多种因素的影响和制约。这是由旅游产品的综合性、无形性和不可贮存的特点决定的。旅游产品各组成部分之间要保持一定的质和量的比例，提供各组成部分产品的部门或行业之间也必须协调发展，否则，就会对旅游产品整体产生不利影响。此外，各种自然、政治、经济、社会等外部因素，也会对旅游产品的供给与需求产生影响，从而影响旅游产品价值的实现。旅游企业应对这些不可控制因素进行周密的调研，进行市场环境分析，以便做出正确的旅游产品经营决策。

丹霞地貌再遭游客破坏

## 5.2　旅游产品的构成与分类

### 5.2.1　旅游产品的构成

#### 5.2.1.1　旅游产品的需求构成

旅游产品不同于一般的物质产品，它是一种以无形服务为主要内容的特殊产品，由食、住、行、游、购、娱等多个产品要素构成。但是对产品构成中每一部分的需求是因人而异的，所以根据旅游者需求程度不同，可以将旅游产品区分为两部分，即基本旅游产品和非基本旅游产品。

（1）基本旅游产品

基本旅游产品指的是旅游者在旅游活动中必须购买的、需求弹性较小的产品，如旅游交通、旅游住宿、旅游餐饮、游览观光等。

①旅游交通。旅游交通作为旅业业三大支柱产业之一，是构成旅游产品的重要因素。旅游交通能使旅游者在居住地和旅游目的地，或者在旅游目的地景区、景点之间，实现来回的空间位移。旅游交通可以分为长途交通和短途交通。前者指的是城市间交通（区间交通），后者指的是市内接送（区内交通）。交通工具主要有民航客机、旅客列车、客运巴士、轮船等。

②旅游住宿。旅游住宿一般占旅游时间的1/3。同时，在住宿地还可以进行娱乐和文体等方面的活动。因此，旅游者对住宿的满意程度，是关系旅游产品信誉的重要一环。旅游住宿应能够满足旅游者最基本的生活需求。

旅游住宿包括旅游宾馆饭店、酒店、度假村、招待所、家庭旅馆、疗养院、出租公寓等。其中旅游饭店、酒店又可分为星级和非星级。前文已有详细介绍。

③旅游餐饮。同旅游住宿一样，旅游餐饮也是满足旅游者最基本的生活需求的一个重要环节。尤其是驰名的风味餐，是旅游者主要的追求目标之一，甚至有的旅游团就是为了风味餐而成行的。

④游览观光。游览观光能够提供旅游活动的中心内容，是旅游者最主要的旅游动机，也反映了旅游目的地的品牌和形象。由于旅游观光是旅游产品的核心内容，因此，必须充分重视旅游观光的质量。

（2）非基本旅游产品

非基本旅游产品指的是旅游者在旅游活动中不一定购买的，需求弹性较大的旅游产品。例如，旅游购物、导游服务、娱乐项目、其他服务等。但是，在一定情况下，非基本旅游产品也可能会转换为基本旅游产品。

①旅游购物。旅游者在旅游过程中适当购买一些商品、土特产品、工艺美术品，以作纪念或馈赠亲友，是旅游活动中的一项重要内容。例如，香港有"购物天堂"的美誉，不少国家或者地区都有专门为此开展的香港购物旅游。

②导游服务。一般情况下，旅游产品都含有导游服务。导游服务包括地陪和全陪服务，主要提供讲解、向导、翻译等服务。

③娱乐项目。娱乐项目是构成旅游产品的基本要素，也是现代旅游的主

体。只有娱乐项目的多样化、知识化、趣味化、新颖化，才能广泛地吸引各类旅游者。

娱乐项目包括歌舞、戏曲、杂技、民间艺术及其他趣味性、消遣性的民俗活动。许多娱乐项目都是参与性很强的活动，能极大地激发旅游者的旅游兴趣，加深对旅游目的地的认识与了解。

④其他服务。其他服务包括交通票务服务、美容服务、通信服务、订房服务等业务，它们是旅游产品的必要补充，也是旅游企业开展散客业务的重要组成部分。

梯田民宿

### 5.2.1.2 旅游产品的供给构成

从旅游经营者的角度看，一个完整的旅游产品应包括旅游资源、旅游服务、旅游设施、旅游购物产品和旅游通达性 5 个方面。

（1）旅游资源

旅游资源是旅游活动的客体，自然界和人类社会中凡是能够吸引旅游者进行旅游活动，能给旅游业带来各种综合效益的事物都可以称为旅游资源。

旅游资源按属性可分为自然旅游资源与人文旅游资源两大类。

（2）旅游服务

①导游服务。导游服务是旅行社或旅游单位为旅游者提供的专项服务。旅游者初次来到异地他乡，需要依靠导游才能更好地了解当地的风土人情、名胜古迹等。另外，如何更好地进行旅游活动，如何安排食宿，如何增强与当地居民的交流等问题都需要导游的帮忙。因此，导游需熟悉不同旅游者的文化背景，针对不同的旅游者，提供有针对性的服务。

②酒店服务。酒店服务指的是酒店向旅游者提供的住宿、饮食、通信、贸易等各方面的综合性服务。酒店是旅游者恢复体力、休息放松的地方，能够保障旅游者其他活动的顺利进行。酒店服务的重点就是能够面对面地提供亲切的服务。为此，旅游从业人员要充分考虑到旅游者的安全、环境、权利和尊重等各方面的需要。

③旅游服务。无论旅游服务其内容如何变化，服务质量的优劣一般取决于服务的观念、态度、技巧和服务的价格。质价相符，旅游者满意；质低价

高，旅游者不满意；质高价低，旅游产品竞争力强。

（3）旅游设施

①旅游接待设施。旅游接待设施指的是旅游经营者用来直接服务于旅游者的凭借物，主要包括住宿、餐饮、交通及游览设施。

②旅游基础设施。旅游基础设施是指旅游目的地城镇建设的公共设施，包括旅游目的地的道路系统，水、热、电、气供应系统，废水、废气、废物排污处理系统，邮电通信系统，环境卫生系统，安全保卫系统，城镇标识系统、绿化系统等。这些是为城镇居民的基础生产生活服务的，但也给旅游活动带来了极大的便利。

（4）旅游商品。又称旅游购物品，是旅游目的地向旅游者提供的富有特色，具有纪念性、艺术性、实用性的物质产品。旅游商品是吸引旅游者前来旅游的重要吸引力之一，可供旅游者在旅游目的地购买并在旅途中使用、消费，也可供旅游者带回使用、送礼、收藏，对旅游者具有实用性、纪念性、礼品性和收藏性价值。旅游商品种类繁多，有旅游食品、手工业品、纺织工业品、工艺美术品等土特产。许多商品驰名中外，消费潜力比较大，因此，旅游商品是旅游创汇的重要来源，在旅游产品的设计、生产中不可或缺。另外，部分旅游商品具有纪念价值，可作为旅游纪念品，旅游者将在旅游目的地购买的纪念品带给亲朋好友，在一定程度上也对旅游目的地起到了一定的宣传作用（图5-1）。

**图 5-1 南京雨花石**（编著拍摄）

（5）旅游通达性。旅游通达性是指旅游者在旅游目的地之间来回移动的方便、快捷、通畅的程度。具体可以从以下 3 个方面进行考察：第一，是否有完善、发达的交通网络；第二，是否有方便的通信条件；第三，出入境签证手续、出入境验关程序是否简便，服务效率和信息咨询是否有效和完善。旅游目的地的通达程度对旅游产品有较大的影响。

### 5.2.2 旅游产品的分类

#### 5.2.2.1 按旅游服务企业销售方式和价格的形式分类

（1）包价旅游产品

包价旅游又可分为团体包价旅游和散客包价旅游。团体包价旅游是指 15 人以上的旅游者组团，将食、住、行、游、购、娱等活动以包价形式支付，由旅游企业统一进行接待服务。散客包价旅游是指单个或几个旅游者或家庭旅游者通过旅游企业的外出旅游全包价或者有选择的部分包价。

（2）单项服务产品

单项服务产品是指旅游企业为旅游者提供的诸如住宿、餐饮等单项服务或者票务等委托代办服务。购买单项旅游产品时，游客根据其需要向旅游目的地不同的旅游供给部门进行分别购买，如向饭店订购房间、向餐饮部门购买食物、向景点购买门票等。

#### 5.2.2.2 按旅游产品和旅游资源的集合紧密度分类

（1）资源依托型旅游产品

资源依托型主要是指由已有的旅游资源开发而形成的，构成这种旅游产品的主体成分不是人们追加的劳动，而是自然或社会的既有赋存。

（2）资源脱离型旅游产品

资源脱离型产品是在缺少自然或社会留存的条件下，通过人为的努力而创造出来的。典型的例子包括深圳的世界之窗、美国的迪士尼乐园等主题公园。

#### 5.2.2.3 按旅游者活动与旅游资源的结合方式及旅游目的的差异分类

（1）观光旅游产品

观光旅游产品是以参观游览各种自然与文化景观为主，旅游者通过视觉观察来满足自己的旅游需求。

（2）度假旅游产品

度假旅游产品更注重旅游者对旅游资源的享受，如享受阳光、沙滩、海水，在旅游地的娱乐与休闲中度过假期。

（3）特种旅游产品

特种旅游产品的形式比较多，如组织旅游者自备或自驾交通工具，通过非开发地区作为长距离观光旅行等。

（4）专项旅游产品

专项旅游产品包括组织旅游者参与以科学研究、文化交流、考察探险、体育竞技等为主要目的的旅游服务项目。

冰雪旅游消费大数据

## 【知识窗】
### 研学旅行

研学旅行是由学校根据区域特色、学生年龄特点和各学科教学内容需要，组织学生通过集体旅行、集中食宿的方式走出校园，在与平常不同的生活中拓宽视野、丰富知识，加深与自然和文化的亲近感，增加对集体生活方式和社会公共道德的体验。

研学旅行继承和发展了我国传统游学"读万卷书，行万里路"的教育理念和人文精神，成为素质教育的新内容和新方式。提升中小学生的自理能力、创新精神和实践能力。

关于研学旅行，教育部等发布了一些政策和文件，如 2016 年 12 月 19 日教育部发布:《教育部等部门关于推进中小学生研学旅行的意见》，确定了中小学生研学旅行的重要性。2017 年 1 月 10 日国家旅游局发布《研学旅行服务规范》，详细提出研学旅行的安全性问题。

（资料来源:中国研学旅行在线，专家观点:"关于研学旅行，你想知道什么？
让我们来听听他们怎么说"）

## 5.3 旅游产品的生命周期

旅游产品生命周期理论是旅游学中的一个重要理论，它对于企业或有关部门在激烈市场竞争中根据现代旅游消费的特点，有效利用旅游资源、开发具有特色的旅游产品、制定营销策略具有重要的指导意义。

旅游产品生命周期，是指某种旅游产品从投入市场，经过成长期、成熟期到最后被淘汰的整个市场过程。旅游产品生命周期理论认为旅游产品的发展过程要经历投入期、成长期、成熟期和衰退期4个阶段（图5-2）。

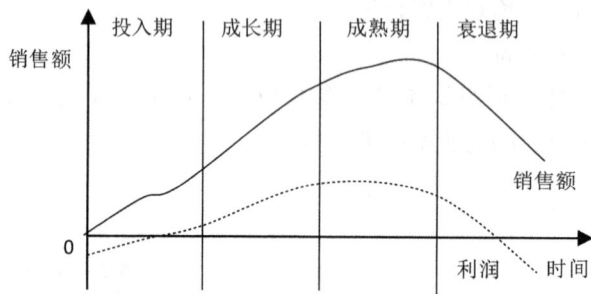

图 5-2　旅游产品生命周期

（1）投入期

投入期指的是旅游产品刚刚进入市场的时期。在这个时期中，旅游产品还未被广大消费者所认识，产品在旅游市场上知名度较低，只有较少一部分的旅游者愿意尝试，因而，在这一时期，新产品销量低，费用及成本高，利润低，甚至可能亏本。在这一阶段，需要通过修建旅游设施，改善交通条件，加强宣传促销，使市场逐渐打开，然后根据市场需求改进产品，使产品尽快定型。另外，根据市场的承受能力，合理定价。

（2）成长期

经历了投入期之后，新产品被越来越多的旅游消费者了解和接受，产品的销售额也迅速增加，销售渠道也已经疏通，成本下降，利润增加。此外，新产品的成功也导致市场竞争者的不断出现。这一阶段，经营者要注意以下几个方面的工作：第一，增加产品特色，提高产品质量，培育市场的品牌意识；第二，开拓并采用新的销售渠道；第三，加强销售渠道的协作，进一步争取潜在客源，扩大市场占有率。

（3）成熟期

这个时期，游客增长速度趋于平稳，对旅游的投入已经开始产生良好的经济效益和社会效益。虽然绝对销售量有所增长，但速度减慢，开始出现下降趋势。同时，随着旅游产品的特色逐渐被更多的人熟悉，同类旅游产品或仿制品的大量出现，也会使得竞争激烈，利润相对下降。在这一时期，经营者要注意稳定市场份额。具体来说：第一，通过产品创新，在保证质量的前提下，使产品特色鲜明；第二，开拓新的目标市场，寻找新的目标人群或目标区；第三，改进宣传，着重突出产品的特色、质量；第四，进行价格竞争。

（4）衰退期

在这一时期，旅游目的地的社会和环境承载力已经达到极限。由于市场竞争和新的旅游产品的吸引，加上严肃的自然环境和社会环境，游客人数明显回落。在利润降低的情况下，不少企业将资金、人力、物力向新产品转移，慢慢退出市场。这一时期要注意以下几方面的工作：第一，改进原产品的设计，增加产品特色，延长产品的生命周期；第二，设法降低成本，以廉价争取更多客源；第三，开发替代老产品的新产品，在老产品的利润下降到最低水平时，当机立断退出市场，全力开发和推广新产品。

旅游产品生命周期理论是一客观规律（表 5-1）。任何一项旅游产品的吸引力都会随着时间的推移而发生变化，所以了解产品的生命周期理论，有助于人们增强市场意识，从而根据市场需求来设计、开发产品，保证旅游业的持续发展。

**表 5-1　旅游产品生命周期各阶段的特点**

| 项目 | 阶段 | | | |
|---|---|---|---|---|
| | 投入期 | 成长期 | 成熟期 | 衰退期 |
| 旅游人数 | 少 | 速增 | 趋于稳定 | 降 |
| 企业利润 | 无或负 | 速增 | 最高 | 低或负 |
| 市场占有率 | 低 | 扩大 | 最大 | 降 |
| 竞争 | 少 | 兴起 | 最多 | 减少 |
| 销售额 | 低 | 速增 | 趋于稳定 | 降 |

## 【知识窗】

### 旅游地生命周期理论

旅游地生命周期理论是描述旅游地演进过程的理论。旅游地生命周期理论的概念最早由 W. Chistaller 在 1963 年研究欧洲的旅游发展时提出，1978 年 C. Stansfield 在研究美国大西洋城旅游发展时也提出了类似的概念。目前被学者们公认并广泛讨论及应用的旅游地生命周期理论是由 Butler 于 1980 年提出的。Butler 认为旅游地生命周期一般经历探索阶段、参与阶段、发展阶段、巩固阶段、停滞阶段、衰落阶段或复苏阶段，每个阶段均有其标志性特征。此后，国内外学者对 Butler 的旅游地生命周期理论进行多方面的理论探讨与实证研究，有力地推动了该理论在旅游领域的发展。

（资料来源：徐致云，陆林，旅游地生命周期研究进展，安徽师范大学学报，2006）

## 5.4 旅游产品的开发和促销

### 5.4.1 旅游产品的开发

#### 5.4.1.1 旅游产品开发的原则

前面我们已经了解到，旅游产品有自身的生命周期。在现代社会中，人们已经越来越明白，旅游产品的开发应以市场需求为基础，随着社会的进步和人们收入与知识水平的提高，人们对旅游产品的需求将会随之发生变化。因此，旅游产品经营者必须进行旅游产品开发工作。为了使旅游产品尽可能成功上市并迅速发展，在进行开发工作时需要遵循一定的原则。

（1）市场原则

旅游产品的开发必须根据旅游者的需求变化而变化。因此，旅游产品的开发就要坚持市场原则。市场原则是保证旅游产品开发出来之后拥有生存空间的必要原则，离开了市场和旅游者的需求，任何开发出来的产品都会被抛弃。

（2）特色原则

突出特色是旅游产品开发具有吸引力的根本所在。这就需要对旅游产品进行仔细研究，力求充分展示旅游的主题，做到特色鲜明，以新、奇、异、美来吸引旅游者的注意。

（3）保护原则

开发与保护并重，重视对资源本身、文化环境和整个生态环境系统的有效保护，保持生态平衡，保证旅游的可持续发展。

（4）协调原则

旅游产品是综合产品，旅游产品的开发应根据旅游产业食、住、行、游、购、娱六大要素配套发展的要求来组合旅游产品。旅游产品结构合理的同时，要注重产品升级换代，由单一观光型产品转向多样化旅游产品。另外，旅游产品的开发也应与社会经济的整体发展相协调。

（5）经济原则

旅游产品开发要根据目标客源的需要，在开发之前要进行一系列的可行性调查，对经济发达、地理位置好、交通便利的条件优越地区要优先开发，对经济价值高、旅游资源集中的地区要重点开发。

研学旅游产品及其开发　　　　佛顶宫

#### 5.4.1.2 旅游产品开发的程序

旅游产品需要不断创新才能适应不断变化的旅游市场，满足旅游者的不同需求和延长旅游产品的整个生命周期。旅游产品开发的程序是指从产品创意的产生到新产品投入旅游市场的整个过程。这个过程一般经历 7 个阶段：

（1）创意产生

旅游新产品开发是一个创新创意的过程，创意产生是开发旅游新产品的关键。在这一阶段，要根据旅游市场调查掌握的旅游需求情况以及旅游企业本身条件等，有针对性地提出开发旅游新产品的创意性设想和构思。这些创意的产生是多方面的，包括旅游者、旅游中间商、旅游营销人员及其他人员、市场竞争对手、行业顾问、管理顾问、广告公司等。旅游业得以生存和发展的条件就是满足旅游者的需要，所有旅游者的意见及建议，应成为旅游经营者必须高度重视的新产品创意来源。通常，组织市场调查，向旅游者询问现行产品存在的问题来获得对新产品的构思，比直接要求他们提供新产品构思更为有效。没有大量新颖的旅游新产品创意，要想开发一种具有吸引力的旅游产品是不可能的。

（2）创意筛选

旅游新产品的创意筛选阶段是运用一系列评价标准，对各种旅游创意进行比较判断，放弃那些不具可行性的或对旅游企业不利的创意，从中找出最有希望成功的创意的一种"过滤"工程。进行创意筛选的主要目的是权衡各创新项目的费用、潜在效益与风险，选出那些符合本公司发展目标和长远利益并与公司的资源相协调的产品创意，放弃那些可行性较小的产品创意。根据经营者的旅游资源条件、资金条件、市场状况等对所有构思进行筛选，筛选的目的是尽快形成有吸引力的、切实可行的构思，尽早放弃那些不具可行性的构思，以免造成时间和成本的浪费。对新产品构思的筛选过程包括：

①对资源进行总体评价，分析设备设施状况、技术专长及生产和营销某种产品的能力；

②判断新产品构思是否符合组织的发展规划和目标；

③进行财务可行性分析，分析能否有足够的资金发展某项新产品；

④分析市场性质及需求，判明产品能否满足市场需要；

⑤对竞争状况和环境因素进行分析。

通过以上各方面的分析判断，剔除不适当的创意构思，保留少量有价值的构思进入下一个阶段。通常利用产品构思评价表，就产品构思在销售前景、竞争能力、开发能力、资源保证、生产能力以及对现有产品的冲击等方面进行加权计算，评定出构思的优劣，选出最佳产品构思。

（3）概念形成

经过筛选之后的构思需转变成具体的新旅游产品概念。产品概念是用有意义的消费者术语表达和描述出来的构思。新产品概念可以用文字、图片、模型或虚拟现实软件等形式提供给消费者，然后通过让消费者回答一系列问题的方法（如调查问卷），使经营者从中了解消费者的购买意图，即产品概念测试，以便形成对目标市场吸引力最大的产品概念。

（4）商业分析

所谓商业分析，就是要测试一种产品概念的销售量、成本、利润额及收益率，预测开发和投入新产品的资金风险和机会成本，预测环境及竞争形势的变化对产品发展潜力的影响，预测市场规模，分析消费者购买行为。在这一阶段，还必须做出关于营销战略的初步决策，如目标市场定位、营销目标、主要的促销决策等。

（5）产品开发

如果新产品概念通过了商业测试，就可以进入产品的研制和开发阶段。在进行产品的研制与开发时，要考虑新产品的功能和质量两方面的决策。其旅游产品在研制开发过程中需要进行反复测试。旅游企业或其他相关组织可邀请国内外旅游专家、经销商和旅游记者以及少量游客进行试验性旅游，并请他们提供意见，以便修改新产品使其更加完善。

（6）市场试销

试销是把开发出来的新产品投放到经过挑选的具有代表性的市场范围内进行试验性营销，了解旅游者的反应，从而使新产品失败的风险达到最小化。试销的主要目的在于：

①了解新产品在正常市场营销环境下可能的销售量和利润额；

②了解产品及整体营销计划的优势及不足，及时加以改进；

③确定新产品的主要市场所在及其构成；

④估计新产品的开发效果。

旅游产品试销可在几个细分市场上让新产品与旅游者见面，以此确定重点目标市场，同时根据搜集到的市场反馈信息，不断改进产品的内容和形式，以更好地适应市场的需要。另外，在试销阶段也需要对初步确定的营销组合进行适当调整。

（7）正式上市

新产品通过试销取得成功后，就可正式全面投入市场，产品即进入生命周期的投入期阶段。在这一阶段，旅游经营者应注意投入新产品的时间、目标市场、销售渠道等方面的决策。旅游新产品投放到市场后，还要对其进行最终评价。旅游经营者要收集旅游者的反映，掌握市场动态，检查产品的使用效果，为进一步改进产品和市场营销策略提供依据。

当然，并不是所有的旅游产品的开发都要机械地经过以上几个步骤。不同的旅游经营者可根据所开发新产品的特点及市场的特点，选择合适的开发程序。

金陵小城凭什么走红

### 5.4.2　旅游产品的促销

#### 5.4.2.1　旅游产品促销的概念

促销是"促进销售"的简称。旅游产品促销是指旅游营销者通过一定的方式，将旅游产品及购买途径等信息传递给消费者，促使消费者了解旅游产品，激发消费者的购买兴趣，强化购买欲望，为旅游产品树立良好的形象，从而促进产品销售的一系列活动。

（1）旅游产品促销的要素

旅游产品促销是一种说服性的沟通活动。旅游营销者、旅游者和旅游产品是实现旅游促销活动的 3 个基本要素。旅游营销者与旅游者构成旅游促销活动的主体，旅游营销者是信息的发布者，旅游者是信息的接收者，没有旅游营销者就没有促销活动，没有旅游者便无法完成促销活动，旅游产品则是促销活动的核心。

（2）旅游产品促销的本质

旅游产品促销的本质是旅游营销者与旅游者的信息沟通，促销过程就是双方信息沟通的过程。促销的目的是旅游营销者（主要为旅游企业或旅游目的地）通过促销手段吸引旅游者注意，激发旅游者的旅游消费动机，促成旅游者购买行为的产生。

（3）旅游产品促销的目的

旅游产品促销的目的：第一，传递信息，提供情报；第二，增加需求，说服购买；第三，突出特点，树立形象；第四，造成"偏爱"，稳定销售；第五，抢占对手市场份额，扩大销售额。

（4）旅游产品促销的方式

旅游产品促销方式主要分为直接促销与间接促销。直接促销就是人员推销，人员推销是一种旅游产品营销者与旅游者面对面的一种促销方式。间接促销主要有广告、营业推广、公共关系3种促销方式。广告、营业推广、公共关系、人员推销4种促销手段的组合与综合运用就称为营销组合（表5-2）。

**表5-2 旅游产品的主要促销方法及其比较**

| 促销方法 | 促销成本 | 优点 | 缺点 |
|---|---|---|---|
| 广告 | 较低 | 传播广、效率高、传播信息规范、形式多样、重复性强 | 说服力较弱、针对性差、不能形成及时购买 |
| 营业推广 | 较高 | 促销刺激强、激发需求快、吸引力强 | 促销有效期短、易引起竞争、影响面较窄、长期运用不利于产品形象 |
| 公共关系 | 较低 | 可信度高、影响面广、可赢得公众对旅行社的好感 | 活动组织难、工作量大、针对性差、直接销售效益不明显、限制性大 |
| 人员推销 | 最高 | 方式灵活、针对性强、及时促成交易、建立感情和关系、信息反馈及时 | 费时费钱、效率低、平均成本高 |

#### 5.4.2.2 旅游产品促销的作用

（1）提供信息，促进供需双方的了解

旅游促销运用各种有利的宣传手段向旅游客源地提供旅游地的各种信息。从促进活动的总体上看，促销是一个双向提供信息的过程。通过信息的传递，增进了供需双方的了解。这对于推动旅游事业的发展是很有益的。

（2）自我包装，树立良好的旅游形象

旅游企业或旅游目的地的旅游形象和信誉是一种无形资产，具有不可估量的价值。旅游企业或旅游目的地开展旅游促销活动实际上是对自身的一种自我宣传、自我包装。旅游促销活动需要在实事求是的前提下，进行一定的渲染以增加对旅游者的吸引力，树立本旅游企业或目的地的良好形象。

（3）刺激需求，不断扩大客源市场

旅游企业或旅游目的地通过各种旅游手段，让人们去了解和认识各种旅游产品，以引起他们的兴趣，激发他们对旅游需求的欲望，促使他们下定决心，付诸旅游行动。

（4）自律自强，促进旅游经营管理水平的提高

旅游企业或旅游目的地通过自己的促销活动，宣传了旅游产品，同时也宣传了本旅游企业或旅游目的地。并且在有效地开展促销活动中，也使旅游员工增加其责任感。旅游企业的每一位员工都应该认识到，社会公众的评价直接影响着企业的形象与信誉，也直接影响着客源的数量。

**【应用实例】**

### 7·10 牛首山免费开放日来啦！8000 个名额等你来预约

7 月 10 日将迎来南京牛首山文化旅游区一年一度的免费开放日。2022 年"7·10"恰逢周末，为确保游客在景区内游览的安全，2022 的免费开放日依旧采取限量、实名、分时预约的方式开展，共计 8000 个名额，满额即止。

游客可通过线上牛首山官方旗舰店、牛首山官方微信、热线电话、合作电商平台等渠道预约。（1）牛首山官方旗舰店（4200 张）：通过淘宝、天猫、飞猪 app 搜索"牛首山景区"进入牛首山景区旗舰店，或通过官方微博活动预约入口跳转至牛首山景区旗舰店进行预约。预约需提前注册，填写姓名、身份证号和手机号码等信息。（2）牛首山官方微信（1800 张）：进入牛首山官方微信订阅号"牛首山文化旅游区"进行预约。预约时需提前关注微信公众号，编辑"免费预约"私信至牛首山官方微信后台获取专属预约链接进行预约。（3）电话预约（1400 张）：景区开通 5 部预约热线电话供游客拨打，约完即止。（4）合作电商平台（600 张）：通过携程和同程平台预约，约完即止。预约成功后获取验证短信。

为确保游览安全，提倡活动当天错峰出游。预约成功者请勿重复预约，当日入园游客需携带预约者本人身份证。牛首山文化旅游区保留对本公告的最终解释权。

（资料来源：南京牛首山官网：https://www.niushoushan.net/Brand/2932.html）

**【本章小结】**

旅游产品是本章的重点，它是旅游市场中旅游需求和旅游供给双方所交换的对象。对旅游产品的开发规划是旅游目的地发展旅游业的重要内容。

本章从旅游产品的含义出发，介绍了相关的概念；分析了旅游产品的特征和类型；通过对旅游产品生命周期理论的介绍，阐述了旅游产品的开发原则。另外，还讲述了旅游产品促销相关的概念、形式及作用。

## 【复习思考题】

一、名词解释

1. 旅游产品　2. 旅游产品生命周期理论　3. 旅游促销

二、简答题

1. 试从需求与供给两种角度分析旅游产品的构成。

2. 旅游产品促销的作用有哪些？

3. 阐述旅游产品的特点。

## 【参考文献】

甘枝茂，马耀峰，2000. 旅游资源与开发 [M]. 天津：南开大学出版社.

吕连琴，2008. 谈旅游产品开发规划的理念和途径 [J]. 地域研究与开发
　（3）：57-60.

克里斯·库伯，约翰·弗莱彻，艾伦·法伊奥，等，2007. 旅游学 [M]. 3
　版. 北京：高等教育出版社.

李云霞，李洁，董立昆，等，2008. 旅游学概论 — 理论与案例 [M]. 北京：
　高等教育出版社.

魏向东，2000. 旅游概论 [M]. 北京：中国林业出版社.

龚鹏，2016. 旅游学概论 [M]. 北京：北京理工大学出版社.

赵西萍，2020. 旅游市场营销学 [M]. 3 版. 北京：高等教育出版社.

## 【课后阅读】

### 湄潭县茶产业快速发展，推动茶文化旅游产品

近年来，湄潭县茶产业的快速发展推动了茶文化旅游产品，目前已形成了 "一海" "一山" "一壶" "一馆" "一城" "一村" 的茶旅游产品格局，吸引着四方游客。

在青山碧水之间，在茶丛深处、田野大坝，一栋栋风格独特、错落有致的 "黔北民居" 相互映衬，就像当地歌谣里唱的那样—— "小青瓦、坡屋面、穿斗枋、雕花窗、转角楼、三合院、白灰墙"，村落里整洁精致的房屋点缀在绿野之中，犹如一幅自然和谐的美丽画卷，这是湄潭的新农村。

金秋十月，茶园滴翠。借第二届遵义旅游产业发展大会在湄潭县举办的

契机，我作为记者在晨雾缭绕的茶园里，开始了湄潭印象之旅。

**"到湄潭当农民去吧！"**

"一谢共产党，翻身把你想，以前我们做牛马，现在人人把家当……"在热闹的锣鼓声中，我们抵达了著名花灯歌谣"十谢共产党"的发源地——田家沟。这里的村民在"新农村"发展的带动下，住上了新房，做起文化旅游产业，收入连番上涨。村民们自发创作了歌谣，名为"十谢共产党"。他们用老百姓最朴实的语言，融合具有当地特色的花灯歌谣，唱出、跳出他们心中的感恩和喜悦。

"到湄潭当农民去吧！"这是汽车驶入湄潭境内时，出现在视野里的一句标语，让大家都感到费解。但当我们到达核桃坝村，才真正理解了这句话的意思。

"我们村里共有6000多人，只有一半是本地人，另一半是外地来务农的。"当地村民告诉我们。在这个"中国西部茶叶第一村"，家家户户与茶都有着密切的联系，在茶产业的带动下，不管是当地村民，还是外来务农村民，都过上了红火的日子。

**历史让湄潭更显韵味**

"1940年，浙江大学全体师生在校长竺可桢的带领下，经历两年半的路程，来到这里办学，一住就是七年……"在文庙中行走，一幅幅旧照片引人驻足观看，文庙不大，却诠释了这个小县城的厚重历史。如今的湄潭，正是依托这样深厚的历史文化内涵，在文化、经济等方面迅速发展起来。

行至国营湄潭茶场遗址，有一条用木料制成的红茶生产线。据介绍，这条线在抗战时期曾生产大量的红茶出口，为战时民国政府换取军需，至今已逾70多年。一间间古老的厂房，一台台木制的、叫不出名的制茶机器和一道道原始的茶叶生产工艺，让人顿感旧时茶叶的制作不仅是一道工艺，更是一种艺术。"湄潭茶文化是活的历史、活的化石，应该好好保留。不仅要让当代人参观、瞻仰，还要留着让后人知道，这些好茶是怎么制成的。"中国国际休闲产业协会高级顾问纪玉祥在参观后这样感叹。

**茶与人的完美契合**

湄潭是名副其实的"茶乡"，全县茶叶面积达40.3万亩（2.69万公顷），位列全国第三。

湄潭的茶好是出了名的，"湄潭翠芽"先后48次荣获国家级金奖，"遵义红"茶红遍天下。在我们品茶过程中，一位来自北京的游客吴小姐惊喜地端起透明茶杯告诉记者："你看，这茶叶在水中全是立着的，代表这茶叶的确很好！"

在湄潭，喝茶是一种生活方式。不论年纪性别，湄潭人对茶都有一种特殊的情感。"每顿饭之后喝一杯茶是最大的享受。"在他们看来，茶与生活是分不开的。这话不无道理，一抬头就能看到"天下第一壶"，一低头就把湄江河美景全数收纳眼中，在这样的氛围中，茶与人、自然完美契合。

**后记**

一片片绿色茶海在归程途中越来越远，这趟湄潭之行，我在红火建设的新农村中看到农民生活的大改变；在浙大西迁的历史故事中了解到几十年前一群知识分子在这里诞下的五彩斑斓的梦；在茶场遗址里触摸到经久不衰的茶文化……离开时，这个黔北小县让我驻足、回头，就像浙大附中毕业歌里唱的："留得他年寻旧梦，随百鸟，到湄江"。

（资料来源：多彩贵州网）

# 第6章
# 旅游市场

## 【学习目标】

| 知识目标 | 技能目标 |
|---|---|
| 1. 掌握旅游市场的概念和特点 | 1. 知晓旅游市场细分的标准 |
| 2. 掌握旅游市场细分及意义 | 2. 掌握国际旅游客流的分布格局 |
| 3. 了解旅游客流特点与规律 | 3. 正确认识我国旅游市场的发展 |
| 4. 了解全球旅游市场特征与分布规律 | 特点 |
| 5. 理解我国旅游市场的特征与分布 规律 | |

## 【导入案例】

### "只要有草坪的地方就有帐篷"，如何让露营市场发展前景更加广阔？

微旅游、微度假逐渐成为休闲旅游的热点，与之相伴的是露营市场逐渐火爆，露营正在成为一种备受大众青睐的时尚生活方式，"只要有草坪的地方就有帐篷"日渐成为各大城市的常态。

此前，文化和旅游部出台了相关标准，对露营地建设等做出相应规范并推动落地实施。2016 年，《休闲露营地建设与服务规范》国家标准正式实施，对自驾车露营地、帐篷露营地、青少年露营地的选址规划、服务设施、质量要求等做出规定，有力推动了我国休闲露营产业的可持续发展。2019 年，文化和旅游部发布《自驾车旅居车营地质量等级划分》行业标准，明确了自驾车旅居车营地质量等级划分的依据和条件。

中国旅游车船协会秘书长宋磊介绍："露营热背后也存在一些行业发展问

题，需要政府监管部门、行业协会、营地经营者和广大游客共同'冷思考'，无论是行政监管、行业自律、景区服务，还是游客素质都要跟上露营经济高速发展的步伐。"

北京市民王女士是一名露营爱好者，经常带着帐篷去公园露营。她表示，露营在北京的年轻人中越来越流行，特别在社交媒体上，许多朋友都以各类方式分享着自己的露营经历。露营的人太多了，合适的露营地供给比较少。市民游客在没有充足的露营产品、露营地选择的时候，往往自发选择野外环境露营。很多不具备露营功能的公园、野外空间，缺乏完善的基础设施、公共服务和明晰的管理规范，导致无法有效对接这些自发形成的露营需求。此外，还或多或少存在着垃圾清理不到位、草木和周边环境受到破坏等现象。

至此，旅游业界正在积极推动露营市场规范化发展，如通过引导游客有序露营、规范营地建设标准、丰富露营产品内涵等方式，让行业发展前景更加广阔。

（资料来源：中国旅游报）

随着旅游产业的蓬勃发展，旅游市场竞争日趋激烈。研究旅游市场的特点、客源市场划分、旅游者活动规律、透视国际和国内旅游市场现状及发展趋势，对于旅游企业促销策略的制定，增强旅游企业的竞争实力，满足旅游消费的需求，有效地实施旅游开发和市场营销活动具有重要意义。

## 6.1 旅游市场概述

### 6.1.1 旅游市场的概念

关于市场（market）的概念，不同学科领域有不同的解释。根据上海辞书出版社出版的《简明社会科学词典》和经济科学出版社出版的《新帕尔格雷夫经济学大词典》，市场一词通常有以下几种释义：

①市场是商品买卖的场所。②市场是商品交换关系的总和，是不同的生产资料所有者之间经济关系的体现。它反映了社会生产和社会需求之间、商品供求量和有支付能力的需求之间、生产者和消费者之间及国民经济各部门之间的关系。③市场是在一定时间、地点以及在一定的人群或企业之间决定商品交易数量与性质的条件。这种条件包括：可供商品量（或可供的服务能力）、可供商品的需求、价格，以及有政府或其他组织机构参与的管理。④市场指某一特定产品的经常购买者或潜在购买者。⑤市场指具有某些相同特点，

被认为是某些特定产品的潜在购买者的人群或企业。

在旅游业经营和旅游学术研究中，将旅游市场通常用于指上述第④和第⑤种释义，即旅游需求市场或旅游客源市场，某些特定情况下，旅游研究的市场也可用于旅游供给市场，故旅游市场的概念有广义和狭义之分。

#### 6.1.1.1 旅游市场的广义概念

广义的旅游市场，是指旅游者与旅游经营者在旅游产品交换中所反映的各种经济现象和经济关系的总和。它包括旅游市场交换的主体双方，即旅游者和旅游经营者；提供给旅游市场交换的对象，即旅游产品；有助于旅游产品交换的手段和媒介，如等价交换的货币、信息、中介人和必需的市场设施条件等。特别是在现代旅游市场中，旅游产品价格和汇率的变动、旅游市场信息的充分程度、旅游中介人的信誉度，以及进行市场交易的手段、交易设施的现代化程度等，都直接对旅游产品的交换产生着重要的影响。旅游者和旅游经营者之间就是通过市场交换的方式结合起来的，而旅游市场上存在的行为和现象，反映着双方之间的经济行为以及其经济关系。

#### 6.1.1.2 旅游市场的狭义概念

狭义的旅游市场是由那些具有特定的需要和欲望，而且愿意并能够通过交换来满足这种需要或欲望的全部现实和潜在顾客所构成，这些顾客既可以是具有某些相同需求特点的人群，也可以是进行生产性消费的企业和组织，又称为旅游需求市场、旅游客源市场或客源市场。狭义的旅游市场一般是由旅游者、旅游购买力和旅游购买欲望所构成。

### 6.1.2 旅游市场的特点

旅游供给者销售的旅游产品不同于一般的产品，它是由旅游资源、旅游设施、旅游服务等多种要素组成的特殊产品，其中既有有形的物质要素，也有无形的精神要素，由此便决定了旅游市场需求也不同于一般的市场需求，其具有整体性、方向性、高弹性和季节性等特点。

#### 6.1.2.1 整体性

旅游者外出旅游，通过食、住、行、游、购、娱等各方面活动获得物质和精神上的享受，旅游过程的内容和质量是统一的，是一个过程，是一种整体性的需求。作为旅游供给者和经营者需要提供综合性服务并在时间上和空间上协调一致，才能提高旅游业整体经营水平。

#### 6.1.2.2　方向性

旅游是旅游者从旅游需求地向旅游供给地运动。旅游产品有不可转移性，旅游者必须到旅游供给地消费。这种市场指向与一般商品市场的指向情况相反，一般商品市场的供给是从产地向需求地的运动。旅游市场的这一特点要求旅游供给者必须认真研究和采取有效的经营战略和策略，形成适应市场需求的旅游供给，促使旅游者向特定的旅游供给地（旅游目的地）流动。

#### 6.1.2.3　高弹性

旅游作为一种社会经济现象，受外界因素影响而波动大，表现出高弹性。这是因为尽管旅游业在世界各国尤其是在中国发展很快，但旅游并不是人们生活中的基本需求，而是一种高层次需求。物价、工资、汇率、通货膨胀、国际关系格局、节假日分布、某一社会活动甚至旅游者自身心态的变化等任何一个因素的变化都会引起旅游市场需求的变动。因此，旅游经营者应努力掌握其规律，保持其相对稳定性。

#### 6.1.2.4　季节性

旅游市场的需求量在时间上分布不均衡，导致了旅游市场的季节性特点：旺季供不应求，人满为患，淡季供过于求，资源闲置。旅游目的地的自然条件和旅游者的闲暇时间都是影响旅游市场需求量发生变化的重要因素，如某些与气候有关的旅游资源会因季节不同而使资源价值发生变化，在宜游季，这些资源的吸引力最强，其需求量也最大；又如，旅游者纷纷利用假期外出，也是造成旅游淡旺季的重要原因之一。

## 6.2　旅游市场细分

### 6.2.1　旅游市场细分的概念

市场细分（market segmentation）这一概念，是美国市场学家温德尔·史密斯在 20 世纪 50 年代中期提出来的。他认为市场细分是"按照消费者的特点或需求的差异性将一个整体市场划分为两个或两个以上的消费者群的过程"。

旅游市场细分是市场细分概念的衍生，是按照旅游者的特点或需求的差异性将一个整体旅游市场划分为两个或两个以上的细分市场，从中选择自己目标市场的过程。旅游市场具有非常鲜明且仍在发展的异质性特征，同时其异质性特征又表现出明显的集群偏好，这正是旅游市场细分非常明确的客观基础。

## 6.2.2 旅游市场细分的原则

为了确保旅游市场细分能为旅游企业制定有效的营销战略和策略提供依据，旅游企业市场细分应基于以下原则：

第一，衡量原则。旅游市场经过细分后具有明显的差异性，每一细分的旅游子市场的购买力大小和规模大小都能被衡量，从质与量两个方面可以为旅游企业制定营销决策提供可靠依据。

第二，进入原则。细分后的市场是企业利用现有的人力、物力、财力可以进入和占领的。

第三，价值原则。要求细分出的市场在顾客人数和购买力上足以达到有利可图的程度，即要求细分市场要有可开发的经济价值。

第四，定性原则。严格的旅游市场细分是一项复杂而又细致的工作，因此要求细分后的市场应具有相对的稳定性。如果变化太快、太大，会使制定的营销组合很快失效，造成营销资源分配重新调整的损失，并形成企业市场营销活动的前后脱节和被动局面。

## 6.2.3 旅游市场细分的作用

通过市场细分确定目标市场，旅游企业可以在以下几个方面获益：

（1）有助于选定目标市场

企业可以通过分析旅游需求的现状和变化趋势，包括估计国际、国内旅游市场发展的总趋势，供需状况和竞争形势，发现新市场机会，形成新的目标市场，并据此确定该地区的目标市场，进行市场规划。

（2）有针对性地开发产品

将市场细分后，企业可深入了解各细分市场的供求状况、市场竞争状况，使用人力、财力、物力有针对性地开发产品，将企业自身优势与某些细分市场的需求结合起来，扬长避短，更易取得好的经济效益，提升竞争力。

（3）有利于提高促销的成效

对于旅游目的地和旅游企业来说，开展促销工作毫无疑问是非常重要的，因为再好的产品如果不为人知，无异于不存在。一个旅游目的地或一个旅游企业，其营销经费都是有限的，市场细分后，信息更具针对性，企业的反馈应变能力和适应能力随之提高，市场需求动态更容易掌握，企业可以利用有限的促销预算有针对性地开展促销。

（4）市场细分对小企业更为重要

小企业的实力一般有限，在整体市场或较大市场范围内很难与大企业竞争。因此，"拾遗补缺"，紧跟市场需求动态，发现部分消费者的特殊需要，推出相应的产品，更易获得成功。

### 6.2.4　旅游市场细分的标准

旅游市场细分的标准有很多，一般来说，主要包括地理因素、旅游者人口统计特征因素、旅游者心理因素、购买行为特征因素等。不同的旅游目的地，特别是不同的旅游企业，应根据自己的情况和需要，选择对经营有实际意义的划分标准。常见的旅游市场细分标准见表6-1。

表 6-1　旅游市场细分的标准以及影响内容

| 划分标准 | 具体影响的内容 |
| --- | --- |
| 地理因素 | 地区、地形、地貌、气候、城市规模等 |
| 人口统计特征 | 年龄、性别、家庭规模、家庭生命周期、家庭收入、职业、教育状况、宗教信仰、种族 |
| 心理因素 | 社会阶层、生活方式、个性特征 |
| 购买行为特征 | 购买场合、追求效用 |

#### 6.2.4.1　以地理因素为标准进行细分

以旅游客源产生的地理区域或行政区域为标准，对整体旅游市场进行地域细分。通常用洲别、世界大区、国别或地区等地理因素标准对国际旅游市场进行细分，如世界旅游组织（UNWTO）将国际旅游市场细分为六大区域：欧洲地区、美洲地区、东亚和太平洋地区、南亚地区、非洲地区、中东地区；用地区、省（自治区、直辖市）、市等行政区域地理因素标准细分国内旅游市场。

另外，还可用居住地经济状况、与接待国距离、纬度带等标准进行细分，如按人口密度细分为都市、郊区、乡村旅游市场；根据客源地与旅游目的地的空间距离进行旅游市场细分，可分为远程、中程或近程旅游市场等。

#### 6.2.4.2　以旅游人口统计特征为标准进行细分

人口统计特征即人口统计变量，包括国籍、民族、人口数、性别、年龄、职业、受教育程度、宗教信仰、收入状况、家庭人数、家庭生命周期等。根据性别可将旅游市场细分为男性和女性旅游市场。近年来，女性已成为旅游市场的重要客源目标。按照不同年龄层次可以细分出各具特色的旅游市场，如细分为儿童市场、青年市场、中年市场、老年市场（表6-2）。

表6-2　按家庭生命周期细分的消费特征表

| 细分市场 | 旅游消费特征 |
| --- | --- |
| 老年市场 | 怀旧，喜静，收入稳定，时间充裕，比较关心旅游服务质量 |
| 中年市场 | 比较理智，人数多，潜力大，商务旅游居多，消费水平高，逗留时间较短 |
| 青年市场 | 年轻、活泼，喜欢刺激、新颖的产品，消费水平较低，发展前景好 |
| 儿童市场 | 有人带领，选择教育性强、娱乐性强、安全性强的项目，注重食宿卫生与安全 |

家庭生命周期是影响旅游消费行为的主要因素。家庭生命周期包括6个阶段，各个阶段家庭旅游需求差异明显：①年轻的单身人士：有空闲时间，喜好运动、旅游，但不甚富裕；②没有小孩的年轻夫妇：有较高的购买力，有空闲时间，多选择度假旅游；③有小孩的年轻夫妇：孩子小，很少有空闲时间，难以外出旅游；④较年长的夫妇：有七八岁的小孩，如果家庭收入较高，则常以小包价的方式旅游；⑤中年夫妇：小孩已长大自立，家庭收入较高，往往选择观光旅游、游船旅游的方式；⑥老年夫妇：有相当的储蓄，对休养旅游很感兴趣，多采取出国旅游方式。

### 6.2.4.3　以旅游者心理特征为标准进行细分

旅游市场以旅游者的心理特征来细分，具体变量因素有气质性格、生活方式、价值取向、购买动机、偏好等。性别、年龄、收入相同的消费者，因其所处的社会阶层、生活方式或性格不同，往往表现出不同的心理特征。例如，有的消费者愿意购买高档旅游产品，不仅是追求其质量，还具有显示其经济实力和社会地位的心理需要。旅游地或旅游企业应根据旅游者的不同心理需求和购买行为，不断推出专门设计的新产品，采用有针对性的营销组合策略，满足他们的旅游需求。

### 6.2.4.4　以旅游者购买行为特征为标准进行细分

购买行为特征包括追求利益、购买目的与动机、品牌偏好、使用者地位、使用频率等。以不同游客的行为特征进行旅游市场细分可以把游客分为3种类型：

①开放型：非常喜好冒险。自行做出旅程安排，选择偏远的旅游目的地，

喜欢在当地居民家中寄宿，学习当地文化或者观察当地的动植物，很少故地重游。

②中间型：有一定的冒险精神，但是又追求家一般的舒适。通过旅行社购买旅游产品，但是自行决定产品组合，选择遥远却已经成名的旅游目的地，在舒适和新意之间寻求平衡。

③保守型：厌恶不熟悉的环境和冒险。购买包价旅游产品，通常与熟人同行，寻求在文化上与居住地相似的旅游地，通常在酒店或者自助餐馆吃、住，经常重游。

显然，这3种类型游客不仅仅在对旅游产品的需求上有所不同，而且在影响需求的因素、对经济变量变化的反应方式、对旅游目的地经济的贡献和要求上也都有很大的不同。

一般来说，站在旅游目的地的宏观角度去考虑旅游市场划分问题时，一般多使用地理因素作标准，对于微观层次上的旅游企业经营而言，则更宜采用以旅游者的某些人口特征和行为特点为标准的方法去进行市场细分。

国际凯悦酒店集团是如何进行市场细分的

## 6.3 旅游客流

旅游客流又称旅游流，是在一个区域内，由于旅游需求的近似性而引起的旅游者集体性空间移位现象。流动是旅游活动的本质特征，旅游者从常住地流向旅游目的地，便构成了具有一定流向和流量特性的游客群体。研究旅游市场必须对旅游客流及其运动规律有所认识。

### 6.3.1 旅游客流的特征

从旅游目的地角度看，从客源地流向旅游目的地的旅游者群体构成该地的旅游客流，它是旅游目的地旅游产品使用价值得以实现的基础，也是该地旅游业生存发展的根本。从市场角度看，分析旅游者从客源地向旅游目的地流动的状况，以判断旅游需求的倾向性，旅游企业适应并引导市场需求倾向，组织旅游者具体实施其旅游行为。前者是旅游客流的实际表现，后者是旅游研究者和经营者对市场进行预测分析的依据。旅游客流的特征表现在时间、流向和流量 3 个方面。

#### 6.3.1.1 旅游客流的时间特征

从时间上考察旅游流的特点，包括时间和流速两个方面。

（1）旅游客流发生的时间

旅游者外出旅游有着明显的时间规律性。一方面，是因为旅游的对象物可能具有不同的时相（或称季相）；另一方面，旅游者自身工作、学习、休息的时间也可能呈现某种规律性。这二者的结合自然就形成了旅游者出游时间的一定程度的集中性分布。对于不同的旅游目的地来说，旅游客流的形成时间可能大不相同，如滑雪胜地旅游客流形成时间会在入冬以后，而避暑胜地的旅游客流却不会在这个时间形成。对于旅游接待的人员和组织者来说，把握旅游流发生的时间规律并预测其变化，是做好旅游接待准备工作的前提。

（2）旅游客流的流速

旅游客流的流速即旅游者在某旅游目的地滞留时间的长短。旅游者短时停留，很难深入了解旅游目的地社区生活，不深入当地社会，当然也不会对目的地社区施加自己的影响，也不会有机会在该地做更多的消费，反之亦然。所以，旅游客流的流速对目的地社区意义重大。

#### 6.3.1.2 旅游客流的流向特征

旅游流的流向又称为客流分布，是指在一定时期旅游者根据自身的旅游动机与经济能力及其他客观条件等因素所选择的目的地，以及从出发地到目的地的流动方向。它反映着旅游目的地与旅游客源地之间关联的方式和途径。由于各种复杂的因素，如历史、区位、社会文化和经济等因素的影响，旅游资源和旅游客源之间的关联状态在各国各地区都有不同的表现。

从旅游的全过程来看，旅游流的流向是一个闭环系统。旅游者总是从家中出来，最后又回到家中。在这个过程中，旅游客源地、旅游目的地及在二者间起到连接作用的旅游通道是决定旅游流向的 3 个主要成分。

#### 6.3.1.3 旅游客流的流量特征

旅游客流的流量，是指旅游者群体在单位时间内和一定空间上所形成的规模。对于旅游目的地而言，持续、均衡、大规模的旅游客流有着十分重要的意义。在许多旅游胜地，最明显的标志就是每年接待着大量的来自世界各地的旅游者，旅游流的流量对当地社会经济的影响广泛而深刻。

　　世界各国各地区在旅游流的流量上所面临的挑战是不相同的。旅游发生和持续时间的节律性势必要造成旅游流在一定时间上的超量运动，而在另一段时间里却又只维持在极低的水平上。这自然会给目的地社区的旅游基础设施建设与运行、旅游产品开发、旅游企业经营造成很大的压力。

### 6.3.2　旅游客流运动的影响因素

　　旅游客流的形成和发展是旅游经济赖以生存和发展的条件，对旅游经济活动的有效运行起着十分重要的作用。旅游客流的形成和发育主要与以下因素条件有关：

#### 6.3.2.1　旅游资源品质和开发水平

　　旅游资源品质是影响旅游客流的首要因素。凡是世界著名风景名胜和历史遗址所在地区，必定会形成发达的旅游市场。例如，古都埃及开罗、希腊雅典、意大利罗马、中国西安，世界音乐之都奥地利维也纳，世界花园国家瑞士等都形成了重要的国际旅游目的地。

　　旅游供给市场从形成到成熟，必须经过适应需求、引导需求、刺激需求和创造需求这4个层次的实践过程。许多国家在很短的时间内就在竞争激烈的世界旅游市场成为旅游强国，靠的就是不断提高旅游服务质量，加速更新和开发旅游产品，增加旅游产品的销售渠道，增加旅游产品促销力度，提供并创造能够满足旅游者各种需求的旅游服务产品，迅速形成具有竞争力的旅游市场。

#### 6.3.2.2　经济发展水平

　　旅游客流的形成与经济兴衰是同步的。首先，旅游客源市场分布格局与国家经济发展水平和国民人均收入水平是相对一致的，并且这种客源市场结构具有一定的稳定性。经济的发展是旅游市场形成的主要条件，凡是经济发达和经济向好的国家和地区普遍是发展较好和较快的旅游市场。第二次世界大战以后，欧美地区是世界上经济发展最快的地区，从而也使这些地区成为国际旅游市场的主体，这里既是世界最大的旅游客源市场，又是世界最大的旅游供给市场，并一直保持着世界旅游强国的地位。其次，随着世界经济格局的变化，世界旅游市场的分布也发生了一定的改变。例如，近些年来，东亚、太平洋地区的旅游市场崛起，这与欧美发达国家的经济波动及东亚、太

平洋地区的经济充满活力息息相关。最后，旅游供给市场的综合经济实力是
建设旅游市场和旅游环境的物质基础。

### 6. 3. 2. 3　人文地理关系

许多地域接壤、相互毗邻的国家或者地区之间都有着不可阻隔的政治、
经济、历史、文化等密切交往，形成了规模较大的、长期稳定的人员旅行往
来。其中比较典型的是欧洲国家间、欧美之间、欧洲与前殖民地国家间、英
联邦国家间，以及中国的华侨、海外华人以及港澳台同胞间，他们中每年都
有大量探亲观光、寻根祭祖、旧地重游的人员流动，占有关各国每年入境旅
游者总数的 60% 以上，形成世界人数最多的国际旅游客源市场。

### 6. 3. 2. 4　政府旅游政策

政府的旅游政策也是影响旅游市场形成的一个重要因素。积极的旅游政
策将鼓励旅游经营者采取各种措施满足旅游市场的需求，简化旅游者的出入
境手续，促进旅游市场的发育和形成；反之，则会抑制客源的增长。同时，
政府通过对旅游市场有效地宏观调控和宣传促销，维护稳定的政治环境，提
高国民素质，重视旅游人才培养，推进旅游设施建设，促进科学技术成果在
旅游市场建设中的运用等方面发挥作用，直接影响旅游市场的形成和发展。

## 6. 3. 3　旅游客流的空间移动规律

### 6. 3. 3. 1　近距离出国旅游占旅游客流绝大部分比重

近距离的出国旅游，尤其是前往邻国的国际旅游，一直占据绝大部分比
重。根据世界旅游组织的报告，全球近距离旅游人数占国际旅游总人数总量
的 80%。以美国和加拿大为例，50% 的美国国际游客旅游目的地为加拿大，
而加拿大 80% 的国际游客前往美国。旅游者的旅游活动之所以集中在邻近国
家和地区，主要有以下几个方面的原因：①前往邻国或者近距离目的地旅游
时间短、费用少，具备这种支付能力的人较多；②出入境手续简单，交通便
利，所需时间较短，而且容易把握；③邻近国家和地区的生活习俗、民族习
惯、文化传统比较接近，语言易沟通，旅游者在食、住、行、游、购、娱等
方面可以获得很大的便利；④邻国间的互免签证为旅游者在这些国家间的旅
游活动提供了便利。

远程市场通常泛指旅游接待国所在洲或地区以外的国际客源市场。多数

旅游者向风景名胜地区和文化特色显著地区流动。政治、经济、文化的中心很可能是旅游中心，通常是指一个地区具有代表性的著名城市。首先，它是地区科技、文化、建设水平的代表，旅游设施和接待水平高，能满足现代游客的要求；其次，它是交通枢纽和集散地。由于欧美市场已经基本饱和，亚太地区蕴藏大量神秘的东方及亚太地区文明的资源，还有大量未开发地区，并且亚太地区的接待与服务水平进步很快，有的接近世界先进水平，因此，国际旅游的流向将向亚太地区转移，远程旅游将有更大的发展前景。

### 6.3.3.2　流向风景名胜区和政治、经济、文化中心

旅游者的普遍心理是想通过旅行游览等活动，去消遣和增长见识，欣赏到本国、本地区所没有的自然和人文景观，开阔眼界，丰富阅历。风景名胜区是一个国家或地区旅游目的地的重要组成部分，也是旅游经营者重点销售的旅游产品，往往自然风光秀丽或因特有的名胜古迹而闻名遐迩，对许多游客具有很大的吸引力。人们对到此一游感到非常荣幸和自豪，从而得到心理上和精神上的满足。

政治、经济、文化中心大多是一国的首都、地区的首府或是文化名城。它们是某一国家或地区的象征，荟萃了该国或地区的经济发展水平、城市建筑和现代文化程度等各方面的精华，又是交通枢纽，往往成为该国或该地区的游客集散地。其强大的经济活力、优越的物质条件、齐全的娱乐设施，可以满足人们度假、休闲和增长知识等多种需要，自然而然成了众多游客青睐的旅游目的地。

### 6.3.3.3　从经济发达国家和地区流向经济不发达国家和地区

经济发达的国家和地区，人们的平均收入水平比较高，从而为外出旅游提供了必要的经济条件。因此，经济发达国家和地区就自然而然地成为旅游输出的国家和地区。在经济不发达的国家和地区，除了基本的食宿需求以外，人们能够用于旅游活动的可自由支配的收入非常有限，外出旅游很难成行。经济不发达的国家和地区凭借其美丽的山川湖泊、海洋、沙滩和阳光，以及独特悠久而又丰富多彩的文化资源，吸引经济发达国家和地区的人们前来观光游览，从而导致旅游者从经济发达的国家和地区流向经济不发达的国家和地区。

另外，经济发达的国家和地区在其经济发展过程中，往往伴随着严重的工业污染和生态环境的破坏，而经济不发达国家和地区在这方面的问题则不

很突出。因此，旅游者就从经济发达的国家和地区流向经济不发达的国家和地区，以摆脱嘈杂的环境，投身于大自然中，呼吸清新的空气。很多欧洲人去非洲旅游就是出于这种动机。

#### 6.3.3.4 从一个经济发达的国家和地区流向另一个经济发达的国家和地区

经济发达的国家和地区本身也有其独特的旅游资源，吸引来自其他经济发达国家和地区的旅游者前来观光游览。除自然景色外，它们往往还有迷人的城市风光和独特的现代文化，这些在其他发展中国家和地区是很少见到的，也吸引着大量的旅游者。

另外，经济发达的国家和地区之间经济联系较为密切，商业往来频繁，因而商务旅游者人数非常多，这就使得旅游者在经济发达的国家和地区之间的流动成为现实。旅游者在欧洲各国之间及欧洲与北美之间的流动就属于这种类型。

#### 6.3.3.5 从严寒地区流向温暖地区或反方向流动

气候对旅游者的流向有着重要影响。在寒冷的冬季，人们为了避寒，往往要到温暖的国家和地区旅游；在炎热的夏天，旅游者为了消暑，又会选择天气凉爽的国家和地区作为目的地。以夏威夷为例，每年的 12 月至 4 月，北美正是冰天雪地，这时正是夏威夷的旅游旺季，北美地区的大批旅游者涌向这里。而澳大利亚人、新西兰人为了避暑，会在每年的 12 月至 2 月，来到相对凉爽的夏威夷。另外，西班牙接待了很多欧洲旅游者，这些旅游者的目的是去温暖的西班牙享受阳光和沙滩。我国的哈尔滨在隆冬时节，凭其"千里冰封，万里雪飘"的北国风光和迷人的冰灯游园会吸引大批来自温暖地区和国家的旅游者。旅游者在严寒地区和温暖地区的流动是双向的。

#### 6.3.3.6 国际旅游客流在具有某种特殊关系的两国或地区之间流动

由于历史、政治、经济、文化等各种原因，相互关联或联系紧密的国家之间旅游流动更频繁。例如，欧洲的许多国家与他们的殖民地国家之间、英联邦国家之间的流动等；再如，日本、韩国由于文化上的原因，一直是中国巨大的客源市场；又如，每年都有大量的海外华人和华侨回国探亲观光，大多出于怀念故土、眷恋乡情等原因。

## 6.4 中国旅游市场

### 6.4.1 中国国际旅游市场

#### 6.4.1.1 中国国际旅游客源市场分布

根据世界旅游组织的解释，入境旅游是指非该国的居民在该国的疆域内进行的旅游。根据中华人民共和国的界定，中国海外客源由三部分人构成，即：外国人，包括外籍华人在内；海外华侨；港澳台同胞。中国海外客源市场根据统计口径可以分为两大部分，一部分是香港、澳门和台湾同胞，另一部分是外国人，包括已加入外国国籍的中国人。由《中国部分年份海外和港澳台入境旅游客流统计》可以看出，港澳台同胞及海外侨胞一直是中国海外旅游客源市场的主力军。从相对比重来看，入境的港澳台同胞及海外侨胞占中国海外入境人次总数比重基本维持在80%左右，与外国旅客相比占有绝对优势。

中国海外客源市场按客源地可以划分为亚洲、欧洲、美洲、大洋洲和非洲五大市场。其总体格局是：亚洲和东太平洋区域市场为主体，欧洲和北美洲远程洲际市场为两翼。其中，亚洲市场（不包括港澳台）是中国传统的主要海外客源市场。欧洲和美洲虽然是世界上最主要的客源输出地，但由于地理交通的不便利，历史文化、生活方式、价值观念差距等原因，两大市场在中国所占比重不是太大。随着中国经济逐渐融入世界，并开始倡导多元文化，欧洲和美洲市场开始呈现稳定而快速的发展势头。非洲始终是中国对外政治、经济、文化交往的重要伙伴，但由于其经济能力有限，每年来华旅客的绝对数量排名最末，但非洲市场的增长率居五大市场之首。

根据远近距离可分为远程客源市场和近程客源市场。远程客源市场包括北美市场和西欧市场，其中北美市场主要是美国和加拿大，西欧市场主要是英国、德国和法国。近程客源市场包括中国港澳台地区，以及日本、韩国、俄罗斯、东盟国家、澳大利亚和中东国家等。

中国部分年份海外和港澳台入境旅游客流统计

#### 6.4.1.2 中国国际旅游市场特点

中国国际旅游市场的构成具有明显的多元化特点，具体表现在以下几个方面：

（1）经济发达国家游客市场占有绝对优势

经济发达国家国民收入高，带薪休假长，出国旅游者多，消费水平也高。如日本、韩国、俄罗斯、美国是中国目前较大的国际客源市场，但必须清楚地意识到：这些国家到中国的旅游者人数中占其出游总人数的很小比例，可开发的潜力还很大。

（2）国际旅游市场的消费水平居于中等

主要原因有 3 方面：第一，中国属于发展中国家，消费水平不高；第二，中国对世界高消费市场的调查研究不多，对高的消费方式、消费构成、消费内容等了解不多；第三，中国幅员辽阔，旅游线路较长，支付交通的费用较高，这在一定程度上削弱了旅游消费水平。

（3）周边客源市场发展迅速

周边国家是中国主要的客源市场，日本、韩国、俄罗斯客源年增长接近或超过 10%。东盟国家主要是马来西亚、菲律宾、新加坡、泰国和印度尼西亚 5 个国家，在东盟各国生活和工作的 1235 万华侨和华人构成中国入境旅游业的一批巨大而稳定的海外客源。新加坡、菲律宾、蒙古也是中国前十大旅游客源市场国之一。

### 6.4.1.3 中国旅游业在国际市场竞争中存在的问题

（1）距离最重要的国际旅游客源产生地相对遥远

这一因素的不利之处主要表现在两个方面：第一，从北美、西欧地区前来中国旅游的交通运输费用昂贵。据统计，北美游客来华旅游的往返交通费用约占旅游全程费用的 40%。欧洲各主要城市至北京的定期航班往返费用占欧洲游客来华旅游三周全部费用的 1/3 至 1/2。因此，在大多数人的收入有限的情况下，很多欧美家庭难以有这种支付能力。第二，时间成本，从西欧乘火车来中国的交通虽然较航空票价便宜，但从莫斯科到北京需要 7 天时间，连同从西欧主要城市乘火车至莫斯科的时间一起，往返旅途需要 15~25 天时间，对于这些客源地带薪假期有限的工薪阶层来说，时间成本成为前来中国旅游的一大障碍。

（2）中国的入境旅游与出境旅游地位并不总是匹配

第一，中国在入境旅游市场互动格局中处于权力网络的绝对中心位置，对其他国家旅游市场的控制能力很强，作为目的地国家在接待入境旅游流过程中，很大程度上影响着周边国家的出境旅游市场格局；第二，中国在出境旅游市场互动格局中未处于权力网络的中心位置，对其他国家旅游市场的控制能力有限，作为客源国在输出旅游流的过程中，对周边国家而言并非重要客源地，对出境旅游市场的支配能力尚处于中等偏上水平。

### 6.4.2 中国国内旅游市场

#### 6.4.2.1 国内旅游市场规模

国内旅游市场是指旅游活动在一国范围内进行，旅游者为本国居民。国内旅游市场与国际旅游市场相互依存，密切联系，国内旅游市场是国际旅游市场的基础，国际旅游市场是国内旅游市场的延伸。在经济发展的基础上，一般是国内旅游先发展，国际旅游后发展，这种顺序是发达国家发展旅游业的常规模式。许多发展中国家为促进本国经济的发展，扩大外汇收入，优先发展国际入境旅游，而后发展国内旅游和国际出境旅游，这就是发展旅游业的非常规模式。

国内旅游市场是旅游市场的重要组成部分，中国的国内旅游市场是在改革开放以后逐渐发展起来，20世纪90年代开始呈现迅猛发展的趋势。国内旅游需求的发展是中国国民经济持续快速发展、人民生活水平不断提高的体现，是在国家产业政策大力扶持、劳动制度改革以及实施双休日和黄金周假日等多因素共同作用的必然结果，是社会进步的重要标志。1998年，中国居民参与国内旅游活动的人数为6.9亿人次，成为世界上最大的国内旅游市场国，国内旅游收入已占中国旅游总收入的2/3；2006年，中国国内旅游收入已经达到中国国际旅游收入的2.3倍，根据旅游业发达国家的经验，这个倍数可以达到7~8倍。2008年，国内出游人数达17.1亿人次，较2007年增长6.3%，出游率进一步提高；国内旅游收入8749亿元，较2007年增长12.6%。2009年我国全年国内旅游人数达19.02亿人次，增长11.1%；国内旅游收入1.02万亿元，增长16.4%；2019年，国内旅游人数已达60.06亿人次，旅游业总收入6.63万亿人民币，由《国内部分年份旅游规模统计数据汇总》可知，中国国内旅游市场规模十分可观。

国内部分年份旅游规模统计数据汇总

#### 6.4.2.2　国内旅游市场特点

（1）旅游业态丰富多彩

中国国内旅游发展早期以观光为主，如今旅游方式更加多元，人们走到户外，感受自然，感受美好生活已成为国内游的重要内容。国内游业态呈现出丰富多彩的新样貌旅游、度假旅游、特种旅游、博物馆旅游、红色场馆游、乡村旅游，旅游内涵不断丰富，文化味越来越浓厚，尤其绿色生态游的蓬勃发展更是给国内游市场注入了强劲的活力，给旅游业界带来了新的发展机遇。

（2）短途旅游者较长途多

由于当前消费水平的提高，消费结构、消费意识的变化，人们希望通过旅游调节生活，增长见识，开阔眼界，而旅游旅程与支出成正比，旅途短支出少，旅途长支出多。受时间和经济条件限制，长途旅游的人数较少，短途旅游者居多。

（3）出游时间比较集中

旅游者的流量相对集中，总体上一年可分为 4 个高潮，即春节、"五一"、暑假、"十一"。这种相对集中是和目前的假期制度直接联系在一起的。另外，每周五天工作制的实行，固定假日的增加，给出游人们以时间上的保证。近年来，每逢假日旅游景区游人爆满，预示了中国国内旅游业广阔的前景。

（4）旅游消费地区差异大

据统计，国内旅游花费尽管成增长态势，但旅游消费水平不高，主要花在食、住、行三方面，其他方面比较节省。从全国范围来看，在沿海、内地和山区，差别很大。沿海地区经济发展较快，居民收入高，消费结构多样化；内地经济发展较好的地区，也有相当的结余可供旅游支出；边远的山区的人们受收入水平限制，尚无余力支付旅游费用。

#### 6.4.2.3　国内旅游市场存在的主要问题

（1）公共服务平台欠完善

旅游业的发展离不开公共产品的供给，目前国际上旅游业发达的国家或城市都强调要从游客和旅游企业的需要出发，配套服务体系，搭建公共服务平台。公共服务平台，包括旅游信息系统、旅游监督系统、旅游救援系统、旅游危机防范系统、旅游人力资源共享系统及城市旅游形象建设系统等。中国目前还缺少完善的公共服务平台，有待改善。

（2）旅游开发意识淡薄

国内旅游目前虽然是中国旅游业中的主力军，但是其优势点仍然在于中国巨大的人口基础，旅游人数多。虽然目前这一现象似乎有所改变，旅游收入的增长高于旅游人数的增长，表现为中国国内旅游业的消费升级。但是这也只是一个发展转变的苗头，中国的国内旅游还有许多问题需要解决。

目前中国的旅游业还是需求引导消费，哪些产品有客源，就做哪些产品，然而在开发旅游产品前对旅游者的消费心理进行过细致调查的旅游产品开发商依然很少，由于对旅游者的消费需求挖掘不够，导致旅游产品相对滞后。随着中国经济的调整增长，中国人均可支配收入的增加，中国消费者对于休闲的需求进一步提高，但是什么样的旅游产品可以满足他们的需求，开发商并不知道，如果在旅游产品的开发中仅限于发展已有的旅游形式，对旅游者需求的开发不充分，将严重阻碍中国国内旅游的健康快速发展。

（3）旅游产品老化严重

随着经济的增长和人民生活水平的提高，休闲旅游和体验旅游正在成为市场需求的热点。相对而言，中国目前旅游开发主体还未能适应大众旅游口味的转变，没有开发出足够适合旅游者消费口味的产品，国内旅游产品老化严重。首先，经典的观光资源缺乏内涵创新，升级缓慢。多年来观光资源被线路产品所固化，在多样产品和品质提升方面受到限制，使中国大部分景点主要靠自然禀赋生存，而逐渐丧失文化更新和衍生能力。其次，在产品质量上，与国外同类产品相比，中国观光资源的主体——历史名胜旅游，在质量上属于低端，即旅游体验度不高，游客参与性与知识性差，不能满足游客日益增长的高层次旅游需要。

### 6.4.3 旅游市场发展趋势

20世纪中叶以来，世界旅游业在经济全球化和世界经济一体化的作用下，进入了快速发展的黄金时代，并已发展成为世界第一大产业。准确把握旅游市场特点和主流趋势，对确立旅游业发展战略，提升旅游业的国际竞争力，实现由旅游大国向旅游强国的迈进具有重要价值。

#### 6.4.3.1 旅游市场细化特色化

未来旅游者的旅游目的将更加个性化，旅游机构也将更加重视从更深层次开发人们的旅游消费需求，旅游市场进一步细分化，旅游产品更加丰富。除了传统的观光旅游、度假旅游和商务旅游这三大主导项目和产品外，特殊旅游、专题旅游更有发展潜力，如宗教旅游、探险旅游、考古旅游、修学旅游、民族风俗旅游等，将会形成特色突出的旅游细分化市场。而且，观光、度假、商务三大传统旅游项目也将进一步升级。观光旅游在中低收入国家仍将占据第一主导地位，并逐步普及化、大众化；在高收入国家的市场则会逐步萎缩。度假旅游方面，彰显区域文化特色和以生态、绿色、低碳的自然资源环境为支撑的这两类度假胜地，将成为旅游市场的主流产品。商务旅游方面，则会随着世界经济多极化和经济增长中心、商务热点转移而出现多极化、多元化，欧洲、北美洲和日本等国家和地区的传统商务旅游重点目的地的地位一时还难以撼动，但会增加东亚、中东以及新兴经济体等新的商务旅游热点地区。

### 6.4.3.2 旅游方式更为灵活多变

旅游方式将会朝个性化、自由化的方向发展，各种新颖独特的旅游方式将应运而生。在追求个性化的浪潮下，未来散客旅游，特别是中短距离区域内的家庭旅游份额将逐步增加。旅游者在旅游中追求更多的参与性和娱乐性，富有情趣活力、具有鲜明特点的旅游场所，轻松活泼、寓游于乐、游娱结合的旅游方式，将受到越来越多旅游者的追捧。民族风情、地方特色、游娱结合将成为未来旅游产品设计开发的重要方向。

### 6.4.3.3 休闲度假体验旅游受青睐

半个多世纪以来，随着经济社会的发展，人们的休闲时间与时俱增，恩格尔系数则与时俱减。早在 1995 年，全世界就有 145 个国家实行每周 5 天工作制，其中大多数国家又实行每年 5~52 天不等的在职带薪休假制。有些发达国家甚至打算实行每周工作 4 天、每天工作 5 小时、每周工作 20 小时，并进一步延长带薪休假时间。在发达国家和地区，恩格尔系数已降到 20%~30%，人们可自由支配收入大幅度增加。在这种背景下，休闲度假旅游成为现代人生活的重要组成部分。

20 世纪 70 年代末、80 年代初开始，旅游者已不满足于传统的观光旅游产品，开始选择具有鲜明地域特色、时代特色和个性特色的休闲度假旅游产品。欧美发达国家是休闲度假旅游的发源地。目前，休闲度假旅游已经成为最重要的市场方向，世界旅游强国基本也都是休闲度假旅游比较发达的国家。其中，海岛、滨海休闲度假是旅游业的第一大支柱，在一些国家和地区成为主要经济收入来源，如在百慕大、巴哈马、开曼群岛，旅游业收入占其国民收入的 50% 以上。而地中海沿岸、加勒比海地区、波罗的海及大西洋沿岸的海滨、海滩，则成为极负盛名的旅游度假胜地。

#### 6.4.3.4　全球旅游市场呈现新格局

从旅游目的地的区域板块划分来看，东亚太地区包括东北亚、东南亚和太平洋地区，具有丰富的生态旅游资源、多样的社会文化和经济环境以及多彩的人文景观；南亚旅游市场受经济发展水平的制约，旅游业起步晚，以文明、佛教和印度教的发源地和海滨风光形成巨大的发展潜力；中东旅游市场素有"世界石油宝库"之称，是世界三大宗教发源地，人文和自然旅游资源极其丰富，形成了发展旅游业的便利条件；欧洲旅游市场是近代旅游业的发源地，经济基础雄厚，交通、通信发达，文化绚丽多彩，人文景观三绝以及欧式建筑吸引了众多的旅游者；美洲旅游市场国际游客以本区内的居民为主，广袤的土地，漫长的海岸线，良好的生态环境等吸引了众多的游客；非洲旅游市场受经济发展的制约，旅游业起步晚，丰富的历史文化遗迹，迷人的自然风光和奇异的野生动植物，使非洲有"世界自然资源博览会"之称。

长期以来，欧洲和北美洲一直是世界上最受欢迎的两大旅游胜地，是全球旅游市场的"双雄"。但近年经济全球化和区域经济一体化的进程深刻地影响着世界旅游业的发展，也打破了原有的旅游市场格局。国际旅游者对于旅游目的地的选择出现多样化，东亚太地区已经成为第三首选目的地，从而形成欧洲、北美洲、东亚太地区"三足鼎立"的新格局。

### 【本章小结】

本章介绍了旅游市场的概念和特点，旅游市场具有整体性、指向性、季节性的特点。按照不一样的细分标准可以将旅游市场分为不同的类型，同时介绍了旅游客流的概念、特征、运动规律及影响因素，并分析国际、国内旅游客流的运动的特点和规律性。

### 【复习思考题】

一、名词解释
1. 旅游市场　　2. 旅游市场细分　　3. 旅游客流
二、简答题
1. 什么是旅游市场？旅游市场有哪些功能？
2. 为什么要对旅游市场进行细分？其意义何在？
3. 简述细分旅游市场的常用标准。

4. 全球国际旅游客流的基本规律是怎样的？

5. 我国的国际客源市场和国内客源市场的基本情况是怎样的？

6. 我国为了发展旅游业，应怎样开拓旅游客源市场？

## 【参考文献】

邵筱叶，成升魁，李琛，2006. 河南省旅游市场分析及客源目标市场选择
　[J]. 经济地理（01）：164-168 .

李天元，2003. 旅游学概论［M］. 5 版. 天津：南开大学出版社.

克里斯·库伯，约翰·弗莱彻，艾伦·法伊奥，等，2007. 旅游学［M］.
　3 版. 北京：高等教育出版社.

安应民，2007. 旅游学概论［M］. 北京：中国旅游出版社.

魏向东，2000. 旅游概论［M］. 北京：中国林业出版社.

亚得里恩·布尔，2004. 旅游经济学［M］. 龙江智，译. 大连：东北财经大
　学出版社.

李维维，魏楠，王蓉，2021. 中国及其周边国家国际旅游市场的互动格局与结
　构特征［J］. 地理与地理信息科学. 37（03）：120-127.

商旅市场的新商机，酒店怎么抓？

# 第7章
# 旅游组织与旅游产业政策

## 【学习目标】

| 知识目标 | 技能目标 |
| --- | --- |
| 1. 掌握旅游组织的概念、分类、功能和作用 | 1. 理解旅游组织和产业政策的作用 |
| 2. 了解中国和世界主要的旅游组织 | 2. 熟悉不同旅游组织的标识 |
| 3. 了解旅游产业政策体系及其组成部分 | 3. 知晓旅游产业政策的类型 |

## 【导入案例】

### "十三五"时期中国旅游业发展成就

"十三五"时期，在以习近平同志为核心的党中央坚强领导下，全国文化和旅游行业坚持稳中求进工作总基调，贯彻落实新发展理念，坚持文化和旅游融合发展，加快推进旅游业供给侧结构性改革，繁荣发展大众旅游，创新推动全域旅游，着力推动旅游业高质量发展，积极推进旅游业进一步融入国家战略体系。

旅游业作为国民经济战略性支柱产业的地位更为巩固。"十三五"以来，旅游业与其他产业跨界融合、协同发展，产业规模持续扩大，新业态不断涌现，旅游业对经济平稳健康发展的综合带动作用更加凸显。

旅游成为小康社会人民美好生活的刚性需求。"十三五"期间，年人均出游超过4次。人民群众通过旅游饱览祖国秀美山河、感受灿烂文化魅力，有力提升了获得感、幸福感、安全感。

旅游成为传承弘扬中华文化的重要载体。文化和旅游深度融合、相互促进，红色旅游、乡村旅游、旅游演艺、文化遗产旅游等蓬勃发展，旅游在传播中华优秀传统文化、革命文化和社会主义先进文化方面发挥了更大作用。

旅游成为促进经济结构优化的重要推动力。各省、自治区、直辖市和重点旅游城市纷纷将旅游业作为主导产业、支柱产业、先导产业，放在优先发展的位置，为旅游业营造优质发展环境。

旅游成为践行"绿水青山就是金山银山"理念的重要领域。各地区在严格保护生态的前提下，科学合理推动生态产品价值实现，走出了一条生态优先、绿色发展的特色旅游道路。

旅游成为打赢脱贫攻坚战和助力乡村振兴的重要生力军。各地区在推进脱贫攻坚中，普遍依托红色文化资源和绿色生态资源大力发展乡村旅游，进一步夯实了乡村振兴的基础。

旅游成为加强对外交流合作和提升国家文化软实力的重要渠道。"十三五"期间，出入境旅游发展健康有序，年出入境旅游总人数突破3亿人次。"一带一路"旅游合作、亚洲旅游促进计划等向纵深发展，旅游在讲好中国故事、展示"美丽中国"形象、促进人文交流方面发挥着重要作用。

（资料来源：《"十四五"旅游业发展规划》，有删改）

## 国内首个"目的地智慧旅游联盟"在安徽黄山成立

2019年8月，黄山联合八达岭长城、华山、武当山、西湖、普陀山、千岛湖和黄果树8家区域目的地智慧旅游企业，在安徽黄山市正式成立"目的地智慧旅游联盟"，这是国内首个以"目的地+智慧旅游"为特色的联盟组织。

在新时代，旅游业向互联网等新兴平台延伸融合发展是大势所趋。如何依托大数据、人工智能、5G等先进技术的应用，为游客提供更加便利便捷、智能智慧和高品质的旅行服务，是未来旅游业发展和提升的重要路径。目的地智慧旅游联盟成立后，将以"开放、合作、共享、共赢"为宗旨，聚焦区域性目的地智慧旅游建设新课题，在"资源共享、运营互鉴、宣传互推、技术互动"等方面展开合作，探索智慧旅游平台体系建设新路径，分享智慧旅游企业运维新成果，努力创造成为新形势下代表目的地智慧旅游区域性合作的新样板。

（资料来源：安徽省文化和旅游厅
https://www.mct.gov.cn/whzx/qgwhxxlb/ah/201908/t20190822_ 845832.htm）

## 7.1 旅游组织

所谓组织是指具有一定纲领、一定层次和网络结构，为一定目的而从事一定活动的人的群体。旅游组织是为了发展旅游的目的而由一定的成员组成的独立的人群集合体。其特征表现为：有相对稳定的组织成员，有自己的章程、组织结构、行为目的和活动经费，依据有关的法律登记、注册或批准而设立，以自己的名义从事各种与旅游有关的活动。旅游组织是旅游业发展到一定阶段的必然产物，同时又是推动旅游业更快、更深入、更规范发展的重要力量。

旅游组织可使用多种标准对其进行类型划分，常见的有以下几种：

按组织的成员划分，可分为以个人为成员的国际性组织、以公司企业为成员的国际性组织、以机构团体为成员的国际性组织、以国家政府代表为成员的国际性组织等；

按组织的地位划分，可分为政府间组织和非政府间组织；

按组织的范围划分，可分为全球性组织和地区性组织；

按组织的工作内容划分，可分为部分涉及旅游事务的一般性国际组织、全面涉及旅游事务的专门性组织以及专门涉及旅游事务某一方面的专业性组织；

按组织的职能性质划分，可分为旅游行政管理组织和旅游行业组织等。

这里按国内旅游组织和国际旅游组织两个大类进行介绍。

### 7.1.1 我国旅游组织

在我国，凡依法设立和在国家民政管理部门或工商管理部门依法登记注册的组织为合法组织，否则为非法组织。我国的旅游组织主要分为旅游区行政管理机构、旅游行业组织、旅游民间组织三大类。

旅游行政组织是由官方负责旅游业的宏观调控与管理及行业立法与监督检查，制定行业技术标准，指导旅游资源开发与利用，进行旅游业整体促销，加强旅游服务质量管理，维护旅游者的合法权益等工作的宏观性、战略性和政策性的旅游行业管理机构，主要是国家文旅部以及各省、自治区、直辖市及地方旅游行政管理机构。

旅游行业组织是在旅游业发展过程中，以加强行业间的沟通协作，提高行业声誉，促进行业发展为目的而形成的各类旅游组织。旅游行业组织具有服务和管理两种职能。但行业组织的管理不同于政府旅游行政组织的管理职能，它不带有任何指令性和法规性，其有效性取决于行业组织本身的权威性和凝聚力，如中国旅游饭店协会。

旅游民间组织是自发形成的行业团体，管理方式更加松散。

#### 7.1.1.1　我国的旅游行政管理组织

文化和旅游部是我国旅游行政管理机构，负责统一管理国际、国内旅游业。各省、自治区和直辖市均设立文旅厅，是地方行政管理机构，受地方政府以及文化和旅游部的双重领导，以地方政府为主，负责统一管理本地区的旅游工作。

文化和旅游部作为中国旅游业的主管行政机构，成立于 1964 年 12 月，当时称为中国旅行游览事业管理局，行使行政管理和业务经营双重职能。这一时期实行的是"政企合一"的体制，中国旅行游览事业管理局和中国国际旅行社总社是"两块牌子，一套人马"。

1978 年，中国旅行游览事业管理局改为直属国务院的中国旅行游览事业管理总局。1982 年，中国旅行游览事业管理总局作为管理全国旅游事业的行政机构，统一管理全国旅游工作，和国旅总社实行政企分开，不再直接组团和承担接待任务。

1982 年 8 月，全国人民代表大会常委会作出《关于批准国务院直属机构改革实施方案的决议》，确定中国旅行游览事业管理总局更名为国家旅游局。1996 年初，为进一步推动改革的深入，国家旅游局完成了局机构设置的重新调整。

2018 年 3 月 13 日，在第十三届全国人民代表大会第一次会议上，国务委员王勇作出《关于国务院机构改革方案的说明》，确定组建文化和旅游部，不再保留文化部、国家旅游局。至此，中华人民共和国文化和旅游部成为国务院主管旅游工作的组成部门，内设 15 个部门分管各项事务，分别是：办公厅、政策法规司、人事司、财务司、艺术司、公共服务司、科技教育司、非物质文化遗产司、产业发展司、资源开发司、市场管理司、文化市场综合执法监督局、国际交流与合作局（港澳台办公室）、机关党委（党组巡视工作领导小组办公室）、退休干部局，各职能部门工作职责见下方二维码。

文化和旅游部各职能部门工作职责

### 7.1.1.2 我国旅游行业组织

我国的旅游行业组织是在文化和旅游部的具体指导下，由有关社团组织和企事业单位在平等自愿的基础上组织成立的各种行业协会。就其组织性质而言，它们都属于非营利性质的社会组织，具有独立的社团法人资格。

（1）中国旅游协会

中国旅游协会（China Tourism Association，CTA）是由中国旅游行业的有关社团组织和企事业单位在平等自愿基础上组成的全国综合性旅游行业协会。它是 1986 年 1 月 30 日经国务院批准正式宣布成立的第一个旅游全行业组织，1999 年 3 月 24 日经民政部核准重新登记。协会接受国家旅游局的领导、民政部的业务指导和监督管理。

中国旅游协会遵照国家的宪法、法律、法规和有关政策，代表和维护全行业的共同利益和会员的合法权益，开展活动，为会员服务，为行业服务，为政府服务，在政府和会员之间发挥桥梁纽带作用，促进我国旅游业的持续、快速、健康发展。其主要任务是：对旅游发展战略、旅游管理体制、国内外旅游市场的发展态势等进行调研，向国家旅游行政主管部门提出意见和建议；组织会员订立行规行约并监督遵守，维护旅游市场秩序；开展对外交流与合作；编辑出版有关资料、刊物，传播旅游信息和研究成果；承办业务主管部门委托的其他工作等。

中国旅游协会根据工作需要设立了 18 个分会和专业委员会，分别进行有关的专业活动。如妇女旅游委员会、民航旅游专业委员会、温泉旅游分会、休闲农业与乡村旅游分会、休闲度假分会、旅游商品与装备分会、民宿客栈与精品酒店分会、探险旅游分会、亲子游与青少年营地分会、健康旅游分会、文化体育旅游分会、智慧旅游分会等。各分会的运转健康有序，所开展的活动在不同领域得到了一定程度的认可，形成了良好的业界口碑。在中国旅游协会指导下，有 4 个相对独立开展工作的专业协会：中国旅行社协会、中国旅游饭店业协会、中国旅游车船协会和中国旅游报刊协会。

（2）中国旅行社协会

中国旅行社协会（China Association of Travel Services，CATS）成立于 1997 年 10 月，是由中国境内的旅行社、各地区性旅行社协会等单位，按照平等自愿的原则结成的全国旅行社行业的专业性协会，再经国家民政部门登记注册的全国性社团组织。代表和维护旅行社行业的共同利益和会员的合法权益，努力为会员服务，为行业服务，在政府和会员之间发挥桥梁和纽带作用，为中国旅行社行业的健康发展作出积极贡献。

协会实行团体会员制，所有在中国境内依法设立、守法经营、无不良信誉的旅行社与旅行社经营业务密切相关的单位和各地区性旅行社协会或其他同类协会、承认和拥护本会的章程、遵守协会章程并履行应尽义务均可申请加入协会。协会对会员实行年度注册公告制度。每年年初会员单位必须进行注册登记。协会对符合会员条件的会员名单向社会公告。

（3）中国旅游饭店业协会

中国旅游饭店业协会（China Tourist Hotels Association，CTHA）成立于1986年2月25日，经民政部登记注册，其主管单位为文化和旅游部。2018年，中国旅游饭店业协会建立了新闻发言人制度。

中国旅游饭店业协会是中国境内的旅游饭店、饭店管理公司（集团）、饭店业主公司、为饭店提供服务或与饭店主营业务紧密相关的企事业单位及各级相关社会团体自愿结成的全国性、行业性社会团体。

中国旅游饭店业协会下设饭店金钥匙专业委员会。中国旅游饭店业协会于1994年正式加入国际饭店与餐馆协会（IH&RA），成为其国家级协会会员，也是世界旅游联盟（WTA）的创始会员。

中国旅游饭店业协会会员中聚集了全国饭店业中知名度高、影响力大、服务规范、信誉良好的星级饭店、主题精品饭店、民宿、国际饭店管理公司等各种住宿业态，国际著名饭店集团在内地管理的饭店基本上都已成为协会会员。中国旅游饭店业协会为会员服务体现在：通过对行业数据进行科学统计和分析；对行业发展现状和趋势做出判断和预测，引导和规范市场；组织饭店专业研讨、培训及考察；开展与海外相关协会的交流与合作；利用中国旅游饭店业协会官网和协会官方微信向会员提供快捷资讯，为饭店提供专业咨询服务。

（4）中国旅游车船协会

中国旅游车船协会（China Tourism Automobile and Cruise Association，CTACA），是由中国境内的旅游汽车、游船企业和旅游客车及配件生产企业、汽车租赁、汽车救援等单位，在平等自愿基础上组成的全国性的行业专业协会。

该协会前身是"中国旅游汽车理论研讨会"，成立于1988年1月，1989年1月召开第二届研讨会时，更名为"中国旅游汽车联合会"，1990年3月，召开了第一届会员大会，通过了新的协会章程和领导机构，正式定名为"中

国旅游车船协会"，会址设在北京。1992 年，协会正式加入国际旅游联盟
（AIT）。2002 年，协会成立了中国汽车俱乐部协作网（CMCN）。为了指导我
国汽车俱乐部业健康有序的发展，协会成立了中国旅游车船协会汽车俱乐部
分会。

该协会的职责范围是：宣传贯彻国家有关旅游业发展的方针政策，向主
管单位反映会员的愿望和要求；总结交流旅游车船企业的工作经验，收集国
内外本行业信息，深入进行调查研究，向主管单位提供决策依据和积极建
议；组织会员订立行规行约并监督遵守，维护旅游市场秩序，协助主管单位加强
对旅游市场的监督管理；为会员提供咨询服务，加强会员之间的交流与合作，
组织开展培训、研讨、考察和新经验、新技术及科研成果的推广等活动，沟
通会员间的横向联合，促进行业间的业务联网；指导下设的专业委员会开展
业务活动；加强与行业内外的相关组织、社团的联系与合作；开展与国际旅
游联盟等海外相关行业组织之间的交流与合作；编印会刊和信息资料，为会
员提供信息服务；承办业务主管单位委托的其他工作。

### 7.1.1.3 旅游民间组织

（1）中国旅游文学学会

中国旅游文学学会是由海内外从事中文写作并侧重于旅行、纪游文学作
品创作、研究的作家、诗人、文化学者和旅游界人士发起成立的专业学术团
体。旨在传承中国优秀的旅游文学传统精神，团结广大旅游文学作者、爱好
者、研究者与旅游界有识之士，为当代旅游文学创作的发展与学术研究做出
努力。

学会前身是成立于 2011 年的中国大众文学学会旅游文学委员会（简称中国
旅游文学委员会），2012 年 12 月中国大众文学学会更名为中国大众文化学会
（原中国大众文学学会同时注销），中国旅游文学委员会暂停工作，在众多有
识之士和热心同道的共同努力下，中国旅游文学学会于 2015 年 10 月在中华
人民共和国香港特别行政区注册成立。

（2）中国乡村旅游协会

中国乡村旅游协会，原名中国农民旅游业协会，于 1987 年 12 月成立。
1990 年更名为"中国乡村旅游协会"。由广大从事乡村旅游事业的专家、学
者、知名人士和有关单位、团体等组成的全国性行业组织。该协会的宗旨：
根据党的"一个中心，两个基本点"的基本路线，坚持走中国式的旅游发展
道路，大力发展具有中国特色的社会主义乡村旅游事业，探索国际、国内旅

游业发展的新趋势，促进我国乡村精神文明和物质文明建设，为中国旅游事业的全面发展做出贡献。协会在政府有关部门和会员之间发挥桥梁与纽带作用，为会员提供信息、经验和服务，维护会员合法权益。

## 7.1.2 国际旅游组织

现代旅游成为国际间交流与合作的本质抓手，它不仅促进了国家或地区间的经济发展，而且在政治上为加强各国人民之间的相互了解、发展各民族之间的自由往来和友谊也起到了极大的推动作用。同时，旅游活动也会造成国际间的矛盾和冲突，产生许多复杂的国际问题，因此，必须成立各种国际的旅游组织作为协调的机构，订立共同合作的规范，以利各项业务的顺利发展。

### 7.1.2.1 世界旅游组织

世界旅游组织（World Tourism Organization，UNWTO）始于 1925 年 5 月 4 日至 9 日在荷兰海牙召开的国际官方旅游协会大会；1934 年在海牙正式成立国际官方旅游宣传组织联盟；1946 年 10 月 1 日至 4 日在伦敦召开了首届国家旅游组织国际大会；1949 年 10 月在巴黎举行的第二届国家旅游组织国际大会上决定正式成立国际官方旅游联盟，其总部设在伦敦；1951 年迁至日内瓦；1969 年联合国大会批准将其改为政府间组织；1975 年 1 月 2 日，由旅游业发达国家发起，在西班牙马德里成立了全球专门机构——世界旅游组织并将总部设在这里；2003 年 11 月成为联合国专门机构。

该组织的任务是综合收集、交换世界各地旅游业的信息情报，包括全球旅游人数和收入的统计资料；各国发展旅游的法规、规划、设施和特别文件；定期出版有关旅游的论文、概论、报告、手册以及其他旅游业发展情况的资料；组织会议和国际旅游业，如举办专家研讨会和技术交流等。该组织的会员为各国的旅游部、旅游委员会、旅游局等，目前世界旅游组织有正式成员 156 个（1983 年 10 月 5 日，世界旅游组织通过决议，接纳中国为正式会员国）。世界旅游组织的组织机构包括全体大会、执行委员会、秘书处及地区委员会。其中全体大会为最高权力机构，每两年召开一次，曾先后在菲律宾、墨西哥、法国等召开过世界旅游大会，磋商共同关心的问题。2017 年 9 月，世界旅游组织第 22 届全体大会在成都举行。执行委员会每年至少召开两次。秘书长由执委会推荐，大会选举产生，负责日常工作。地区委员会是非常设机构，负责协调、组织本地区的研讨会、工作项目和地区性活动，共有非洲、美洲、东亚和太平洋、南亚、欧洲和中东 6 个地区委员会。每年召开一次会议。出版刊物有《世界旅游组织消息》《旅游发展报告（政策与趋势）》《旅游统计年鉴》《旅游统计手册》和《旅游及旅游动态》。

世界旅游组织确定每年的 9 月 27 日为世界旅游日。为不断向全世界普及旅游理念，形成良好的旅游发展环境，促进世界旅游业的不断发展，该组织每年都推出一个世界旅游日的主题口号。

### 7.1.2.2　世界旅游业理事会

世界旅游业理事会（World Travel & Tourism Council，WTTC）是全球旅游领域的非营利组织，总部设在英国伦敦，其成员来自全球旅游业最著名企业的董事长、总裁和首席执行官。理事会作为全球范围内代表旅游业界企业的唯一机构，致力于提高政府及公众对发展旅游业重要性的认知。其使命是通过与各国政府、旅游目的地、社区和其他利益相关者合作，最大限度发挥旅游和旅游业的包容性和可持续增长潜力，推动世界经济发展、创造就业、减少贫困、安全和增进理解。

世界旅游业理事会至今已有 30 年的发展历史，目前在全球拥有 200 多位成员，涵盖了航空、机场、酒店、邮轮、汽车、旅行社等与旅游业息息相关的全产业链。理事会成员的营业额达万亿美元的 2/3，相当于全球整个行业的 30%。

世界旅游业理事会重点项目为安全无缝的旅行、危机准备和应变能力、可持续增长 3 个问题，除此之外，还编制了全球公认的经济影响报告和重点政策审查研究，关注的问题包括社会影响、医疗旅游等，并且每年发布涵盖 185 个国家和 25 个地区的经济影响报告，展示该行业对全球 GDP 增长的重要贡献。

### 7.1.2.3　世界旅游联盟

世界旅游联盟（World Tourism Alliance，WTA）是经国务院批准，由中国发起成立的全球性、综合性、非政府、非营利国际旅游组织，于 2017 年 9 月 12 日在中国四川省成都市举行成立仪式。行业主管部门为文化和旅游部，总部和秘书处设在中国。

世界旅游联盟截至 2021 年 7 月共有来自 40 个国家和地区的 211 个会员。联盟以"旅游让世界和生活更美好"为宗旨，以旅游促进和平、旅游促进发展、旅游促进减贫为使命，致力于在非政府层面推动全球旅游业的互联互通和共享共治。连续组织"湘湖对话"，以旅游为核心，探讨热点及趋势话题，以旅游为纽带，连接世界与中国。2018 年至 2020 年，世界旅游联盟连续 3 年与世界银行、中国国际扶贫中心联合发布《世界旅游联盟旅游减贫案例》。

#### 7.1.2.4 世界旅游城市联合会

世界旅游城市联合会（World Tourism Cities Federation，WTCF，以下简称"联合会"）是北京发起成立的世界首个以城市为主体的全球性国际旅游组织，总部在北京。2012 年成立以来，会员数量已从最初的 58 个发展至当前的 238 个，覆盖全球 83 个国家和地区，其中城市会员 159 个，机构会员 79 个，6 个分会会员总数 332 个。

联合会秉承"旅游让城市生活更美好"的核心理念，每年主办全球旅游业界知名品牌活动香山旅游峰会，为会员搭建交流经验、加强合作、凝聚共识的平台。同时，联合会每年举办区域会议、论坛、洽谈会等活动，目前已在槟城（马来西亚）、卡萨布兰卡（摩洛哥）、波哥大（哥伦比亚）、塞维利亚（西班牙）、巴拿马城（巴拿马）、撒马尔罕（乌兹别克斯坦）召开了亚太、非洲、拉美、欧洲、中亚等区域会议及系列交易洽谈活动，全面提升了联合会在各大洲的区域影响力。联合会连续多年作为伦敦世界旅游交易会（WTM London）内容合作伙伴并发布研究报告；连续六届作为全球规模和影响力最大旅游展会柏林国际旅游交易会（ITB Berlin）的会议独家共同主办方，先后举办八场研究成果发布、旅游市场主题论坛等活动。联合会主持研究并发布了系列研究成果，为全球旅业提供智力支持。

#### 7.1.2.5 世界旅行社协会联合会

世界旅行社协会联合会（Universal Federation of Travel Agents Association，UFTAA）是最大的民间性国际旅游组织。其前身是 1919 年在巴黎成立的欧洲旅行社和 1964 年在纽约成立的美洲旅行社，1966 年 10 月由这两个组织合并组成，并于 1966 年 11 月 22 日在罗马正式成立，会址在比利时布鲁塞尔。

世界旅行社协会联合会的宗旨是团结和加强各国全国性旅行社协会和组织，协助解决会员间在业务开展问题上可能发生的纠纷；在国际上代表旅行社行业同有关的各种旅游组织和旅游供应企业建立联系和开展合作；确保旅行社业务在经济、法律和社会领域内最大限度地得到协调、赢得信誉、受到保护和得到发展；向会员提供必要的物质上、业务上和技术上的指导和帮助。

世界旅行社协会联合会在 20 世纪 70 年代末共有 76 个国家参加，代表18000 多家旅行社，共计 50 多万职工，其中美国的旅行社最多，共 14804 家。

该组织每年召开一次全体大会，交流经验、互通情报。该组织的机构包括全体大会、理事会、执行委员会和总秘书处。中国旅游协会于 1995 年 8 月正式加入该组织，作为国家级会员，属于亚太区联盟。

### 7.1.2.6　亚太旅游协会

亚太旅游协会（Pacific Asia Travel Association，PATA）创建于 1951 年，总部设在泰国曼谷，是亚太旅游业公认的权威机构。该组织一贯主张以合理的保护措施促进旅游业的平衡发展，而且到目前为止，它取得了显著成效。其独特的组织结构以及不懈的努力使亚太地区的旅游业多个方面联合在一起。其宗旨是为组织内部成员的利益而大力发展亚太旅游业，并提高其价值与质量。

国际旅游组织还有很多，如国际旅游联盟（AIT）、国际航空运输协会（IA-TA）、国际民航组织（ICAO）、国际旅游科学专家协会（AIEST）、国际餐饮酒店行业协会（IH&RA）、旅游观光研究协会（TTRA）、美国旅行社协会（ASTA）等，它们对国际旅游业的发展及各种旅游经济活动都有着重要的影响。

## 7.1.3　旅游组织的发展趋势

伴随着经济全球化和政治多元化的发展趋势，以及现代旅游业的迅猛发展，旅游组织将获得更大的发展空间，在社会发展中起着越来越重要的作用。这是旅游业发展进程中最显著的表现，同时也突显出一些引人注目的新趋向。

### 7.1.3.1　组织数量将不断增加

按照联合国世界旅游组织的预测，全球旅游业将以更快的速度、更大的规模发展，到 2030 年全世界每年将有 18 亿人次进行出境游，其中赴新兴经济体国家的游客比重预计达到 58%，旅游业将以每年约 3.3% 的速度持续增长，亚洲东部和北部将成为全球最受欢迎的目的地，国内旅游将达到 160 亿人次，花费高达 20 万亿美元，这些数字展示了未来旅游业发展的巨大空间。同时，随着旅游范围的不断扩展和新兴旅游形式的不断出现，新的旅游组织尤其是行业协会类组织将会大量增加。

### 7.1.3.2　旅游组织地位将不断提升

随着旅游业成为全球规模最大的产业，各国政府将越来越重视旅游组织并对其发展给予大力支持。一方面，为了树立旅游目的地形象，提高知名度，越来越多的企业、国家将借助旅游组织来扩大自己的影响力；另一方面，旅游组织的一项重要任务就是收集、整理、分析和发布信息，这些信息既包括成员的动态，又包括各类统计数字，由于信息直接来自各个成员，因此具有一定的客观性和完备性，从而使得旅游组织对旅游行业的指导与管理更具针对性和权威性。

### 7.1.3.3 非政府旅游组织的作用将加强

政府是旅游业的主要推动者，它们为旅游业的发展创造了有利条件，保障了旅行与旅游的安全与自由。但是，随着经济全球化的发展，新技术带来的社会结构变化，政府对旅游业的干预将越来越少。各国在旅游管理机构的设置上有所差异，例如，法国的旅游部间理事会（Interministerial Council for Tourism）于 2020 年设立了旅游部门委员会（Committee for the Tourism Sector）促进利益相关者相互协商，并允许专业人员和公共当局共同制定旅游政策。这一方面反映了政府干预力度的减弱，另一方面，则显示了非政府力量对旅游业影响力的逐渐扩大。随着旅游业的进一步深入发展，不同层面上的交流与合作将会越来越多地出现，各种论坛组织、行业协会必将不断涌现，并介入到各层次的活动中，综合协调各方利益，谋求共同发展。

### 7.1.3.4 组织体系将更加完善

随着技术革新和产业融合的深度发展，旅游业与其他产业融合发展的趋势日益明显。为适应旅游业的快速和多元化发展，旅游组织本身的机构设置、人员配备等方面必将作出一些相应的调整。一方面，它们将调整本身的组织体系，使之更完善，如美国取消国家旅游局，由商务部下属的旅行旅游办公室（National Travel and Tourism Office）和旅游推广局（Brand USA）负责美国旅游业发展，英国设置数字、文化、媒体和体育部（Department for Digital, Cultnre, Media and Sport）统筹整个英国的旅游发展；另一方面，将加大对旅游热点地区的关注，增强对该地区的调研和管理力度，如增设办事处、配备常驻代表等。

## 【应用实例】

### （一）亚太旅游协会发布《2022—2024 年亚太地区游客预测报告》

2022 年 2 月 15 日，亚太旅游协会（PATA）发布了《2022—2024 年亚太地区游客预测完整报告》，预测了在 2022 年，该地区的国际入境游客人数（IVA）与 2021 年相比将转正，增长率在 84%～126%，并于 2024 年恢复至

2019 年水平，达到 5.1 亿至 8.32 亿人次。

亚太地区国际入境游客的恢复率预计将在 2022 年达到 2019 年接待量的 25%～48%，即最糟的情况下仅能恢复至 25%，而最好的情况是恢复至 48%。这已经比 2021 年的 16%～18% 有了明显的改善。同时也预示着，到 2024 年，持续增长趋势已经开始。

根据预测，PATA 对 2024 年发展保持乐观，预计亚太地区的国际入境游客将不是在温和情景下达到远高于 2019 年的水平，就是在中等情景下达到 2019 年的水平。从个别目的地层面来看，2022 年 IVA 恢复率的范围很宽，从低于 15% 到近 99% 都有可能，到 2024 年，IVA 的恢复率将较为稳定，达到 86%～120%。

不过，旅游市场依然可能突然再次恶化，因为旅游业将持续受多种因素影响，如区域冲突危机、不停上涨的航空燃油价格、有限的航空运力和航线以及全行业的员工短缺。虽然预计 2022—2024 年间，39 个亚太地区目的地国际入境游客都将增长，但受到本身地理位置、对外开放程度以及当地旅游政策变化影响，目的地将显现不同恢复情况。

（资料来源：TTG 旅业网，有删改）

### （二）世界旅游联盟发布《旅游助力乡村振兴案例》报告

世界旅游联盟自成立以来，以"旅游让世界和生活更美好"为宗旨，以"旅游促进和平、旅游促进发展、旅游促进减贫"为使命。2018—2020 年，世界旅游联盟连续 3 年联合世界银行和中国国际扶贫中心共同发布《世界旅游联盟旅游减贫案例》，并以此为蓝本，拍摄了两季共 8 集旅游减贫案例微纪录片《旅游让世界和生活更美好》，获得了业内和社会的广泛关注和高度评价。同时，世界旅游联盟也在旅游减贫理论研究、经验宣传等方面开展了一系列实践活动和国际交流活动，向国际社会展示了旅游减贫事业的重要经验和巨大成就。

2021 年是中国巩固拓展脱贫攻坚成果同乡村振兴有效衔接的起步之年，值此之际，世界旅游联盟联合世界银行和中国国际扶贫中心开启旅游助力乡村振兴新篇章，共同发布《2021 世界旅游联盟——旅游助力乡村振兴案例》。通过世界旅游联盟会员单位、中国文化和旅游部、国家乡村振兴局、各省级文化和旅游部门等，多渠道广泛征集相关案例。根据可量化的效果、创新性、可复制性、积极的社会影响、可持续性和提交材料质量等标准，最终确定 50 个典型案例。经中国文化和旅游部推荐，本书的出版被列入纪念中华人民共和国恢复联合国合法席位 50 周年配套活动之一。

（资料来源：《旅游助力乡村振兴案例》报告前言，有删改）

## 7.2 旅游产业政策

产业政策是政府为实现一定发展阶段的经济目标而制定和实施的促进产业发展的综合性政策体系。旅游产业政策是国家和最高旅游行政组织为实现一定时期内的旅游发展目标而规定的行动准则。制定旅游产业政策是一个国家发展旅游的出发点，旅游产业政策的指导作用贯穿于旅游事业发展的全过程，有利于国家旅游产业的健康有序发展。

### 7.2.1 旅游产业政策的特点

#### 7.2.1.1 旅游政策具有指导性和强制性

政府对旅游发展的成败起着至关重要的作用。旅游业出现后，特别是在现代旅游发展时期，面对不断变化的形势，各国主动地应用旅游政策进行宏观管理，取得了成效。旅游政策确立了旅游产业发展目标，依靠其普遍的指导性和一定的强制性，通过引导、控制、扶持等手段，对旅游业产生主动积极的作用。

#### 7.2.1.2 旅游政策具有协调性

在现代社会中，经济结构呈现出多元化的特点。三大产业以及各大产业内部的比例关系，各个产业的地区分布，整个经济结构问题需要政策引导和控制。旅游政策合理确立旅游业在国民经济中的地位，将有利于旅游业与各行业的健康协调发展，进而促进国民经济的协调发展。旅游政策还协调了国家与地方、部门与地区、旅游内部产业之间、企业之间的各种关系。

#### 7.2.1.3 旅游政策具有多层次性

由于旅游经济结构具有多层次性，存在国家与地区、部门与地区、旅游内部产业之间、企业之间纵横交错的多层次的结构，因此，旅游政策也具有多层次性，以适应不同对象。这客观上要求不同层次旅游政策必须协调和合理。地区性、部门性的政策，不要与全国性的政策冲突，必须在全国性政策的原则和范围内制定。

#### 7.2.1.4 旅游政策具有相对稳定性和灵活性

旅游政策的制定必须高瞻远瞩，具有预见性，以保证其主导思想和基本原则相对稳定。但由于社会经济条件是变化的，不可能要求旅游政策一成不变，制定旅游政策需要有一定的灵活性，因此，其变化和完善具有动态特点。朝令夕改的政策会使人们无所适从，因循守旧的政策更会导致行业发展丧失大好机会。

### 7.2.2 旅游产业政策的作用

#### 7.2.2.1 促进经济结构完善与国民经济良性循环

旅游产业政策能够为旅游业发展提供良好的宏观环境，进而借助旅游业对国民经济的贡献促进地区经济发展。旅游产业是一个综合性产业，在顺应旅游市场发展的过程中，旅游产业不可避免地会出现发展不协调或低质量发展等问题，这就需要旅游行政管理部门加强对旅游产业的调控，积极出台利好政策。在大力发展旅游产业的同时，制定好旅游产业结构调整的总体战略，及时根据旅游市场的变化特点来调整产业结构，发挥好指导与协调的作用，在提高旅游产业结构变动对旅游经济增长贡献率的基础上，挖掘旅游产业发展的潜在竞争力。旅游行政管理部门需要用产业政策创造未来经济增长的新动力，更要用产业政策培育和扶持未来经济结构调整所需要的新技术、新产业、新业态和新商业模式。

#### 7.2.2.2 促进市场机制和计划机制的有机结合和优势发挥

旅游产业政策是建立在商品经济基础上的政府政策体系，自然而然地成为计划与市场的结合点。一方面，发挥计划经济的优势，弥补市场的不足；另一方面，发挥市场的优势，形成经济发展的内在合理机制。当市场机制失调时，产业政策发挥中流砥柱的作用。新冠肺炎疫情是全球重大公共卫生灾难，其对旅游业造成巨大冲击，旅游企业自救困难，面临破产倒闭的风险。为使得旅游企业尽快恢复生产，国家从资金支持、金融扶持、税费优惠、物业租金、稳岗就业等方面出台系列促进复工复产的政策法规，着力统筹疫情防控和社会经济发展"两手抓"，对旅游企业复工复产带来推动和支撑作用，同时也提高旅游业应对风险的能力。

#### 7.2.2.3 加快资源配置的优化过程

产业政策对旅游的发展具有引导和调节作用，能够加快资源配置的优化过程。科学的旅游政策推动旅游资源的合理配置，引导旅游业发展方向，促进地区经济和旅游业的协调可持续发展。文旅融合政策实施之前，文化是一项社会性事业，旅游是一种经济性产业，市场对文化产业和旅游产业的配置效率处于低水平阶段，然而自 2018 年文旅部的正式成立以来，基于国家政策的推动及机构改革显著促进中国文旅产业发展步入新时代。实施一定程度的国家干预能够发挥旅游产业政策的引导和调节作用、提高资源配置的效率和优化政策。

#### 7.2.2.4　提高旅游业的竞争力

合理的旅游产业政策能够大大提高旅游业的竞争力。一方面，旅游产业政策以资金流、物质流、知识流、信息流和创新流等形式负载在旅游产业系统的各个环节上循环流动，不断完善供给、刺激需求、增强吸引力和加强支持度，从旅游产业投入要素和产出要素两方面提高竞争优势；另一方面，旅游产业政策能够完善行业管理，加强旅游行业监督、规范、指导和调控，对旅游市场秩序进行维护、管理，引导行业技术革新升级和要素优化配置。例如，滑雪旅游政策是国家行政机构为满足滑雪旅游需求和促进滑雪旅游行业整体发展，为冰雪旅游的发展目标而制定的一系列政策、法律法规、规章制度、方法措施等的总称，是指引滑雪旅游合理规划与健康发展的国家导向与理想路径，也是规范滑雪旅游产业健康发展的依据和准则，对区域经济发展和滑雪旅游空间格局形成有着重要的指导意义，有助于滑雪旅游产业多要素整合发展，提高滑雪旅游产品的竞争力。

#### 7.2.2.5　促进经济布局合理化

旅游产业政策能够促进经济布局合理化，减少地区经济差异。尤其是在旅游扶贫、旅游减贫中具有重要的意义。旅游减贫要从可持续生计的视角采取有效措施与保障，但利益相关者之间的诉求具有冲突，并且当地居民处于弱势地位，仅由市场发挥作用容易造成严重的地区差异，使得贫困地区更加贫困。此时需要政府以实现旅游经济的社会公平和可持续发展为目标，为旅游减贫提供优质的政策环境。我国制定了一系列政策制度，形成了完善的扶贫政策体系，这为我国扶贫攻坚的顺利开展提供了重要遵循和指导。

### 7.2.3　旅游产业政策的主要内容

结合我国当前旅游业发展的需要和地方出台的政策，旅游产业政策包含国家旅游产业结构政策、产业地区政策、产业组织政策、旅游市场开发政策、旅游产品政策、旅游技术政策、实施保障政策等内容。

### 7.2.3.1　旅游产业结构政策

由于旅游业的综合性和依托性都很强，因此旅游产业结构的问题又形成 3 个层次：第一层次是旅游业在国民经济产业体系中的位置，即旅游业和相关产业的联系与均衡；第二层次是国际旅游业与国内旅游业的关系与政策协调，第三层次是旅游产业中各单项行业结构的合理化，即旅游生产力体系中食、住、行、游、购、娱六要素的配套发展。这 3 个层次之间又形成纵向的相关关系，形成一个结构体系。

### 7.2.3.2　旅游产业地区政策

旅游业不同于农业、工业、商业，有其特有的资源、区位、设施等要求，在布局上不需要遍地开花，而各地所具有的条件和比较优势不同，也不可能在同一平面上得到完全均衡发展。因此，旅游产业政策具有地域性，并且各个地区均有相当的特殊性。在自然和人文历史因素作用下形成了热点、温点、冷点 3 类地区，但各类地区又随着发展而变化，也要求在新的形势面前做出新的调整。

### 7.2.3.3　旅游产业组织政策

这类政策是对旅游企业实际运行的深层次分析，涉及旅游企业的市场进入、经济规模、国内外产业组织的对接、经营风险等一系列问题，其核心是旅游企业的集团化发展问题。

### 7.2.3.4　旅游市场开发政策

旅游产业的外向性决定旅游市场的研究是旅游产业政策的前提和基础，我们无法调节国际性需求，但却可以通过政策手段来刺激和扩大中国旅游产品的市场需求。

### 7.2.3.5　旅游产品政策

旅游产品，指在提供给旅游者的一切消费内容的组合，不同于一般物质性产品，具有非物质性，同时又是综合性产品，也不同于一般的服务性产品。旅游产业的开发具有高度复杂性，是旅游产业发展中的一个薄弱环节，需要更高层次的政策协调。

### 7.2.3.6　旅游技术政策

在科学技术日新月异的现代经济中，经济发展中科学技术与高生产力、强竞争力紧密联系。在这方面，旅游产业通过什么样的政策，增加发展中的科学技术含量，如何顺应新技术、新生产力的发展趋势，应予以足够的重视。

#### 7.2.3.7　实施保障政策

以上 6 个方面政策原则和要点的研究制定，在实施过程中必须同时要有一套手段体系和政策体系相配套，才能保障其可行与逐步落实。产业政策的研究是实证性研究，产业政策制定的是针对性政策，产业政策的实施必然要有相应的下策和手段来保障。相对于各个单方面的产业政策而言，实施保障性政策是综合性的、成体系的，更要求其内部的一致性以及与各个方面政策的协调性。

#### 7.2.3.8　体制保障

旅游产业政策的实施需要相应的体制条件。制定和实施产业政策的主体是旅游管理部门，就需要促进旅游管理体制的改革；旅游产业政策的基础是市场经济体系，就需要加快市场体系的发育，创造较为完善的环境；旅游产业政策的核心是调整结构，无论是产业结构还是地区结构，都需要进一步引导地方和企业的行为；产业组织政策，更需要企业体制的深化改革。总之，在体制、政策和发展之间的相关关系，将随着产业政策的实施而更加突出，在体制和政策相互干扰的情况下很难有更实在的发展，尤其是结构转换和水平提高上更难见到实在的成效。反之，在相互促进的情况就具备了内功和后劲。

旅游产业政策的 8 个方面由 3 个既相联系又相区别的部分构成。第一部分旅游产业政策的基本内容，也是国家产业政策的组成部分，包括旅游产业的结构政策、地区政策和组织政策 3 个方面；第二部分是由旅游发展的客观需要而形成的特殊内容，包括旅游产业市场开发政策、产品政策和技术政策；第三部分实施保障政策和体制保障政策，既是落实旅游产业政策的基础和条件，也是旅游产业政策的主要内容。这 3 个部分紧密关联、互为前提、互为条件，形成在逻辑上由此及彼，在内容上环环相扣，在现实中互为因果，在实施中相互促进的旅游产业政策体系。

### 【本章小结】

本章介绍旅游组织和旅游产业政策。介绍旅游组织概念和分类、产生、职能、作用和发展趋势，系统梳理中国和国际旅游组织的发展历程和作用；同时介绍旅游产业政策的分类和作用，并描述我国旅游产业政策的主要内容。

## 【复习思考题】

一、名词解释

1. 旅游组织　2. 中国旅游协会　3. 旅游产业政策

二、简答题

1. 举例说明旅游组织在旅游发展中的作用。

2. 举例说明旅游产业政策对旅游发展的影响。

3. 旅游组织有哪些类型和职能？

## 【参考文献】

谢彦君，2011. 基础旅游学 ［M］. 3 版. 北京：中国旅游出版社.

李天元，2003. 旅游学概论 ［M］. 5 版. 天津：南开大学出版社.

克里斯·库伯，约翰·弗莱彻，艾伦·法伊奥，等，2007. 旅游学 ［M］. 3 版. 北京：高等教育出版社.

安应民，2007. 旅游学概论 ［M］. 北京：中国旅游出版社.

穆芃芃，2007. 浅析旅游产业政策 ［J］. 科技信息（科学教研）（28）：260-272.

## 【课后阅读】

表 7-1　全球各国促进旅游发展政策及效果一览

| 国家 | 政策 | 目的及效果 |
|---|---|---|
| 美国 | 2022 年公布《国家旅行和旅游战略》 | 美国商务部制定的目标是到 2027 年每年吸引 9000 万国际游客赴美旅游，预计这些游客每年将为美国带来 2790 亿美元的旅游收入。战略中制定了 4 项主要措施，包括推广该国成为人们首选的旅游目的地；促进入境旅行的安全高效；确保旅客获得多样化的旅行体验以及促进国内旅业的可持续发展 |
| 法国 | 2022 年推进"法国目的地发展计划" | 法国旅游发展署预计投入 19 亿欧元预算，将法国打造成"可持续旅行"的第一大目的地，及自行车骑行旅游的第一大目的地。重点围绕着五大战略性方针展开：协助旅游业实现供给端质量升级；持续发扬旅游资源的优势；深度打造"可持续"和"慢旅行"的目的地标签，积极扶持旅游行业实现数字化转型；举办国际体育赛事；协助旅游业吸引人才 |

（续）

| 国家 | 政策 | 目的及效果 |
|------|------|-----------|
| 泰国 | 2022 年发布"2023 年旅游振兴计划" | 泰国国家旅游局制定了 2023—2027 年旅游发展战略，将利用大数据和虚拟技术开发新的旅游生态系统，用美食、泰拳、电影、时尚、传统节日、音乐、博物馆等塑造国家软实力。将着力开发医养旅游、银发旅游、家庭旅游和体育旅游，并开拓新的旅游客源国 |
| 印度尼西亚 | 2021 年公布"后疫情时代三阶段复苏计划" | 2021—2022 年为复苏第一阶段。此时重点放在刺激国内旅游业和加速行业内的数字化转型，同时确保在各个目的地实施清洁、健康、安全和环境可持续性等的 CHSE 标准举措。2022—2024 年为复苏的第二阶段，积极推广旅游村落。2024—2029 年为复苏第三阶段，印尼政府加强优质旅游和目的地韧性，推广健康和探险产品，加强营销活动，加快数字化转型，加强旅游行业的供应链和价值链 |
| 斐济 | 2022 年公布"2022—2024 年全球国际市场战略计划" | 该计划作为后疫情时代下的重要战略指导方针，明确了未来两年斐济旅游行业的发展方向，为当地旅业合作伙伴提供全新的机遇，至 2024 年完成全球游客在斐济消费支出达 30 亿斐济元（约 14 亿美元）的两年目标 |
| 澳大利亚 | 2022 年启动"蓬勃发展 2030 战略" | 为实现到 2024 年恢复至 1660 亿澳元游客消费总额、到 2030 年使之增长至 2300 亿澳元的目标，澳大利亚旅游局将战略分为 3 个阶段。2022—2024 年为恢复阶段。侧重于重建游客经济，解决优先的供应方问题。2025—2027 年为整合阶段，旨在实现持续增长。2028—2030 年为加速阶段，旨在加快增长、提高服务质量，并增加旅客到访数量。 |

"十四五"旅游业
发展规划节选

中国旅游发展
70 年的政策
演进与展望

主要国家 2010 年至
2020年旅游业对
国民经济的贡献率

# 第 8 章

## 旅游的影响

---

### 【学习目标】

| 知识目标 | 技能目标 |
| --- | --- |
| 1. 理解旅游对目的地经济的影响<br>2. 理解旅游对目的地社会文化的影响<br>3. 理解旅游对目的地环境的影响<br>4. 了解并掌握可持续旅游发展的概念和内涵 | 1. 能全面分析旅游带来的积极和消极影响<br>2. 能解释旅游及旅游业目的地经济、社会文化和环境造成影响的原因<br>3. 能对可持续旅游发展的具体案例进行分析 |

### 【导入案例】

#### 阿者科计划：全球旅游减贫的一个中国解决方案

　　地处云南元阳哈尼梯田世界文化遗产核心区的阿者科村，保留着完好的梯田生态系统、独特的哈尼传统民居和文化。曾经有的村民将传统民居出租给经营者，自己搬出村寨。为了保护哈尼传统文化，改变贫困落后状况，2018 年，中山大学保继刚教授团队经多方调研和探索，提出阿者科村实行内源式村集体企业主导的开发模式：不租不售，不靠外来资本介入；通过智力援助和当地政府支持，组织村民成立旅游发展公司，自我经营和管理，公司收入归全村所有，村集体公司留成 30%，村民分红占 70%。村民分红按传统民居 40%、梯田 30%、居住 20%、户籍 10% 执行。

　　"阿者科计划"的实施仅一年的时间，就实现收入超过 40 万元，村民分红金额为 191195 元，在阿者科哈尼民族体验之旅项目（人均 30 元）、游客深度定制游项目（根据游客定制需求 200 元~800 元不等）上取得了可喜成绩。

阿者科乡村旅游实现了开门红，让村民实实在在享受到了乡村旅游带来的效益。先后为建档立卡贫困户村民创造就业岗位 12 个，其中管理人员 1 名、售票员 2 名、检票员 2 名、向导 1 名、织布技师 2 名、清洁工 4 名，村民得到了实惠，对待游客的态度从淡漠转为热情。

旅游发展公司成立后，在雇佣村民常规打扫的同时，通过村规民约引导村民积极做好门前"三包"，定期开展村内大扫除。此外，公司还顺利完成公厕改建、水渠疏通、房屋室内宜居化改造等工作，村内相比之前更加宜居，乡村旅游环境得到了大幅度提升。

在发展乡村旅游之前，部分村民将传统民居出租给外地经营者，原住民搬出村寨，核心人文内涵丢失。发展乡村旅游后，规定不得将房屋出租，否则视为放弃公司分红权，传统民居及其人文内涵得以保留。加之一些传统民俗文化被市场认可，得以长久保护和传承。

在发展乡村旅游前，村内基本没有旅游接待设施，游客到村内仅能开展拍摄活动，难以更深度地体验哈尼文化和人文内涵。发展乡村旅游后，带动产生了 3 家农家乐餐馆为游客提供服务、1 户经营乡村小客栈，村内服务功能得到完善。公司还开设一系列主题性体验活动，对外实行预约制，带动村民承接精品旅游团，在村内开展活动，深度体验哈尼村寨文化，游客对乡村旅游的体验感得到了极大丰富。

"阿者科计划"把阿者科作为一块社会科学的试验田，不仅给元阳哈尼梯田的实践带来启示，更是一种实践检验理论、实践创造理论的新路径，为全球旅游减贫案例提供一个中国的解决方案，找到一条可持续的旅游减贫之路。由于其模式创新，在旅游业界以及学术界得到了广泛好评。自 2019 年开始，阿者科村先后获评"2019 年中国美丽休闲乡村""中国少数民族特色村寨""全国乡村旅游重点村"，入选世界旅游联盟"全球百强旅游减贫案例"并作为 2020 年唯一案例向 24 国代表作成果展示，登上央视纪录片《告别贫困》《中国减贫密码》和 2021 年全国高考试卷。

（资料来源：中山大学. 阿者科计划——全球旅游减贫的一个中国解决方案［EB/OL］. 2019 年 10 月 15 日阿者科计划——全球旅游减贫的一个中国解决方案，略有删减）

纪录片《中国减贫密码》

思考：阿者科村案例说明乡村旅游发展会对旅游地带来哪些影响？该村实行村集体企业主导的旅游开发模式的优势有哪些？

## 8.1 旅游对经济的影响

现代旅游与经济之间存在天然的耦合关系，除极少数极端情况外，各种类型的旅游活动都伴有消费行为的发生。旅游消费不仅影响了旅游目的地的经济，同时对旅游客源地的经济也产生影响。旅游已成为影响国民经济产业结构、社会文化发展趋势和地区环境演变方向等的重要因素之一。但在旅游研究中，人们主要关注和讨论的是旅游发展可能给旅游目的地经济带来的各种影响，因此，本节主要讨论的是一个国家的国内旅游和海外入境旅游对该国经济的影响。同其他任何事物一样，旅游的发展对一个国家的经济既有其积极方面的影响，又有其消极方面的影响。

### 8.1.1 旅游对经济的积极影响

#### 8.1.1.1 增加外汇收入　平衡国际收支

旅游的这项功能是针对发展国际旅游产业接待国际入境旅游而言的。就接待国际入境旅游而言，提高该国的国际支付能力，从而有助于平衡其国际收支平衡。

众所周知，外汇是指以外币所表示的、用于国际间结算的支付手段。外汇包括外币和以外币表示的支票、汇票、有价证券等票据。一个国家拥有的外汇的多少，标志着这个国家经济实力的大小和国际支付能力的强弱。通常情况下，扩大国家的外汇收入有 4 种途径：①是对外贸易的外汇收入，指商品出口的外汇收入；②是非贸易外汇收入，亦称无形贸易的外汇收入；③是资本往来收入，指对外投资和贷款方面的外汇收入；④是其他途径，如侨民汇款、政府和私人组织驻外机构的经费、政府和私人的赠款等。就发展中国家来说，赚取外汇收入主要是前两种形式。因此，从创汇的意义上来看，接待国际入境旅游同向海外出口商品没什么区别，因而接待国际入境旅游也是一种出口，通常称之为旅游出口。同传统商品出口有所不同的是，在旅游出口中，旅游者的流动方向与支付款项的流动方向是一致的；而在传统的商品出口中，出口商品的流动方向与支付款项的流动方向是相反的，如图 8-1 所示。

就发展中国家而言，进行现代化建设需要大量的外汇，在国内物质并不富裕的情况下，仅靠压缩国内市场需求的出口外汇有局限性，而发展旅游业在很大程度上是出口风景、出口劳务、出口商品、不必挤占国内紧缺物质而

我国的商品出口

中国 ⇄ 外国（或地区）

商品流动
付款流动

我国的旅游出口

中国 ⇄ 外国（或地区）

旅游者流动
付款流动

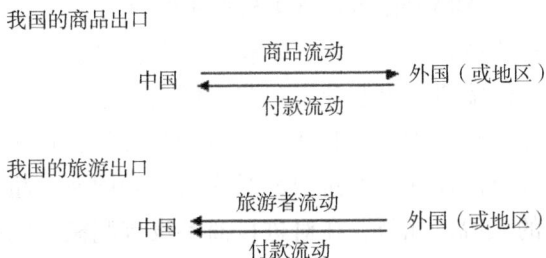

**图 8-1 我国的商品出口和旅游出口**

创汇，并且旅游业具有创汇本领强、换回成本低、耗能少的特点。与传统的出口商品相比，旅游创汇具有如下优势：

（1）旅游产品换汇率较高

国际上将旅游出口称为"无烟工业"。旅游业提供的是无形的服务产品，不必付出很多物质产品，而且旅游出口可以省掉商品外贸进出口有关的各种繁杂的手续，只要旅游者来到旅游产品的生产地点进行消费，不需要消耗很多能源即可创汇，可以使资金周转、循环增值，符合发展中国家的经济增长方式。

另外，旅游产品的换回成本低于外贸商品的换回成本，因而换汇率较高。在国家贸易市场上，生产和技术比较落后的发展中国家的出口商品在价格上常常处于不利地位。特别是在进口国家实行贸易关税壁垒政策的情况下，出口国为了获得外汇，有时甚至不得不以低于商品成本价格的价格出售。而国际旅游者在入境旅游时，其外币则须完全按照旅游接待国公布的外汇牌价兑换成本地货币。因此，同传统的商品出口换汇的情况相比，旅游产品的换汇要合算得多。

（2）旅游接待国能立即得到外汇

在外贸商品出口方面，从发货到结算支付往往要间隔很长一段时间，有的甚至会长达数月乃至逾年；而在旅游出口方面，按照国际上的行业惯例，买方往往采用预付或现付的方式结算，因此卖方即旅游接待国能够立即得到外汇。显而易见，同一数量的外汇收入，迟到与早到意义大不相同。它们之间有现值或利息差额问题，在旅游接待国急需外汇的情况下，尽早实现结算可使所有外汇发挥更大的效益。

(3) 免受繁杂手续特别是客源国关税壁垒的影响

旅游创汇是在旅游目的地发生，是就地创汇，避免了商品出口贸易中的关税、检验、检疫的障碍，也避免了包装、保险和储运的麻烦，也不必长期等候对方付款和办理繁杂的进出口手续，故创汇方便，且换汇率高。在传统商品进出口中，进口国往往会对进口商品实行配额限制，超过这一数额，便会提高进口商品的关税。此外，在对进口商品没有配额限制的情况下，为了控制商品进口量，进口国也会以调高进口关税为常用手段。这就是所谓的关税壁垒。而在旅游产品的出口方面，通常不存在客源国实行类似的关税壁垒的问题。

另外，发展国际旅游还可以弥补贸易逆差，平衡国际收支。国际收支是指一个国家或地区在一定时期（通常为一年）与其他国家或地区经济往来的全部收支。在国际经济往来中，收入大于支出时，国际收支差额变现为顺差或盈余；反之，国际收支差额则出现逆差或赤字。造成国际收支不平衡的原因很多，对于发展中国家而言，一方面，由于经济技术发展滞后，物质商品出口量有限；另一方面，为了发展经济文化又必须进口先进的技术和设备，因此，国际收支出现赤字是难免的。正因为如此，发展旅游进行积极创汇，对于弥补贸易逆差，平衡国际收支具有积极意义，特别是对于创汇能力弱的国家和地区更为重要。

### 8.1.1.2 有利于货币回笼

这项功能是就发展国内旅游产业来说的。在任何一个实行纸币制的国家或地区，当人们持有的货币量超过了流通的商品价格总量时，就有可能出现通货膨胀，产生货币贬值，引起社会问题。因为当人们手中的货币量增加时，就意味着其购买力的扩大，势必会对市场造成压力，致使物价不稳，扰乱市场秩序，即使人们将积蓄的钱存入银行而暂时不投入市场，由于这些钱可以自由存取，仍会对市场构成一种潜在的威胁。所以，国家投放货币后，都要设法将其回笼，有计划地投放和回笼货币是一个国家或地区经济正常运行的前提。而国家回笼货币的途径大致有 4 种：一是商品回笼，即通过组织生产各种商品投放市场换回货币；二是财政回笼，即通过国家征收各种税款来回收货币；三是服务回笼，即通过各种服务行业的收费回笼货币；四是信用回笼，即通过吸收居民存款、收回农业贷款、发放国库券等手段回笼货币。在商品开发能力有限、难以满足市场需求的情况下，发展国内旅游产业，转移人们的购买趋向，鼓励消费旅游产品，既可以加速货币回笼，稳定货币流通量和商品供应量之间的比例，又能减轻市场压力，稳定物价，更能为国家建设积累资金。这在相当大的程度上减轻了市场压力，抑制了通货膨胀，积累了建设基金。

### 8.1.1.3 增加目的地经济收入

旅游收入是国民收入的重要来源，旅游使参加旅游服务的企业和个人获得经济收入，促进了旅游目的地的开发和经济发展。无论是发展国际入境旅游还是发展国内旅游，都可以使旅游接待地区的财富或者经济收入得以增加。发展国际旅游业，可以为旅游目的地"注入"外来的经济力量，在增加国家创汇的同时，扩大旅游目的地国的财富和收入（图8-2）。

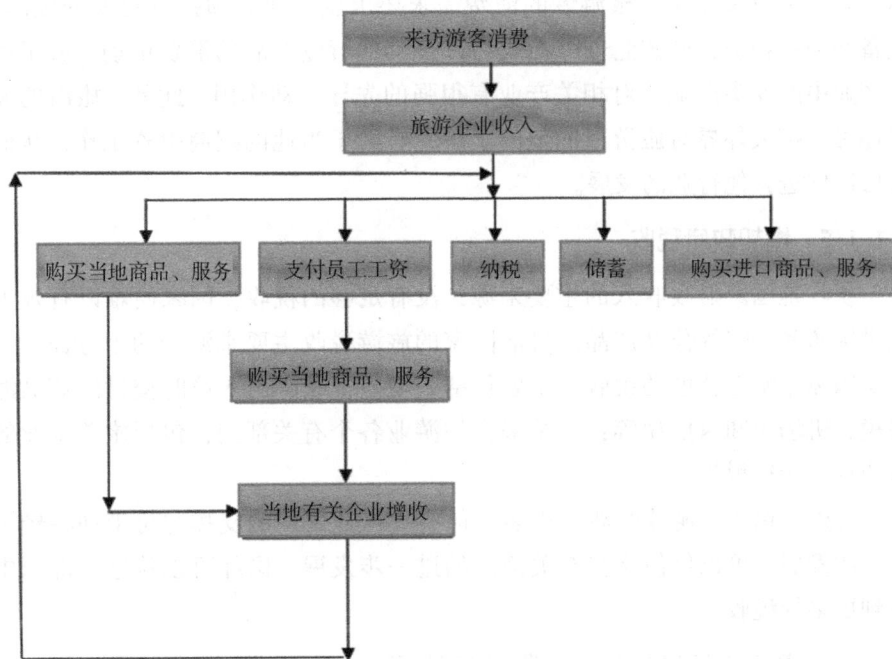

**图 8-2　旅游收入在旅游目的地经济中的流动示意图**

### 8.1.1.4 带动关联各业，促进整体发展

旅游业的发展有赖于目的地中很多其他经济部门或行业的配合和支持，同时也带动和促进很多其他经济部门或行业的发展。旅游业是综合性的产业，它主要包括了旅行社业、饭店业、旅游景区业、交通运输业和娱乐业，并与建筑、房地产、园林、市政建设、商贸、邮电、信息、金融、保险以及工农

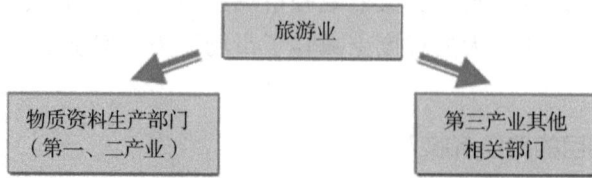

图8-3 旅游业关联各业

业等30~40个行业有直接或间接的关系。我国测算旅游业收入增加1元，国民经济总产值可增加3.12元，第三产业增收10.7元，可谓"一业兴，百业旺"。旅游业与物质资料生产部门、第三产业其他相关部门的关系如图8-3所示。其根本原因在于，旅游者的消费需求要求旅游业必须提供足够的设施、设备和消耗物资，旅游业也因而成为许多其他行业产品的消费市场，成了第三产业中的龙头产业，对相关产业有很强的先导带动作用。此外，旅游的发展还可以扩大外界对旅游目的地的了解，有助于当地的招商引资工作，从而也可以促进其他行业的发展。

### 8.1.1.5 增加政府税收

税收是国家财政收入的主要来源，没有足够的税收，国家便难以有效地提供国防和治安等公共产品。目前国家的旅游税收主要来源于两个方面：一是从国际旅游者获取的税收，主要包括入境签证费、出入境时交付的商品海关税、机场税和执照税等；二是来自旅游业各个有关部门，包括旅游企业的营业税和所得税等。

另外，由于旅游业牵涉到许多其他有关产业部门的支撑并可带动各经济部门的发展，可以促使这些有关部门的进一步发展，国际可以从这些部门中得到更多的税收。

### 8.1.1.6 平衡地区经济发展，缩小地区差异

世界不同国家和地区，或者一个国家内的不同区域，经济发展水平往往是不平衡的，而旅游在平衡这种地区间差别方面能够起到一定的积极作用。国际旅游可以将客源国的物质财富转移到接待国，国内旅游可以把国内财富从一个地区转移到另一个地区，起到将国内财富在有关地区间进行再分配的作用。一般来说，经济较发达的地区外出旅游的人数较多，经济欠发达的地区外出旅游的人数较少。当经济欠发达地区的旅游资源足以吸引经济发达地区的居民前往旅游时，首先这是对旅游目的地的一种外来的"经济注入"，再

者，这些旅游者在旅游目的地的消费对当地的经济也是一种外来的刺激。这种刺激，不仅对当地旅游业的发展起到了促进作用，而且促进了经济社会发展，从而缩小了地区差距。特别是那些物产资源贫乏，限制了物质生产的发展，但却拥有较好旅游资源的地区，发展旅游业对地区经济的发展具有重要意义。2017 年，中国为全世界贡献超过 1.3 亿人次的出境游客、超过 1000 亿美元的出境消费，为"一带一路"沿线国家与地区贡献数千万人次的出境过夜游客，成为世界上最为重要的客源输出国。在大国关系塑造中，出境旅游发挥了平衡客流与服务贸易的作用[1]。

### 8.1.1.7　改善投资环境，扩大国际合作

旅游业的发展必将开展基础设施等硬件条件建设，同时对软件环境也产生深刻的影响，从而改善了投资环境。旅游对投资环境的改善表现在以下方面：第一，旅游业提供了开展合作的必要的物质条件，发展旅游业必将会推动通信、交通、电力等市政设施和饭店、娱乐场所等旅游设施的建设，从而为旅游地外来投资提供了良好的条件。第二，旅游经济本身的特点决定其最容易吸引外商的投资。旅游业投入少、产出多、效益较高的特点，对外资吸引力较大。第三，国际旅游业促进了各国人才和信息的交流。第四，旅游业是一个和外来旅游者打交道的事业，通过发展旅游业，锻炼了旅游地管理者和公众的开放、服务意识，从而也促进了政策环境的改善。第五，旅游业是一种具有特殊优势的外向型经济，随着国际旅游业的迅速发展，各国人民之间的交流日益增多，这对扩大国际间的经济交流与合作将发挥积极作用。

### 8.1.1.8　增加就业机会

就业问题作为一个重要的社会问题不仅关系到每个劳动者的生存和发展，而且关系到社会的稳定。虽然，任何部门和行业的发展都能为社会提供一定的就业机会，但是，发展旅游业比发展其他行业更有利于解决就业问题。根据世界旅游及旅行理事会（WTTC）发布的数据显示，2018 年，全球旅游业的生产总值增长 3.9%，占全球经济总量的 3.2%[2]。旅行和旅游业（包括其直接，间接和诱导影响）占全球创造的所有新工作岗位的 1/4，占所有工作岗位的 10.3%（3.33 亿），每 10.9 份工作中就有一份是从旅游业产生。

---

[1] 新华社 . 2017 年中国公民出境旅游人次超 1.3 亿［EB/OL］［2018 - 02 - 06］中国政府网（www. gov. cn）

[2] Travel & Tourism council. Economic Impact Reports［EB/OL］.

相比于其他产业，旅游业在提供就业方面的优势在于：

①旅游业是劳动密集型行业，即需要面对客人提供富有人情味的直接服务，因而手工劳动比重较大，需要大量的劳动力。

②旅游业就业门槛低，行业门类和岗位层次多。对不同层次的劳动力都有需求，既需要简单技能的普通劳动力，还需要一些高学历、高知识的人才，所以旅游业能够有效提供多样化的就业机会，包容性很强。

上述情况说明，发展旅游业是增加就业机会的重要途径之一。在传统产业吸纳就业能力有限的情况下更是如此。在我国经济体制改革和现代化建设过程中，安排国民就业将始终是一个严峻的问题。由于第一产业和第二产业吸纳失业人口的能力相对有限，加速发展就业成本较低的劳动密集型产业就成了解决就业问题的较好出路。可见，旅游业在解决就业问题方面具有特殊作用。

2019年，我国旅游直接就业2825万人，旅游直接和间接就业7987万人，占全国就业总人口的10.31%[1]。特别在解决中国少数民族地区居民、妇女、农民工、下岗职工、大学毕业生首次就业者等特定人群就业方面，旅游业发挥了重要作用。

### 8.1.2 旅游对经济的消极影响

当然，同其他任何事物一样，旅游的发展对一个国家的经济既有积极方面的影响，也有消极方面的影响，如果片面发展旅游业但不量力而行，那么可能会因此带来副作用，甚至会导致得不偿失的结果。

#### 8.1.2.1 有可能引起物价上涨

一般情况而言，外来旅游者的经济支付能力要高于旅游目的地居民，加上旅游消费心理的影响，使其往往愿意出高价去购买各种产品和服务。在经常有大量旅游者来访的情况下，则难免会引起旅游目的地的物价上涨，这必然会对当地居民的经济利益造成损害，特别会引起衣、食、住、行等生活必需品价格上涨，更会大大影响到当地居民的基本生活。如2010年上海世博会期间，酒店价格上涨20%，餐饮、旅游商品等行业的价格也有较大上升，在一定程度上影响了当地居民的日常消费，很可能还会影响社会和经济的安定。

此外，随着旅游业的发展，它对稀缺资源的需求也越来越大。特别是对

---

[1] 文化和旅游部.2019年旅游市场基本情况 [EB/OL]. mct.gov.cn.

土地的需求，因此地价会迅速上升。很多国家的大量事实表明，在某些初来访游客不多的地区兴建旅馆时，对土地的投资只占全部投资的 1%。但是，在这一地区旅游业发展起来之后，新建旅馆的地皮投资很快上升到占全部投资的 20%。这样一来，不但会影响到当地居民的住房建设与发展，而且更为严重的是会鼓励当地农民或其他土地所有者出售土地。尽管他们可以从中得到短期的利益，但是也因此失去了土地，不得不放弃原来的职业，而去从事陌生的职业，可能在心理上或生活上造成很大的压力，从而出现了新的社会不公平问题。

### 8.1.2.2　有可能导致产业结构恶化

一般而言，旅游业因其广阔的发展空间、强大的产业关联性，会对目的地经济的发展、产业结构改善产生深远的影响。旅游产业的适当发展能够对目的地经济产生积极影响，但是如果决策失误，也会使目的地经济的产业结构发生不利变化，阻碍目的地经济社会的全面发展。例如，在一些原先以农业为主的国家或地区，由于从事旅游服务的所得高于务农收入，于是很多从事农业的劳动力转移到旅游业中来，大量农田因此荒芜，农业生产能力降低。这种变化的结果是：一方面，旅游业的发展需要农业提供更多的农副产品以满足其需求；另一方面，农业的规模却在不断缩减，这可能会致使农副产品涨价，并因此影响目的地社会的稳定和经济的发展。当一个国家或地区经济水平较低时，其旅游业更多地表现出对外的依赖性，只有当社会经济发展到一定水平，旅游业的关联带动作用才能体现得比较明显。

### 8.1.2.3　过分依赖旅游业会影响国民经济稳定

这一点主要是就国民经济发展过度依赖旅游业的情况而言，其原因是多方面的。首先，作为现代旅游活动主要组成部分的消遣度假旅游有很大的季节性特点。虽然需求方面的季节性表现有时可通过旅游业的努力加以减轻，但毕竟不可能完全消除。因而旅游接待国或地区在把旅游业作为主要产业的情况下，淡季时则会出现劳动力和生产资料闲置或出现严重的失业问题，从而会给接待国或地区带来严重的经济问题和社会问题。其次，旅游需求在很大程度上取决于客源地居民的收入水平、闲暇时间和有关旅游的流行时尚，而这些都是旅游接待国或地区所不能控制的。假使客源地出现经济不景气，其居民对外出旅游的需求势必会下降。在这种情况下，接待地区很难保住和扩大市场。另外，一旦客源地居民对某些旅游地的兴趣爱好发生了转移，则会选择新的旅游目的地，从而使原接待地区的旅游业呈现萧条或衰落。最后，从供给方来看，旅游需求还会受到接待地区政治、经济、社会乃至某些自然因素的影响。一旦这些非旅游业所能控制的因素发生不利变化，也会使旅游需求大幅度下降，致使旅游业乃至整个经济都严重受挫，造成严重的经济和社会问题。

所以，有人称过分依赖旅游业的经济是一座"建立在流沙上的大厦"。如过度依赖旅游业，在旅游旺季或者双休日、节假日，许多旅游景点、度假村、旅行社以及饭店人流滚滚，客满为患，而淡季或者平时则往往客源不足。如果出现了社会动荡、恐怖活动、国家关系恶化、战争、经济危机、自然灾害、瘟疫等，旅游业必将受到损害。如 2003 年的"非典"，使我国旅游业损失2768 亿元，但因我国经济的综合性强，国民经济整体仍然保持着增长的状态，如果过分依赖旅游业，对国民经济的打击将是惨重的。所以说，一个国家或地区在利用旅游业来发展自己的经济时必须把握好一个"度"。不但要弄清楚发展旅游业能够带来多大的经济效益，而且要意识到处理不当可能对经济发展带来的消极后果，从而给旅游业的发展做出正确的定义。

### 8.1.3 旅游对经济影响的评价

旅游的发展对接待地区经济的推动作用到底有多大？要回答这个问题，就必须对旅游的经济影响做出客观评价。在众多的评价方法中，旅游乘数分析法是运用得最为广泛的一种。

#### 8.1.3.1 旅游乘数的相关概念

"乘数"是经济学中的一个基本概念，最早是由英国经济学家卡恩于1931 年提出的，它是指"公共支出或私人资本投资增长对收入所产生的放大效应或连锁反应"。说的抽象一点就是由于国民经济各部门的相互关系，任何部门最终需求的变化都会自发地引起整个经济中产出、收入、就业等水平的变动，后者的变化量与引起这种变化的最终需求变化量之比即是乘数。而所谓的"旅游乘数"，就是用以测定单位旅游消费对旅游接待地区各种经济现象的影响程度的系数，它是指产出、收入、就业和政府税收的变化与旅游支出的初期变化之比。

#### 8.1.3.2 旅游乘数效应的作用过程

前面内容提到过，对于旅游接待国来说，国际来访游客的旅游消费相当于使外来资金"注入"到接待国的经济之中。这种资金注入增加接待国的收入，并通过在接待国经济中的流转，刺激该国经济的发展。

而旅游乘数效应反映的就是游客旅游消遣过程中这种"注入"资金在本国或本地区经济系统内渐次渗透，从而刺激经济活动扩张，提高整体经济水平的过程。按照渗透的先后顺序，可以将旅游乘数效应的作用过程分为3种：直接效应、间接效应和诱导效应3个阶段。

（1）直接效应阶段（direct effects）

国际游客在接待国中的旅游消费首先会成为该国旅游业的营业收入，从而构成所谓的直接营业收入。但是，这些钱并非都可以成为接待国的居民家庭收入，由于未来营业的需要，旅游企业必须将其中一部分钱用于采购物资和补充库存，维修自己的设施设备，向政府缴纳各种税金和支付员工工资以及向其他部门支付有关费用。另外，旅游企业在聘用外国雇员或外国公司企业参加经营管理或欠有外债的情况下，也要向对方支付有关的款项。因此，旅游企业在使用上述直接营业收入的过程中，其中一部分便又漏损到国外，上缴政府的税金和用于储蓄的部分亦被视为漏损。所谓漏损，是指游客的旅游消费以外来资金的形式"注入"接待国经济之中，不会对其经济发展产生任何刺激作用的那一部分。

（2）间接效应阶段（indirect effects）

在第一轮的直接效应阶段之后，除漏损部分外，部分仍存留在接待国的经济体系之中。那些与旅游企业发生业务往来的其他部门的企业便是"二次受益者"。旅游企业将这些钱用于本国其他经济部门的企业购买物资、补充库存，从而扩大了这些企业的营业量。为了满足新市场的需求，这些企业必须增添雇员或给现有雇员支付加班工资以扩大生产，同时也要将相当一部分增加的营业收入用于补充原材料、维修生产设备、缴纳税金、支付其他营业费用等，从而启动下一轮的经济活动。而这样的后果就是使该国的经济产出总量增加，同样就业机会和家庭收入也会增加。这就是间接效应阶段。

（3）诱导效应阶段（induced effects）

随着本国居民生活水平的普遍提高，其消费也随之增加。由于部分工资收入用于购买本国生产和提供的商品和服务，从而进一步刺激本国经济活动的扩大，这也使得有关企业的营业量得以扩大，并导致收入和就业机会的进一步增加。这就是诱导效应阶段。这些诱导效应的作用非常大，根据有些国家和地区的测算情况，诱导效应的增收作用相当于间接效应的3倍。

上述间接效应和诱导效应合在一起时被称为"继发效应"（secondary effects）。

### 8.1.3.3 旅游乘数的类型

（1）营业额或营业收入乘数（sales multiplier 或 transactions multiplier）

它是用以测定单位旅游消费对接待国经济活动的影响。这一乘数表示的是单位旅游消费额同由其所带来的接待国全部有关企业营业收入增长量之间的比例关系。

（2）产出乘数（output multiplier）

它同营业收入乘数很类似，但所测的是单位旅游消费同由其所带来的接待国全部有关企业经济产出水平增长程度之间的比例关系。这两个乘数的不同点在于营业收入乘数所测定的只是单位旅游消费对接待国经济的直接效应和继发效应所导致全部有关企业营业收入总额的增长量；而产出乘数既考虑这些企业营业总额的增长情况，同时也考虑它们有关库存情况的实际变化。

（3）收入乘数（income multiplier）

它表示的单位旅游消费同其所带来的接待国净收入变化量之间的比例关系。

（4）就业乘数（employment multiplier）

它有两种用法：①表示某一特定数量的旅游消费所创造的就业人数；②表示由某一特定数量的旅游消费所带来的直接就业人数与继发就业人数之和同直接就业人数之比。

### 8.1.3.4 影响旅游乘数效应的因素

虽然旅游乘数的类型有所不同，但决定乘数效应大小的因素基本上都是相同的。这些因素主要包括：

（1）漏损量的大小

前面内容中已经提到过，游客的旅游消费"注入"接待国经济中后，促使当地的收入增加。这些直接收入继而又导致一连串的"消费—收入—消费"过程的发生。根据凯恩斯提出的基本乘数模型，旅游乘数的计算是用旅游消费量除以其溢出当地经济体系的漏损量，即：

$$乘数 = 1 / (1 - c + m)$$

式中，$c$ 为边际消费倾向（在所增加的收入用于消费的比例）；$m$ 为边际进口倾向（在所增加的收入中用于购买进口品及其他对外支付的比例）。

在这个模型中，漏损量的表现方式有两种：一种形式表现为储蓄即 $1-c$。需要说明的是，这里的储蓄指游客的旅游消费所带来的增加收入中节余下来的部分。它除了不用于消费以外，在规定时间内（通常为一年）不贷放给其他用款人。另一种表现形式则表现为购买进口商品和服务及其他有关对外支付的支出额。实际上，游客在接待国的全部旅游消费（即接待国的直接旅游收入）并非都进入该国的经济之中。在真正进入该国经济之前便已有一部分漏损出国外，例如，旅游企业支付外方人员的工资、支付外国贷款利息以及外商独资旅游企业的大部分收入等。我们把这种在进入该国经济之前的漏损一般称为直接漏损。

显而易见，无论是储蓄部分还是用于购买进口商品和服务的部分，都不会起到刺激当地经济发展的作用。所以，在上述计算公式中，漏损量越大，旅游乘数的值就越小。或者说，在所有收入中储蓄量及用于进口商品、服务和其他对外支付的数量越大，乘数效应也就越低。旅游乘数值随着地区范围的缩小而逐渐降低，这反映了一个事实，即在较小的地区，由于经济自给能力较差，漏损就表现得相对较为突出。

（2）接待国的产业结构和生产能力

如果接待国的经济实力很强，技术先进，并且生产门类齐全，经济上自给的程度很高，无论是在数量上还是在质量上都能够满足国内企业、居民及外来旅游者对各物质商品和服务的需要，那么便有可能使游客的旅游消费所带来的收入更多地留在目的地经济内，减少对进口商品和服务的购买。自给的程度越高，旅游乘数的值也就越大。反之，如果接待国经济落后，生产门类不全甚至单一化，不能满足人们对有关商品和服务的需要，在这种情况下，该国势必会在这些方面依赖进口，因而旅游乘数效应必然很低。

当然，除了上述的因素之外，决定旅游乘数的因素还有其他方面，如经济活动的复杂性带来的税收问题，也会对旅游乘数的大小有所影响。但是一般而言，它们的影响相对较小，因而只能说是影响因素而不能形成决定因素。

## 【应用实例】

### "荷兰病"型旅游地

"荷兰病"的概念起源于 20 世纪 50 年代，荷兰石油和天然气业迅速发展却抑制了其他产业部门，最终导致了通货膨胀上升、制成品出口下降、收入增长率降低、失业率增加等现象，使荷兰经历了一场前所未有的产业结构调整危机。经济学界将这类某一产业部门异常繁荣，其他产业发展相对滞后的现象称为"荷兰病"。Copeland（1991）和 Chao & Hazeri & Laffargue（2006）提出小型城市生产要素过分集中于旅游业，容易产生"荷兰病"，制约其他产业和城市经济的发展；Javier Capó Parrilla（2005）等通过分析西班牙旅游业和经济发展的关系，认为在经济上过度依赖旅游业而导致的"荷兰病"是其经济发展长期停滞不前，远落后于欧盟其他国家的重要原因；徐红罡（2006）提出了"荷兰病"在中国资源型旅游地中的作用机制；Javier Capo & Antoni Riera Font & Jaume Rossello Nadal（2009）证明了西班牙巴利阿里群岛和加那利群岛过度依赖旅游业发展，出现了"荷兰病"现象……

在中国旅游产业发展实践中，存在以云南丽江市、湖南张家界市、海南三亚市、安徽黄山市和四川阿坝州为代表的以旅游业为单一支柱产业，区域经济发展高度依赖旅游业的旅游地。这类旅游地虽然通过旅游业的蓬勃发展获得了"第一桶金"和巨大的荣耀，但其区域经济却形成了过度依赖旅游业的"困局"，使其他产业发展面临更多的困难。

（资料来源：杨懿，田里，钟晖，"荷兰病"型旅游地：内涵解析与识别流程，当代经济管理，2017，有删减）

## 8.2　旅游对社会文化的影响

在现代旅游发展的初级阶段，人们的关注目光主要投向旅游所带来的主要效益，即经济上的作用，而较少注意到旅游的整体效应，尤其是旅游的社会文化影响。旅游活动是一种追求精神文化享受的活动，旅游业是具有文化性质的综合性服务行业。主要是因为：

首先，旅游是一种有效的文化传播媒介。旅游是旅游者和目的地居民之间交往的过程，在直接和间接的交往接触中，双方还会因有意、无意的"示范"行为相互影响，然而在不同的社会条件和文化背景下，双方互相影响的程度有很大的差别。接触和了解异域文化是某些旅游者外出旅游的重要动机，同时也是所有旅游者访问异国他乡的客观结果。

其次，现代旅游活动发展的规模之大，已经使旅游成为一种重要的社会现象。旅游正在成为影响旅游目的地文化的因素之一。虽然就单个旅游者而言，与旅游目的地居民之间的接触是短暂的，似乎不足以对当地的社会和文化产生实质性的影响，但随着成千上万旅游者的不断来访，不可避免地将外来文化携带并散播到旅游目的地，那样必将对当地的传统生活方式和观念造成一定的冲击，从而影响到它的生活形态、社会构造等，由此又带来了环境的变化和人的变化，即引起了文化的变化。

同领域的发展对目的地经济的影响一样，旅游对社会文化的影响也具有两面性，可能产生积极的正面影响，推动社会文化进步，也可能带来消极的负面影响。

## 8.2.1　旅游对社会文化的积极影响

### 8.2.1.1　促进科技文化交流，推动社会文明进步

旅游促进科学文化的作用，既是对旅游地的，也是对旅游者的。旅游有利于不同文化的交流，特别是对旅游目的地一方的对外文化交流起到促进作用。旅游者通过旅游形式，将客源地或沿途所经地方先进的科学技术传播到旅游地，同时学习旅游地人民先进的文化思想，这种交流推动了社会的文明与进步。在旅游发展的各个阶段，都曾有人以科学考察为主要目的，为完成某项研究而参与活动。郦道元在寻途访迹、跋山涉水之间，以其亲身观察的地理知识写成了《水经注》；徐霞客为求知而旅行，最后写成了我国历史上具有科学价值的地理著作《徐霞客游记》。元代时马可·波罗游历东方，明代时利玛窦来华传教，在他们经商、传教的同时，也学到了中国的科学技术，为中西方文化交流做出了贡献。

## 【知识窗】

## 徐 霞 客

徐霞客（1587—1641 年），名弘祖，字振之，号霞客，汉族，明南直隶江阴（今江苏江阴市）人。伟大的地理学家、旅行家和探险家。

徐霞客在完全没有政府资助的情况下，先后游历了江苏、安徽、浙江、山东、河北、河南、山西、陕西、福建、江西、湖北、湖南、广东、广西、贵州、云南等地。著有《徐霞客游记》，这是以日记体为主的中国地理名著。明末徐霞客经 30 多年旅行，写有天台山、雁荡山、黄山、庐山等名山游记 17 篇和《浙游日记》《江右游日记》《楚游日记》《粤西游日记》《黔游日记》《滇游日记》等著作，除散佚者外，遗有 60 余万字游记资料。死后由他人整理成《徐霞客游记》。世传本有 10 卷、12 卷、20 卷等数种。主要按日记述作

者 1613—1639 年间旅行观察所得，对地理、水文、地质、植物等现象，均作详细记录，在地理学和文学上卓有成就。

当然，旅游与人类文明是相互促进、连带发展的，旅游业的繁荣可以说也是近百年来现代文明发展的结果。发展旅游业，来自比较发达国家或地区的旅游者可以给不够发达的国家或地区带来比较先进的管理经验、科学技术和文化知识。与此同时，比较发达国家和地区的旅游者也可在不够发达的国家或地区学到长于自己的传统文化和伦理知识。当然，前者地区旅游者的先进思想和道德观念也能给后者地区社会意识注入新的生机和活力。因此，国际旅游就像一台播种机，把物质文明和精神文明的种子撒向世界各地，使之生根、发芽、开花并且结出丰硕的果实。

此外，旅游在发展过程中也不断对科学技术提出新的要求，尤其是在交通运输工具、通信以及旅游服务设施和设备方面，要求更加快速、便利、舒适和安全，从而推动了有关领域科学技术的发展。

### 8.2.1.2 有助于提高民族素质

这一点主要是针对国内旅游而言的。这方面的影响主要表现在 3 个方面：

第一，旅游活动的开展具有促进人们身心健康的作用。在城市化程度不断提高的现代社会中，都市的公害、紧张的工作和生活节奏迫使人们更加向往能够经常地适时地改换一下生活环境，回到安谧、优美的大自然中去，以便重新"充电"、恢复体力、焕发精神，从而增加人们对生活的热爱。这既是大众旅游的重要动机之一，也反映了旅游活动的开展在促进人们身心健康、提高人口素质方面的重要性。

第二，旅游活动的开展有助于人们突破惯常环境对思维的束缚，使人们开阔眼界，增长知识。事实表明，在古今中外各个领域的伟人中，几乎没有哪一位不曾有过旅游或旅行的经历。对于青年人来说，外出旅游更是学习和接受新事物启发的有效途径。他们通过旅游，可以了解世界、熟悉社会、增长知识和才干。正因为如此，人们才有了"读万卷书，行万里路"的经验总结。

第三，旅游活动的开展有助于培养人们的爱国主义情感。无论是在国内旅游时亲眼看见各地的自然名胜、历史文化和建筑成就，还是在国外旅游时看到或听到对祖国历史文明和建设成就的歌颂，都会激发和增强人们的民族自尊心和自豪感，从而会加深人们对自己祖国的热爱。

### 8.2.1.3 加强了解，促进国际友好关系

旅游是民间外交的一种重要方式。发展国际旅游业，对于加强民间了解，改善国际关系，增进友好往来，维护世界和平，有着积极作用和深远意义。

（1）发展国际旅游产业便于加强民间了解

旅游作为民间外交的一种方式是不同国家或地区、不同民族、不同宗教信仰、不同年龄和性别、不同阶层和职业的人们之间面对面的交往，具有广泛性和直接性。旅游者中大多数是平民百姓或是以非官方身份出现的人，与政府间的往来官方人士不同，其交往不受官方外交礼仪、规格等级的严格限制，也没有官方交往中的诸多顾忌，具有群众性和随意性。旅游交往，可采取听演讲、看影视、实地考察、参加会议等各种各样的形式，可接触旅游从业者，目的地国家或地区的居民，其他旅游群体或个体，可了解异国他乡的山川地貌、风土人情、生产方式、生活习俗、建设成就、文物古迹、民族传统、道德法律以及其他希望和可能了解到的东西，具有灵活性和机动性。

（2）发展旅游产业可以改善国际关系

国家之间正式建交可能滞后，其民间的往来和交流却可以先行一步。这种民间往来和交流可能是国际社会政府间外交的先导和前提。在这一方面，旅游作为民间外交的一种方式是功不可没的，通过发展国际旅游产业，开展以跨国旅游业为表现形式的民间交往和交流，可以加强民间的了解和认识，消除因不了解而产生的偏见和误会。随着旅游活动的频繁和相互了解的加深，彼此之间势必会产生情感和友谊。在这种基础上，缓和紧张局势、改善国家关系，也就成了顺理成章、水到渠成的事了，中日、中美、中俄、中韩等之间的双方关系之所以能够得到改善，其原因之一就在于中国和日、美、俄、韩等国包括旅游在内的文化交流发挥了巨大的作用。

（3）发展国际旅游产业能够增进友好交往

通过旅游，人们可以愉悦身心、焕发精神、陶冶情操、增长知识、满足追求、猎奇、求乐、求知、求健、求美等欲望和目的，因而是相互之间友好交往最理想的沟通方式。发展国际旅游产业对旅游客源国与接待国的友好交往是有力的促进，使二者都增加了了解别人、宣传自己的机会。目前，国际旅游者大多数来自经济文化发达的国家，他们通过与接待国人们的直接交往，切身感受异国他乡的魅力，认识到即使是发展中国家或地区也有很多值得学习和了解的东西，而后者通过热情周到的服务和真诚待人的美德，给客人留下了美好难忘的印象，有效地宣传了自己，这不仅可以增进双方的交往和友

谊，而且能提高本国或本地区在国际事务中的作用和地位。

（4）发展国际旅游产业能够维护世界和平

发展国际旅游产业对加强国际了解、改善国际关系、增进友好交往有利，这已被实践反复证明；发展旅游业能消除国际间偏见和仇恨，缩小可能产生的矛盾和差距，使人类整体意识和世界大同观念日益加深，使反对战争、维护世界和平成为人心所向、大势所趋。

### 8.2.1.4　有助于促进民族文化的保护和发展

民族文化是一个国家或地区重要的旅游资源。对接待国或地区来说，如何保护好当地的文物古迹，发掘传统文化资源是满足旅游者需求的一项重要任务。虽然是出于发展旅游业的目的保护文化资源，但是旅游业在客观上起到了保护社会文化的作用。

一个民族的传统文化资源是该民族发展旅游的重要基础。为了发展旅游，许多国家或地区总是想方设法地使那些几乎消失的文化重获新生。如恢复和发展被人遗忘多年的传统节会和健康文明的民风民俗；重视和挖掘具有地方特色的音乐、戏剧、舞蹈、体育和手工艺品；修缮和维护濒临湮灭的古代建筑和文物古迹；收集和编撰美丽动听的逸闻趣事和传说故事等。所有这些不仅可以奠定发展旅游的基础，而且也保护了民族文化的传承。

当地居民也在享受旅游所带来的巨大利益中，逐渐发现了自己传统文化的不可替代性，从而消除过去面对所谓主流文化时的文化自卑感，树立起文化的自信心与自豪感，越来越倍加珍视自己的传统文化，由衷地产生了责任心和使命感，从而增强人们保护传统文化的意识。

### 8.2.1.5　有助于促进目的地生活环境的改善

伴随着旅游业的发展，旅游接待地区的基础设施、服务设施、文化设施不断地完善和改进，不仅方便了当地居民的生活，还优化了当地居民的生活环境和文化环境。旅游促进一些城市独特风貌以及其他颇具创造性的人文景观的形成，为接待地增添了新的文化风采。再者，对于旅游者而言，通过一系列的旅游活动，放松身心的同时，又增长了见识、并且突破了传统社会环境对人们的束缚。虽然这一切都始自发展旅游业的需要，但在客观上也改善了当地居民的生活环境，方便了当地居民的生活。

## 8.2.2　旅游对社会文化的消极影响

### 8.2.2.1　不良的"示范效应"

　　旅游者以其自身的意识形态和生活方式介入旅游目的地社会中，引起当地居民的思想变化，产生各种影响，这种作用称为示范效应。特别是在国际旅游方面，由于旅游者来自世界各地，他们具有不同的价值标准、道德观念和生活方式，因而这些东西无形之中也在传播和渗透。虽然说在这些方面，旅游者和当地居民是在相互作用和相互影响，但实际上，旅游业带给目的地社会的影响比他们接受目的地社会影响的程度要大得多。因为旅游者同当地人的接触不仅时间较短，而且接触的范围也十分有限，他们通常所接触的主要是旅游企业的工作人员。旅游者难以在短时间内被旅游企业工作人员所影响，而旅游企业的工作人员的言谈行为也不大可能真正表现出当地居民的生活方式和价值观念。另外，在经济和文化上占据优势的发达国家的旅游者大量涌入相对落后的发展中国家的旅游目的地，其价值观念、道德标准、行为模式、生活方式等对旅游目的地居民尤其是年轻人具有强烈的诱惑力，可能使旅游目的地居民产生媚外心理，盲目追求和模仿旅游者的生活方式与行为模式，其传统道德观和价值观发生扭曲和裂变，丧失原有的淳朴美德。

　　另外，当地居民为了追求旅游者所表达出来物质生活消费方式，越来越多的旅游目的地居民加入服务行业，因为这个行业比传统的农业更能提供发展的机会，旅游业成为当地人提高生活水平的途径。这些人长期生活在与旅游者接触的环境中，很可能会放弃其传统的道德观念，导致道德沦丧、婚姻解体。正因为如此，有人在研究旅游给第三世界国家带来的消极影响之后，指出"发达国家是在通过旅游将其生活方式输出到第三世界国家"。虽然也有人认为这一结论带有偏激的政治色彩，但是毕竟旅游者的生活方式对旅游目的地社会，特别是发展中国家社会的影响是不容忽视的事实。因此，这不利于社会形态的延续，使原来热情好客、勤劳简朴、平等无私的精神被削弱，同时也削弱了目的地社会形态的独特性，降低了其旅游吸引力。

### 8.2.2.2　干扰目的地居民的生活

　　任何旅游目的地的承载能力都是有限的。当越来越多的旅游者大量涌入旅游目的地时，为了适应开展活动的需要，旅游接待设施在数量和质量上也会有所改善，方便了当地居民的生活。但是，在旅游旺季的时候，由于游客的密度增大，当地居民的生活空间相对缩小，因而会干扰到当地居民的正常生活，侵害当地居民的利益。当地旅游业为了通过满足旅游者某种特定的经历和享受符合其本国水准的生活条件，而获得最大的利润，往往把质量上乘的消费品优先供应给肯出高价并且以外汇支付的旅游者，各种服务也优先保证旅游者的需要，这就造成了旅游者直接与当地居民争有限资源，这不仅会影响当地居民的正常生活，还可能会激发当地居民的怨恨，甚至产生了对旅游的抗拒，从而造成旅游者与当地居民之间人际关系紧张。

### 8.2.2.3 文化类旅游资源遭受破坏和毁损

文化类旅游资源遭受破坏的原因之一是由旅游者的行为造成的。旅游者对旅游目的地旅游资源的损害，一类是其不检点的行为造成的，另一类则是旅游发展的必然结果。现实中不乏这样的情况：一些旅游者每到一处，常常毁掉那些他们不顾路途遥远特地去观赏的宝物。至于因游人乱刻乱画、随意丢弃废物所直接或间接导致的文物古迹的破坏，更是不胜枚举。然而，更加普遍的也是更令人棘手的问题是由于旅游过度接待所导致的损害。例如，被列为世界八大奇迹之一的埃及金字塔由于长时间有大量游人的攀登出现严重损坏情况，有人估计1万年后埃及金字塔将不复存在；成千上万旅游者的脚步会将意大利佛罗伦萨和威尼斯等历史名城的博物馆内珍藏的镶嵌画地板磨平；过多的游人也使建筑物内的空气温度和湿度过高，给名贵油画的保护带来不利的影响。

除了来自旅游者直接或间接的破坏以外，旅游地的文化遗产还有可能因开发和保护不当，被当地人借发展旅游的幌子所损坏。比如因规划不当、管理不力或者片面追求短期经济效益，一些古都、古城的历史风貌被削弱，一些古建筑被毁坏或者被改造得面目全非。

### 8.2.2.4 当地文化被不正当地商品化

传统的民间习俗和庆典活动都是在传统特定的时间、传统特定的地点，按照传统规定的内容和方式举行的。但一些与本地文化无丝毫关系的"景观"或活动内容凭空出现，很多这种活动随着旅游业的开展逐渐被商品化，不再有什么"规矩"。例如："竹竿舞"已成为很多少数民族民俗风情舞蹈表演的重要节目了；"背新娘"在不少民俗村、民俗风情园甚至在毫不相干的景点内也经常上演；贵州瑶族的恋爱习俗被称为"洞洞婚恋"，有"一晚可以谈五个，终身只归一个人"的婚恋现象，但当地的有些不法商家却借展示民族婚俗旅游的幌子提供不正当的服务。

　　另外，为了满足旅游者对纪念品的需要，当地工艺品大量生产，很多粗制滥造的产品充斥于市，这些产品已不再能表现传统的风格和制作技艺。这样当旅游者将它们带回本国或本地区去向亲友展示时，便会使当地文化的形象和价值受到损害和贬低。

## 8.2.3　正确认识旅游的社会文化影响

　　旅游发展对于社会文化而言，确实是一把双刃剑，要全面认识它，才能正确评价它。实际上，旅游对目的地的社会文化的各种影响并非都是无条件存在或必然产生的。就其积极的影响而言，国际旅游的开展未必能使接待国通过旅游者的宣传而树立或改善自己在海外的现象。如果要实现这一点，很大程度上取决于国际游客在接待国旅游期间是否实现自己预期的愿望，取决于他们是否通过旅游产生或加深对接待国的好感。如果他们在接待国的旅游期间没有获得预期的满足，甚至发生不愉快的经历，那么他们带回其本国的非但不是对接待国的好感，而是牢骚、怨恨和批评。可想而知，如果这类情况达到一定的数量，接待国不但不能通过旅游者的宣传改进和提高自己在海外的形象，而且还可能产生相反的效果。

　　我们知道，就个人而言，旅游既有求知的意义，又可激发人的艺术情感。中国人总是将旅行与增长知识联系在一起，因此就有"读万卷书，行万里路"的古训。但外出旅游未必对所有的旅游者都能产生陶冶情操和增长知识的教育效果。世界旅游组织对青年的"大游学"旅游研究曾指出，虽然青年旅游作为一种教育手段起到开阔眼界、增长知识、了解世界、培养和增强良好的个人习惯与社会习惯的积极作用，但在现实生活中，如果计划不周或采取的形式有误，青年旅游同样可能产生反面的教育成果。所以，青年旅游能否产生积极的效果，在很大程度上取决于外出旅游的主旨和具体的旅游方式。

## 【知识窗】

### 亚当·斯密谈"大游学"

　　早在18世纪时，亚当·斯密在观察了当时欧洲青年学生的"大游学"（grand tour）现象后，便曾指出，"人们通常以为，这些年轻人通过外出旅行，回来以后会有很大的长进"，但是实际上，这种"大游学"的结果是令人失望的。"在这些年轻人的旅行过程中，他们通常都会学到一两门外语知识，但其掌握程度之肤浅，使他们很少有能力正确地用来谈话或写作。在其他方面，他们旅行归来以后，通常都变得骄傲自负、不懂道德、行为放荡、不够认真从事学习或工作。由于他们年纪轻轻外出旅行，脱离了父母和亲友的监督和控制，将自己一生中最宝贵的年华用于放任轻浮的消遣，所以他们在早期教育阶段可能已经形成的良好习惯不仅没能得到巩固和增强，反而几乎被剥削或忘却了。"

（资料来源：赵博，大旅行，培养绅士还是公子哥？社会科学报，2020）

在旅游对目的地社会文化的消极影响方面，它们也并非发展旅游的必然结果。西方很多社会学家在论及旅游对目的地社会文化的影响时，往往偏重于消极的一面。在世界各地旅游发展的过程中，无论是在发达国家或是发展中国家，的确也曾出现了这样或是那样的问题。但是，这些问题的形成和严重化不是没有条件的，也并不是不可克服、不可控制的。任何一个问题的形成都有一个从量变到质变的发展过程。在这个意义上，旅游对社会文化的影响一般应指其潜在性或可能性。这些消极影响在某些旅游接待国或地区导致了社会问题的形成，而在其他一些旅游目的地则没有形成社会问题。这种情况说明，旅游对社会文化潜在影响在一些地方能够形成社会问题至少是要具备一定条件的，否则便不能解释为什么在某些地方形成社会问题，而在另外一些地方没有形成社会问题。

在认识旅游对社会文化的影响时，我们还应该看到，任何文化交流，不论是旅游带来的文化交流还是通过其他途径产生的文化交流，都不可避免地使交流双方面临对方文化的影响，本身传统的文化也不可避免地受到外来文化的冲击。只有在对这些影响与冲击有了足够认识的情况下，才能做到取其精华去其糟粕。古今中外的历史证明，一个国家和地区的社会文化需要得到外来文化的促进才能不断完善、发展和前进。面对大规模旅游带来的消极影响，我们不能因噎废食而反对发展旅游，其主要原因，一是因为旅游对经济和社会文化有众多的积极作用；二是因为很多消极问题的产生未必是发展旅游的必然结果。

此外，旅游业的发展对文化的依赖度也很强。旅游业赖以发展的旅游资源，几乎包括了可开发利用的人类历史已经存在的所有社会人文资源和自然地理资源，而不管是历史古迹、文化活动、文化遗产、民俗风情、现代科技，还是工农林木、山川河流、自然万态，都可以成为经济发展的文化和物质基础。脱离了文化内涵的旅游资源，生命力是极为短暂的，这样的旅游行业也无法形成产业化发展空间。

全面认识旅游和社会文化之间的相互影响，主要目的是要在认识的基础上采取措施，发展旅游对社会文化的积极作用，抵制和最大限度地缩小其消极影响，加速人类文明进程；并积极开发、利用积淀厚重的历史文化遗产、民俗文化遗产和现代化科学技术资源等，使旅游业沿着健康的道路发展。

## 【应用实例】

### 斐济的走火表演

斐济的走火表演就是文化表演一个动态变化的例子，像加勒比海地区的林勃舞一样，如今斐济的走火表演只有在文化中心或酒店才能看到。事实上，愿意付钱的客人有权在任何地方观看表演，这种古代习俗已经被包装并变为餐桌旁的一种娱乐活动。在斐济，表演这种仪式的人被叫做 Vilavilairevo（字面意思就是"跳进火炉"）。这种穿过洛沃（lovo）地炉中火热的石头的表演今天已经成为商业性的活动，而不再作为表达对尊敬而高贵的访问者的敬意和一种纪念仪式之庆祝（和表现传说）Tui Qualita，也不再表示对洛沃征服战争的纪念——在战争中被击败的士兵会被埋葬或被烧死。到斐济访问的旅游者很少知道走火舞的起源，但这并不影响令人震撼的表演效果。尽管在走火舞中伴随着许多解说，但旅游者并不知道这个仪式的真实含义和重要性，这并不意味着这种习俗在旅游中的变化会造成当地人和旅游者之间的隔阂。隔阂在表演之前就已经存在，并可能正是旅游者为什么选择这个目的地的原因。文化活动的商业化本身并不是一无是处的，它为当地社区带来所需要的收入，让一部分习俗保留在斐济现代文化之中，并让斐济人们为自己的历史和文化感到自豪。

（资料来源：克里斯·库伯，约翰·弗莱洵等，旅游学：原理与实践，2 版，高等教育出版社，2004）

## 8.3 旅游对环境的影响

在论及旅游对目的地环境的影响时，所谓环境，既包括目的地的自然环境，也包括经过人工建设的社会生活环境。

旅游与环境存在着一种非常密切的关系，是一种相互依存又相克相生的关系。优良的环境是旅游赖以生存、发展的重要基础，它不仅是吸引来访者的重要决定因素,而且其质量还将影响来访游客的访问经历和满意程度。如果环境条件恶化,失去了吸引力,最终必将导致旅游产业的衰落。

随着景区的开发和旅游者的来访,旅游目的地的环境不可避免地会发生变化。因此,旅游对目的地环境的影响从一开始就不是潜在性的影响。而是事实上的影响。正因为如此,随着大规模旅游活动的发展,人们对于旅游对环境的影响也愈加关注。时至今日,在不少国家和地区,保护环境和改善环境已经成为旅游开发决策时首先要考虑的问题。

旅游项目的开发和旅游活动的开展在环境发生变化方面既有其积极的影响,也有其消极的影响。

### 8.3.1 旅游对环境的积极影响

#### 8.3.1.1 保护和恢复历史建筑与名胜古迹

旅游资源是旅游业的物质基础和得以发展的条件,更是吸引旅游者的首要资源条件。历史建筑和名胜古迹本身就是重要的旅游资源,旅游业的发展有助于那些作为旅游景点或景区的历史建筑和名胜古迹的保护,同时为保护这些遗产提供资金。如果没有旅游业,相当一部分这样的历史遗迹和建筑很可能由于缺乏资金而得不到妥善的保护和维修,最终导致状况恶化或逐渐消失。旅游活动也为旅游目的地的居民提供了维护和开发历史遗迹的动力,使他们进一步认识到这些历史建筑和名胜古迹的价值,并将其转变为富有生命力的旅游吸引物。

#### 8.3.1.2 改善基础设施和服务设施

旅游是最高层次的消费,随着人们生活水平的提高,旅游的人数越来越多。并且旅游者在旅游的非基本消费方面的支出也将越来越多。因此,为了满足这种旅游需求,旅游目的地会提高基础设施水平、改善接待设施条件。例如,磨尔沟村位于青海省海东市互助县南门峡镇,通过发展乡村旅游,这个曾经贫穷落后的小山村,如今变成了美丽田园。2018年,磨尔沟村乡村旅游项目全面启动,2020年,磨尔沟高原生态乡村旅游观光景区建成并投入运营,实现营业收入146万元。在打造磨尔沟高原生态乡村旅游观光景区过程中,对老旧房屋、村庄道路等进行了提升改造,建设了污水管网、旅游厕所、景观设施以及游步道、游客服务中心、停车场等。随着旅游设施不断提升完善，村民的生活环境越来越舒适[1]。

### 8.3.1.3 环境保护和生态科学受到重视

良好的环境和生态系统是旅游活动存在的生命源泉，旅游开发十分重视环境质量的提高。旅游活动是旅游者在欣赏周围物质而获得美感的过程。全球范围内各国的各级政府都在积极宣传环境保护，也加强了对全民的环保教育，提高人们的环保意识，科学家们也在积极研制对环境污染小的各种生活和生产用品，追求人和自然和平相处。

## 8.3.2 旅游对环境的消极影响

对任何事物都应该采取一分为二的分析态度，如果旅游规划本身在环境保护方面有所欠缺或管理工作不到位，则会使旅游开发对目的地的环境产生较为恶劣的影响。

### 8.3.2.1 旅游对环境造成污染和破坏

旅游对环境造成污染和破坏主要来自旅游供给和旅游需求两个方面，就旅游供给而言，旅游交通运输量的增加和机动交通工具废气排放量的增加，以及旅游服务设施排放的"三废"和布局不当，不仅带来大气污染、水体污染和噪声污染，还造成视觉污染；就旅游需求而言，随着旅游者的大量涌入使人的密度增大，引起交通阻塞，造成当地居民的生活空间相对缩小。

### 8.3.2.2 导致过度拥挤

处于旺季的旅游热点地区，经常会出现旅游者"爆棚"的现象。人口密度的骤然增加给旅游目的地的人居环境带来了显著的负效应，一是人流、车流的相互阻碍以及停车场的供应脱节，造成交通阻塞，从而严重影响当地的日常生活秩序；二是基础设施的超负荷运转，造成供应不良，给当地居民带来诸多不便。

### 8.3.2.3 破坏生态系统

旅游业发展对生态系统的破坏很多都是由于对环境资源不加节制的开发与利用所致，如无计划地在山上乱砍滥伐树木或占用土地以筑路、建宾馆、修停车场等，严重地破坏森林植被，影响土地资源的合理利用。把自然保护

---

[1] 李志刚. "美丽经济"扮靓美丽乡村——各地乡村旅游发展有效推动农村人居环境提升，中国旅游报，2021-12-17.

区、森林和野生动物栖息地开放为旅游场所，使野生动物失去了安身立命之所，并且可能危及许多珍稀动物的生存。旅游者在海滩忘乎所以地采集稀有贝壳、珊瑚、海龟壳或其他诸如此类的东西（或者由当地人采集和出售给旅游者），也将造成某些生物种群的大量减少。

#### 8.3.2.4 损毁文物古迹

长期大量接待来访的旅游者，如果保护不力，会使当地历史文物古迹的原始风貌甚至其寿命受到威胁。这不仅仅与旅游者的触摸攀爬以及刻画涂抹等不良行为有关，而且游客接待量的大大增加本身也会侵害历史文物的存在寿命。在以人文资源为主的景区也会出现开发利用不当或管理不当所造成的文物损毁、估计破坏的现象。比如，我国山东曲阜曾经出现"三孔"管理部门为了迎接中国孔子国际旅游股份有限公司的正式成立庆典，并开展新世纪孔子"圣光之旅"大型活动，对孔府、孔庙、孔林进行全面卫生大扫除，用水管对文物从上至下直接喷冲，或以其他工具直接擦拭，导致"三孔"古建筑彩绘大面积模糊不清。

从内容和对象上看，旅游对环境的影响主要表现在自然环境和人文环境两大客体上，旅游影响及其效应见表 8-1。

### 8.3.3 可持续旅游发展

#### 8.3.3.1 可持续旅游发展的含义

可持续发展思想是从西方社会发端的，其标志是 1962 年美国人 R·卡逊（Carsen）的著作《寂静的春天》一书的出版。卡逊提出了人类必须与其他生物共同分享地球，在人与生物之间建立合理的协调，才能维持人类健康生存的看法。可持续发展（sustainable development）源于持续性这一概念，但关于可持续发展的概念很多，真正得到国际社会普遍认可的是布伦特兰（G. H. Brundtland）夫人对其下的定义。她认为，可持续发展应是"满足当代人的需求，又不损害子孙后代满足其需求能力的发展"。也就是说，所谓"可持续发展"既要以满足当代人的需求为目的，同时也要以不损害后代人为满足其自身需要而进行发展的能力为原则。所以，就其主张的社会发展观而言，可持续发展思想强调的是代际公平分配，以使当代人及未来人类的需要都能有条件得到满足；就其经济观而言，强调经济的发展和增长必须建立在维护

表 8-1　旅游对环境的潜在影响

| 客体 | 旅游影响 | 效应 |
|---|---|---|
| 自然环境 | 改变动植物的种群结构 | ·破坏繁殖习性<br>·猎杀动物以供纪念品交易<br>·动物的迁移<br>·植被因采集柴薪而遭破坏<br>·因砍伐树木建设旅游设施而改变绿化覆盖率<br>·野生动物保护区/禁猎区建立 |
| | 污染 | ·水质因排放垃圾、泄露油污而遭污染<br>·车辆排放物导致空气污染<br>·旅游交通运输和旅游活动导致噪声污染 |
| | 侵蚀 | ·土壤板结导致地表土进一步流失和侵蚀<br>·改变地面构成滑移/滑坡和雪崩等危险<br>·损害地质特征（如河岸、突岩、洞穴等） |
| | 自然 | ·地下地表水的耗竭<br>·矿物燃料的耗竭<br>·改变导致发生火灾的危险性 |
| | 视觉效果 | ·各种设施的胡乱搭建（如建筑物索道滑车、停车场）<br>·废弃物和垃圾 |
| 人文环境 | 城市环境 | ·土地不再用于最初的生产用途<br>·水文特征发生变化 |
| | 城市特征 | ·居住、商业和工业用地方面的变化<br>·城市化的道路系统（如车行道和人行道）<br>·出现分别为旅游者和当地居民开发的不同区域基础 |
| | 基础设施 | ·基础设施超负荷运行（道路、水电、通信等）<br>·新的基础设施的建设<br>·为适应旅游需要而进行的环境管理（如拦海坝、垦荒） |
| | 建筑修复 | ·废弃建筑物的重新启用<br>·古代建筑和遗址的修缮和保护 |
| | 视觉效果 | ·建筑物密集区的扩张<br>·新的建筑风格呈现<br>·人及其附属物 |
| | 竞争 | ·某些旅游区点可能因其他区点的开放或旅游者兴趣的变化而贬值 |

（资料来源：谢彦君，基础旅游学，中国旅游出版社，1999）

地球自然系统这一基础之上；就其生态环境观而言，强调人类应与大自然和谐相处，使人类赖以生存的自然环境能够切实得以保护等。这些观念是研究旅游可持续发展和推进旅游业可持续发展的思想与理论基础。可持续旅游的提出，要求人们以长远的眼光从事旅游经济开发活动并对经济不断增长的必要性提出质疑，以及要求确保旅游活动的开展不会超过旅游接待地区未来亦有条件吸引和接待旅游者来访的能力。

### 8.3.3.2　可持续旅游发展的内容

1990 年在加拿大召开的全球可持续发展大会对可持续旅游发展的目标的阐述，比较全面反映了可持续旅游发展的内容，这些内容具体包括：

①增进人们对旅游所产生的环境效应与经济效应的理解，强化其生态意识；

②促进旅游的公平发展；

③改善旅游接待地的生活质量；

④向旅游者提供高质量的旅游经历；

⑤保护未来旅游开发赖以生存的环境质量。

从这些目标可以看出，可持续旅游发展的含义是多层次、多元化的，其核心就是要实现满足游客需求和满足旅游地居民需求相统一，保证当代人在从事旅游活动的同时不损害后代为满足其旅游需求而进行旅游开发的可能行。不同区域、不同文化、不同社会经济发展水平条件下，旅游可持续发展的目标也不尽相同。

### 8.3.3.3　可持续发展型旅游的基本原则

可持续发展旅游的理论基础是可持续发展，可持续发展的原则对旅游而言具有一定的借鉴意义。

（1）公平性原则

可持续发展强调人类需求和欲望的满足是发展的主要目标。公平性原则即机会选择的平等性，主要包括以下同代人之间的横向公平性和代际间的纵向公平性，这一原则对于旅游的可持续发展同样适用。

（2）可持续性原则

其核心指的是人类的经济和社会发展不能超越资源与环境承载能力。对于旅游而言，就是旅游的发展必须与一定的社会、文化、环境的承载力相适应，保障旅游资源的永续利用，或者最大限度地减少旅游对资源的破坏程度。而一个旅游目的地的承载力水平在一定程度上既取决于该地的客观条件，也取决于该地管理者的决策。

（3）共同性原则

实现可持续发展必须采取全球共同的联合行动。虽然在世界各地旅游可持续发展的具体目标、政策措施和实施步骤不可能是唯一的，但是，可持续发展所体现的公平性和持续性精神是共同的，实现这一总目标必须采取全球共同的联合行动，既尊重所有各方的特色和利益，又要在保护全球环境与发展体系方面采取国际统一行动，保障全人类的共同利益和发展需求。

## 【应用实例】

### 《旅游景区可持续发展指南》推荐性国家标准发布

2021 年 11 月 1 日，《旅游景区可持续发展指南》（以下简称《指南》）推荐性国家标准，获国家市场监督管理总局（国家标准化管理委员会）批准公布。《指南》由文化和旅游部提出、全国旅游标准化技术委员会（SAC/TC210）归口，提供了旅游景区可持续发展的总体原则、资源与环境保护管理、经济与社会发展促进、游览体验与接待服务、可持续的管理与运营等方面的指导。

在总体原则方面，《指南》明确，坚持目标导向，兼顾代际公平与代内公平，统筹协调资源环境与社会经济发展之间的关系，在环境、社会、景区治理绩效等不同维度找到动态性平衡点；坚持问题导向，既考虑自然资源保护与生态环境管理目标方面存在问题的解决，又重视文化冲突与社会变迁方面存在问题的应对，妥善协调不同利益相关者的诉求；坚持效果导向，结合时代发展与实践要求，促进旅游业在可持续发展目标的关键领域发挥作用，共同推动全球旅游业可持续、包容性、高质量发展。

《指南》还从不同方面对景区可持续发展进行规范，在资源与环境保护管理方面，对自然资源保护、文化资源保护、资源节约与再利用、减少污染等做出规范；在经济与社会发展促进方面，对维持景区经济效益、支持当地社区发展、增加当地居民就业机会、保障当地社区权益、促进公众参与等作出规范；在游览体验与接待服务方面，对游览服务、解说体系建设、接待容量管控、景观利用、公共环境等作出规范；在可持续的管理与运营方面，对可持续发展战略、管理与运营组织、规划与建设管控等作出规范。

（资料来源：文旅中山，旅游景区如何可持续发展？指南来了，2021 年 11 月 5 日全文）

## 【本章小结】

旅游业的迅速发展对经济、社会文化及环境都发挥了积极的促进作用，在这一点上，人们已达成了共识，但是任何事物的发展都有其自身的局限性，旅游作为人们的一种休闲活动，自然也不例外，它对经济、社会文化及环境的影响也有消极的一面，这已引起人们的广泛关注和重视。认识旅游对经济、社会文化及环境的影响，主要的目的是在澄清认识的基础上，采取有效的措施，积极发挥旅游的积极作用，杜绝或减少旅游的消极影响。就总体而言，旅游的积极作用远远大于其消极影响。

## 【复习思考题】

一、名词解释

1. 旅游乘数　2. 漏损　3. 可持续旅游发展

二、单项选择题

1. 旅游乘数效应的作用过程不包括以下哪一个（　　）

A. 直接效应阶段　　　　B. 诱导效应阶段

C. 发展效应阶段　　　　D. 间接效应阶段

2. 可持续发展的原则中（　　）的核心指的是人类的经济和社会发展不能超越资源与环境承载能力。

A. 公平性原则　B. 可持续性原则　C. 共同性原则　D. 相互性原则

三、简答题

1. 旅游对目的地经济的积极和消极影响分别有哪些？

2. 旅游对目的地社会文化的积极和消极影响分别有哪些？

3. 旅游对目的地环境的积极和消极影响分别有哪些？

4. 简述可持续旅游发展的含义和基本内容。

## 【参考文献】

刘振礼，1992. 旅游对接待地的社会影响及对策［J］. 旅游学刊（03）52–55.
李天元，2003. 旅游学概论［M］. 5 版. 天津：南开大学出版社.
克里斯·库伯，约翰·弗莱彻，艾伦·法伊奥，等，2007. 旅游学［M］.

3 版. 北京：高等教育出版社.

骆华松，2002. 区域旅游环境影响评价［J］. 云南师范大学学报（03）：
53-58.

魏向东. 2000. 旅游概论［M］. 北京：中国林业出版社.

克里斯·库伯，约翰·弗莱彻，艾伦·法伊奥，等，2004. 旅游学：原理与实
践［M］. 2 版. 北京：高等教育出版社.

杨懿，田里，钟晖. 2017. "荷兰病"型旅游地：内涵解析与识别流程［J］.
当代经济管理（4）：47-52.

## 【课后阅读】

### "两山论"与旅游情境下自然的商品化

习近平总书记关于"绿水青山就是金山银山"的科学论断（以下简称
"两山论"）中，"绿水青山"与"金山银山"的提出是对于自然的生态属性
与经济属性的强调与凸显。维持、保护自然的生态属性，并将生态属性转换
为经济价值，进行可持续的自然商品化，以实现本土发展，是践行"两山论"
的核心出发点。首先，自然的商品化所指的自然不仅仅是指资源环境等物质
化的自然，还应该包含不同社会群体基于特殊地方本底在长期人地互动之中
所建构的话语与意义中的自然。例如，在中国"内地-边疆"的旅游情境分异
之下，云南等西南边疆往往被建构为原始、纯净的"原生态"地方，而内地
则被认为是高度城市化、现代化而缺少自然风情的地方。这种针对云南"原
生态"的话语紧密嵌入在外界对于西南地区的建构与想象之中，旨在突出西
南地区"前现代"的自然与文化。在游客的追捧、旅游地地方当局与文化商
人的联手推动之下，人迹罕至的热带雨林、原始质朴的少数民族、神秘纯净
的神山圣水等自然与文化意象，持续被建构着云南旅游地原真而又草根的话
语与意义。"原生态"话语作为象征性与意义层面的"绿水青山"，早已成为
云南旅游发展的巨大吸引力。

例如，作为云南西双版纳旅游商品代表之一的普洱茶，在旅游市场中被
分为古树茶与台地茶两个商品种类。台地茶的茶树，多用无性系扦插繁殖，
茶园成行密植，人工施肥除虫，在山地、坡地上成台阶状排列，用现代管理
模式管理，属于追求高产的密植速成茶园。台地茶园大多具有明确的范围与
边界，强烈的人为干预痕迹与周围茶山原生植被形成鲜明的对比。而古树茶

的茶树，植株为乔木型，树龄大多在百年以上，由茶农先辈从野茶树驯化而来。树冠高大，自然生长，树高 5~6m，最高达 20m。古茶树生长的古茶园大多隐匿在西双版纳茶山的原始森林之中，与周围的其他树种混杂生长，没有明确的边界。

20 世纪 70 年代后，伴随着改革开放市场经济理念的兴起与旅游消费的迅速增长，普洱茶作为旅游商品的整体需求量快速增长，高产的台地茶园开始在西双版纳流行起来。这时的台地茶是现代化、产业化以及高科技的象征，而古树茶则是闭塞、落后以及粗放的象征。台地茶的价格要远高于古树茶，在茶山中开荒种茶，兴建台地茶园成为风潮。古树茶在此时除了本土茶农自家消费之外几乎无人问津。

近年来，在快速城市化与现代性压力之下，原生态及相关品质成为人们追求美好生活的标准，城市居民对于健康与养生的需求迅速崛起。外界建构的西南边疆"原生态"话语开始与人们对于身体康养疗愈的需要紧密结合。"原生态"话语表征的综合优质的人地系统不同于现代性情境下由食品安全、工业污染等问题所带来的焦虑与不确定性，因而人们总是希冀能够在西南边疆找到快速解决健康问题的"原生态"自然商品。于是，旅游商贩在营销古树普洱茶时所展示的、古茶树百年生长所积累的繁茂外表、不喷洒农药化肥的生长流程以及鲜少人工干预的采摘过程，对外界游客而言，不仅意味着食品安全，还在刺激着他们产生对于茶树生长环境的感知与认同。于是，古树茶迅速成为现今云南"原生态"旅游商品的典型代表之一。而此时，强烈依赖人工生长干预的台地茶则被建构为"问题茶""农药茶"，人们更愿意为了健康与生活品质而购买古树茶。一时间，古树茶与台地茶在旅游市场的价值逆转对调，价格差距已有百倍、千倍之巨。于是，在外界对于追求"原生态"的影响之下，西双版纳的诸多茶山之中，茶农们为了迎合内地游客消费"原生态"的需求，开始努力维护普洱茶树及其伴生的茶山生态系统。由于古树茶的热销，西双版纳的古茶园与原始森林开始受到外界更多的关注。是否足够"原生态"、有多么"原生态"，以及谁家的古树更加"原生态"，都成了古树普洱茶的旅游营销卖点。于是，古茶树是否完整保护（有无经过矮化等人工修剪），是否古茶树之上有伴生的动植物（如茶树上寄生的石斛、苔藓、螃蟹脚等），古茶树周围是否有涵养水源的乔木以及花草（因为游客们认为，有草木伴生的普洱茶可以有蜜香与茶韵）都成为游客询问与采购的标准。另外，除了古茶树与古茶园外，在原本毁林开荒所营建的台地茶园中，茶农们也开始逐步放弃追求单纯的扩大茶树种植面积和以量取胜，转而放弃对台地茶树进行修剪任其自然生长，稀疏茶树密度，同时种植香樟、天竺桂等具有香气的植株，营建台地茶树生长的"山野气"，以模仿、恢复并重构茶山的自然生态系统，意图将台地茶园转变为所谓的"生态茶园"，以提升台地茶的经济价值。因此，维护茶山生态，让西双版纳成为符合游客认知与想象中更加"自然"的地方，成了商品驱动下本土居民自然而然践行而不需要反复强调与约束的事情……

　　**案例解析**：生态文明是人类遵循人、自然、社会和谐发展这一客观规律而取得的物质与精神成果的总和，"绿水青山就是金山银山"（简称"两山论"）作为习近平总书记对人与自然和谐共生关系的科学论断，正是对这一文明发展理念的生动诠释。自然并不全然如 Harvey 所述之注定被现代性与发展浪潮所征服，它在与资本、现代性复杂的互动与结合过程中，反而成了一种反思市场经济、反思现代化过程的重要维度。发展并非一定是自然的对立面，有时似乎并不能被现代性或现代主义下发展的话语所解释的一些所谓原真的、自然的话语，反而会对于人们利用自然的实践方式具有建构作用。发展也可以促进自然的保护，并帮助人们反思自身实现商品化的实践方式。自然与发展相互交织，在旅游商品化的过程中更迭交替、互相作用。

　　（资料来源：尹铎，朱竑，"两山论"与旅游情境下自然的商品化，旅游学刊，2020，略有删改）